权威·前沿·原创

皮书系列为
"十二五""十三五"国家重点图书出版规划项目

街道蓝皮书

BLUE BOOK OF SUB-DISTRICT OFFICE

北京街道发展报告 No.2
什刹海篇

THE DEVELOPMENT OF BEIJING'S SUB-DISTRICT OFFICES No.2:
SHICHAHAI CHAPTER

主　编／连玉明
执行主编／朱颖慧　邢旭东　张俊立

社会科学文献出版社
SOCIAL SCIENCES ACADEMIC PRESS (CHINA)

图书在版编目(CIP)数据

北京街道发展报告.No.2.什刹海篇/连玉明主编
.--北京：社会科学文献出版社，2018.7
（街道蓝皮书）
ISBN 978-7-5201-2345-7

Ⅰ.①北… Ⅱ.①连… Ⅲ.①社区建设-研究报告-西城区 Ⅳ.①D669.3

中国版本图书馆CIP数据核字（2018）第041000号

街道蓝皮书
北京街道发展报告 No.2　什刹海篇

主　　编 / 连玉明
执行主编 / 朱颖慧　邢旭东　张俊立

出 版 人 / 谢寿光
项目统筹 / 邓泳红　郑庆寰
责任编辑 / 郑庆寰　王　展

出　　版 / 社会科学文献出版社·皮书出版分社（010）59367127
　　　　　　地址：北京市北三环中路甲29号院华龙大厦　邮编：100029
　　　　　　网址：www.ssap.com.cn
发　　行 / 市场营销中心（010）59367081　59367018
印　　装 / 三河市龙林印务有限公司
规　　格 / 开　本：787mm×1092mm　1/16
　　　　　　印　张：17.75　字　数：265千字
版　　次 / 2018年7月第1版　2018年7月第1次印刷
书　　号 / ISBN 978-7-5201-2345-7
定　　价 / 128.00元

皮书序列号 / PSN B-2016-545-9/15

本书如有印装质量问题，请与读者服务中心（010-59367028）联系

▲ 版权所有 翻印必究

北京国际城市发展研究院社会建设研究重点项目
北京市社会发展研究中心西城区街道发展研究重点项目
北京国际城市文化交流基金会智库工程出版基金资助项目

街道蓝皮书编委会

编委会主任 卢映川　王少峰

编委会副主任 王　飞　郁　治

编　　　委（按姓氏笔画排序）

马光明　王　毅　王中峰　王书广　王乐斌
王其志　尹一新　史　锋　白　杨　毕军东
刘　倩　许晓红　许德彬　孙广俊　孙晓临
苏　昊　李　婕　李　薇　李丽京　李健希
吴立军　何焕平　陈　新　陈振海　周　沫
庞成立　宫　浩　贾冬梅　高　翔　高兴春
海　峰　桑硼飞　彭秀颖　彭启宝　谢　静
魏建明

《北京街道发展报告 No.2 什刹海篇》编 写 组

总 策 划 李 薇　连玉明　朱颖慧

主　　编 连玉明

执 行 主 编 朱颖慧　邢旭东　张俊立

副 主 编 张 南

核心研究人员（按姓氏笔画排序）

王 琨　王苏阳　王彬彬　邢旭东　朱永明
朱盼盼　朱颖慧　刘 征　米雅钊　李 帅
连玉明　吴 佳　张 南　张 涛　张俊立
陈 慧　陈盈瑾　陈惠阳　郎慧慧　孟芳芳
赵 昆　姜思宇　贾冬梅　高桂芳　唐 平
康晓彤　翟萌萌

主编简介

连玉明 著名城市专家，教授、工学博士，北京国际城市发展研究院院长，全国政协委员，北京市朝阳区政协副主席。兼任北京市人民政府专家咨询委员会委员，北京市社会科学界联合会副主席，北京市哲学社会科学京津冀协同发展研究基地首席专家，基于大数据的城市科学研究北京市重点实验室主任，北京市社会发展研究中心理事长，北京奥运功能区首席规划师，北京新机场临空经济区发展规划首席战略顾问。2013~2017年，在贵阳市挂职市长助理，兼任贵州大学贵阳创新驱动发展战略研究院院长、大数据战略重点实验室主任。

研究领域为城市学、决策学和社会学，近年来致力于大数据战略研究。著有《城市的觉醒》《首都战略定位》《重新认识世界城市》《块数据：大数据时代真正到来的标志》《块数据2.0：大数据时代的范式革命》《块数据3.0：秩序互联网与主权区块链》《块数据4.0：人工智能时代的激活数据学》《块数据5.0：数据社会学的理论和方法》等，主编《大数据蓝皮书：中国大数据发展报告》《社会管理蓝皮书：中国社会管理创新报告》《街道蓝皮书：北京街道发展报告》《贵阳蓝皮书：贵阳城市创新发展报告》《临空经济蓝皮书：中国临空经济发展报告》等。主持编制了北京市西城区、朝阳区、门头沟区和贵州省贵阳市"十三五"社会治理专项规划。

摘 要

构建超大城市有效治理体系是首都的发展要务。作为首都功能核心区，西城区带头以"四个意识"做好首都工作，坚持深入推进科学治理，全面提升发展品质的主线，不断加强"四个中心"功能建设，努力提高"四个服务"水平，城市治理能力和城市发展品质取得重要突破。街道作为基层治理的排头兵和主力军，发挥着不可替代的作用。西城区15个街道立足自身发展实际，统筹区域各类资源，构建区域化党建格局，加强城市精细化管理，提升公共服务水平，完善综合执法体系，精准指导社区建设，探索基层治理创新实践，积极为超大城市基层治理创新"过险滩""闯路子"，不断为基层治理增加新的内涵和提供可复制、易操作的鲜活经验，对国内大城市基层治理创新具有极强的理念提升价值和路径借鉴意义。

《北京街道发展报告No.2 什刹海篇》深刻把握什刹海地区功能叠加的特点，紧扣治理、服务、文化三大主题，围绕街区制改革以及传统院落更新、社会化养老、开放式景区管理等进行理论研究；重点对残疾人就业服务、"互联网＋社会治理"、智慧景区建设、学区制改革、社区社会组织参与治理等开展调研；系统总结了社区综合减灾能力建设、疏解整治促提升"四步走"模式、全面从严治党背景下党建工作创新、广福观有机更新提升文化品质等重要经验。

在此基础上，本书认为，作为北京市历史文化旅游风景区、历史文化保护区的什刹海，应从历史街区保护模式创新、激发基层党建活力、强化背街小巷整治、优化地区公共服务方式等方面入手，创新管理理念，提高街区品质和治理水平，探索开放式街区治理模式，进一步落实完善古都风貌保护和文化传承的机制。

目 录

代前言　街区治理的若干个重点问题…………………………………… 001

Ⅰ 总报告

B.1 什刹海：探索街区治理新机制……………………………………… 001

Ⅱ 数据报告

B.2 什刹海街道基于常住人口的地区公共服务调查报告…………… 022
B.3 什刹海街道基于工作人口的地区公共服务调查报告…………… 040

Ⅲ 理论报告

B.4 国际一流和谐宜居之都背景下传统院落的更新探索
　　　——以"遇见什刹海"为例……………………………………… 063
B.5 开放式景区管理模式研究
　　　——以什刹海景区为例…………………………………………… 082
B.6 PPP模式参与社会化养老服务研究
　　　——以什刹海街道养老服务为例………………………………… 103

001

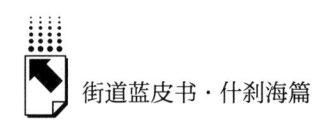

Ⅳ 调研报告

B.7 什刹海街道残疾人就业服务的调查研究 …………………… 119
B.8 什刹海街道以"互联网+"提升社会治理能力的调研报告 …… 134
B.9 什刹海智慧景区建设的现状研究 …………………………… 151
B.10 关于什刹海街道社区社会组织参与社区治理的研究 ……… 166
B.11 关于什刹海街道推进学区制改革的调研报告 ……………… 178

Ⅴ 案例报告

B.12 什刹海街道社区综合减灾能力建设的实践经验 …………… 191
B.13 什刹海街道创新"四步走"模式 推动"疏解整治促提升"
　　　…………………………………………………………… 206
B.14 全面从严治党背景下什刹海街道党建工作创新实践 ……… 219
B.15 什刹海街道以广福观文化展示中心提升地区文化品质的
　　　案例研究 ……………………………………………… 232

Abstract ………………………………………………………… 247
Contents ………………………………………………………… 249

代前言　街区治理的若干个重点问题[*]

王效农[**]

2016年中共中央、国务院《关于进一步加强城市规划建设管理工作的若干意见》提出"加强街区的规划和建设""推广街区制"的要求。街区与社区最重要的区别就在于打破了原有社区空间的限制，更加凸显了开放与融合的理念。什刹海街道作为西城区历史文化名城保护区重要组成部分，集历史文化保护区、城市居住区、旅游风景区于一体，具有功能叠加和复合的特征，这决定了在什刹海地区实行街区治理具有现实可行性与发展必要性。街区治理作为基层治理的一种创新模式，必须科学把握其内涵和本质。

一　街区治理的理念突出从"管控"向"服务"转变

街区治理从战略制定起，就要体现治理的意识，做到"在战略制定中体现治理思想，用治理思维来制定战略"。治理强调政府要根据群众的意愿来决定服务内容和服务方式，群众由被动接受变为主动参与，政府的决策和行动要充分考虑群众意见，不能由政府单方面决定甚至强制实施[①]，所以社会治理首先要向以"服务"为主的理念转变。

街区治理中的问题，实际上是工作方式的问题，是人的问题。基层工作绝不能仅靠自上而下的行政力量推动，一把手压着主管领导，主管领导压着科长，这样的工作方式与治理理念背道而驰。然而，现阶段基层工作中确实

---

[*]　根据街道蓝皮书课题组2017年1月访谈整理。
[**]　王效农，时任中共北京市西城区委什刹海街道工作委员会书记（2016年5月~2017年2月）。
[①]　覃国慈：《提升社会治理水平的关键环节》，《人民论坛》2015年第2期，第20页。

存在一些问题，如"门好进，脸好看，事不办""最后一公里"等。这些问题的存在，直接影响政府形象。街区治理的核心是让群众满意、让服务对象满意，更是为党和政府树立良好的形象，所以要牢固树立服务意识、常抓思想工作。具体来说，街区治理中对于一些有意见的群众，要安排固定的人员去接待，给予各方面的关心、关爱，使群众满意。另外，要特别重视窗口工作。窗口干部负责审批工作，拥有审批权，但他们的义务是什么，要提前且清晰明确地告知人民群众。窗口服务工作应有良好的态度，在回答群众问题时要讲究方式方法。

二 街区治理的空间强调从"封闭"向"开放"转变

街区的概念不是街道辖区或社区，街区是打破现有行政规划，按照地区未来发展需要和历史沿革划分的基础单元，它有可能与街道辖区范围重合。街区治理既是城市治理的重要方式，也是一项重要的民生工程。近年来，西城区创新街区模式，以街区为单元，根据街区的主导功能，对全区进行系统的梳理、整治、提升，并按照政务活动区、公共休闲区、金融商务区、交通枢纽区、繁华商业区、生活居住区等6大类型，开展街区设计、街区修补和有机更新工作，推进街区功能与群众需求相统一，街区风貌与地区文化相协调。什刹海地区街区治理要突出"文化为魂"的理念，以地区的历史文化资源为根，打造符合实际、群众乐于参与，且通过民主程序形成的共同理念与共同愿景。

三 街区治理的主体实现从"政府单一"向"社会多元"转变

治理的核心是"多元互动"。在街区治理过程中，首先要明确街区治理中各方的责任和义务。当前，党员、干部的责任和权利比较清晰，但是作为街区治理重要主体之一，居民的责任和权利还需进一步明确。社会治理的责任体系是由党委领导、政府主导、社会协同、公众参与、法治保障五个层面构成的,既然人民群众有权利和义务,就必须尊重人民群众的权利与义务,必须通过一个平台体现出人民群众的权利和义务。

其次,加快城市管理诚信体系建设。在群众了解权利与义务后,如何引导群众履行责任、积极参与街区治理又是一个问题。城市管理诚信体系是一种有一定约束力、推动力的方式,可以有效引导群众参与。城市管理诚信体系需要深入研究,要有所突破。

最后,政府工作要尊重群众、商户、驻地企业的权利。特别是在整治"开墙打洞"、胡同管理、区域改造、市场撤市等工作上,要注重引导商户、居民共同参与,保障群众、商户的知情权、参与权。提前告知群众、向群众讲解政策,让群众有一定的心理准备和缓冲时间。鼓励群众参与,也是加强其对管理措施认识的过程。

四 街区治理的方式注重从"粗放"向"精细"转变

社会治理创新是一项系统性、全局性和长期性的重要工作。街道各部门务必牢固树立"一盘棋"的意识,密切协作、齐抓共管、合力推进,切实把社会治理创新各项工作抓紧抓好抓实。

一是加强对街区治理的统筹设计。各部门要充分发挥统筹、组织和协调作用,从地区群众反映强烈的问题入手,结合科室业务工作,结合社区实际需求,选取社会治理重点项目,切实做好整体规划;周密制定实施方案,把创新社会治理工作纳入重要议事日程。各部门要增强创新意识,转变思维方式,努力探索适合什刹海地区实际情况的社会治理机制和模式。充分发挥示范引领作用,总结好的做法、典型引路、以点带面,逐步带动街道各项社会治理创新工作取得成果。

二是推进街区治理工作体系再造。什刹海地区的管理组织比较复杂,主要有地区管委会、大党委、网格管委会、胡同管委会、景区管理处、指挥部等。传统管理在体制运行方面泾渭分明,但随着社会发展,需要形成相互融

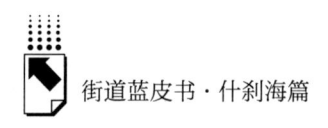

通的社会运行组织体系。因为复杂的管理组织体系，什刹海地区在管理上难免存在壁垒，所以需要组织再造，解决资源不融通、信息不对称、各自为政等问题，为街区治理工作资源的整合做准备。

三是理顺全响应中心的运行体系。借助这一平台，积极探索发挥社会公共资源效用，为社区、单位和居民搭建一个资源共享、地区共建、社会共治的平台。依托全响应中心，通过移动互联技术，将群众所反映的问题传递给各职能部门及时处理，完成之后再将信息反馈给群众评价。这并不是单个项目，而是一个整体运行体系，全响应中心平台的建设将是开展街区治理工作的一个关键因素。

四是完善街区治理的保障体系。要加强社会治理推进工作的组织保障和资金保障。强调领导职责，明确责任分工，保障人员配备。要为社会治理创新项目提供资金支持，鼓励和引导社区、社会组织、辖区单位、辖区企业等多方力量参与地区多元治理。

五 街区治理的重心强调从"治标"向"治本"转变

街区治理就是要从根本上解决问题，真正化解基层工作困难，统筹安排、系统推进，不断增进社会和谐。

一方面，在街区治理过程中，可以适当采用利益驱动的方式。街区治理存在阶段性，在治理的第一个阶段通常会用利益机制驱动群众参与治理工作。但也要认识到，街区治理不能只靠利益驱动。利益驱动机制只是起到一个"治标"的作用，并不"治本"，一旦没有利益驱动，街区治理就会停滞。"治本"的根本方法还是要花大力气、下真功夫，以精神、思想为主线引导街区群众，逐渐形成社会共识，把培养具有良好氛围的街区作为最终目标。这样才能更好地完成街区治理工作。

另一方面，街区治理需法治保障。街区治理内容较多，涉及商户、居民、企业、游客、景区等方方面面，硬性的法律保障是对软性治理的一种支撑，法治保障是街区治理的依据和准绳。

总 报 告

General Report

B.1
什刹海：探索街区治理新机制

摘　要： 2016年2月，中共中央、国务院印发《关于进一步加强城市规划建设管理工作的若干意见》，明确提出"新建住宅要推广街区制，原则上不再建设封闭住宅小区。已建成的住宅小区和单位大院要逐步打开，实现内部道路公共化，解决交通路网布局问题，促进土地节约利用"。在这一要求下，社区工作和街道工作需要新的调整、融合和创新。西城区是首都功能核心区，什刹海是北京历史文化名城的金名片，作为伟大社会主义祖国的首都，北京在努力建设国际一流的和谐宜居之都的过程中，亟须创新基层治理模式，提升基层治理能力。本报告从城市街区制的兴起入手，重点分析了什刹海街道推行街区制的基础、主要经验和做法，通过借鉴国外街区制的成功经验，对什刹海地区开展街区治理提出建议和思考，以期为全市、全国推行街区制做出积极探索。

关键词： 街区制　街区治理　什刹海

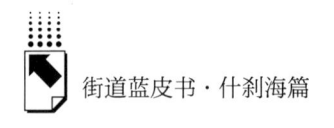

一 我国街区制与街区治理的兴起

（一）从单位制到社区制再到街区制

1. 以工作为导向的单位制

建国初期至改革开放前期，单位制是我国城市最基本的社会结构。战争年代，我党形成了一套特殊管理体制，即对公职人员提供衣、食、住、行、学等全方位照顾的供给制。这套管理体制使我党和军队保持了强大的战斗力。新中国成立后，这种供给制转为工资制。同时，党和政府对社会的管控以单位管理方式实现。从某种意义上说，单位制是党和政府在特定时期为应对总体性危机而选择的一套社会组织体系，为当时社会秩序、社会资源的整合提供了保障，其历史意义不容否定。但是，单位制管理也存在一定问题，如"总体性社会"下的社会管理完全依赖于政府，群众形成了依赖型人格等，直接导致社会发展缺少活力、社会管理难度加大。

2. 以生活为导向的社区制

十一届三中全会后，政府逐渐放权基层，过去的"全能型"社会体制被打破。一方面是政府主动寻求新的社会管理方式，另一方面是国有企业和集体企业改制，大量企业破产、工人失业，导致单位的组织作用消失。另外，大批青年返城待业，由于缺少工作岗位，他们开展个体经营、创办私营企业，游离于传统的单位管理体制之外。在单位制被削弱的同时，社区与社区服务的概念逐步清晰。20世纪30年代，"社区"一词被引进中国，1986年后被广泛使用，1991年民政部提出社区建设，社区管理作用随之不断加强。在这期间，大量"单位人"转为"社会人"的角色，原来的"单位制"也向"社区制"转化。这种社区管理面向全体居民，强调服务与人文关怀，与群众生活密切相关。政府不再是社会管理的唯一主体，而是大力鼓励、引导居民进行自治。

3. 以生活与城市发展为导向的街区制

2016年2月,中共中央、国务院印发《关于进一步加强城市规划建设管理工作的若干意见》,明确提出:"新建住宅要推广街区制,原则上不再建设封闭住宅小区。已建成的住宅小区和单位大院要逐步打开,实现内部道路公共化,解决交通路网布局问题,促进土地节约利用。"街区制、街区治理由此拉开序幕。街区治理是指在街道辖区范围内,在自组织调节的基础上,以街道、社区居民、驻地企业、社会组织等多元主体参与互动治理的过程,其目的是推进社会有序、高效自主运行,并构建良好的宜居环境,为街区内的各主体提供更好的公共服务。另外,实行街区制打开了封闭式围墙,提升了城市路网密度,有助于改善城市交通。

表1 我国基层社区管理制度的确立和发展(1949~2001年)

阶段	时间节点	标志性事件	阶段发展概况
第一阶段	1949~1954年	1949年新中国成立后政府废除了传统的保甲制度,建立了居民委员会	街道办事处和居委会在恢复和发展生产、维护社会治安、优抚求助、改善环境、生活服务等方面做出了出色的贡献
		1950年以街道派出所为单位试建过居委会	
		1951年在三四百个居民户规模的基础上,统一建立了居民委员会	
第二阶段	1954~1982年	1954年全国人大通过《城市居民委员会组织条例》	规定了居民委员会是群众自治组织,但由于单位制管理未发挥作用。"文革"期间,城市基层行政管理瘫痪
		1980年全国人大常委会恢复了1954年《城市居民委员会组织条例》的有效性	
第三阶段	1982~1991年	1982年通过的《中华人民共和国宪法》首次以根本大法的形式明确了居民委员会作为基层群众自治组织的性质	街道办事处和居委会的职能得到恢复,其工作性质受到宪法的肯定和法律的界定
		1989年,全国人大常委会又通过并颁布了《中华人民共和国城市居民委员会组织法》	

续表

阶段	时间节点	标志性事件	阶段发展概况
第四阶段	1991~2001年	1991年民政部首次提出社区建设的概念,以社会保障制度改革作为出发点,目的在于开展社区服务,建立与完善社区服务体系 1998年国务院政府体制改革方案确定民政部在原基层政权建设司的基础上设立基层政权和社区建设司 2000年民政部《关于在全国推进城市社区建设的意见》下发 2001年民政部下发《全国城市社区建设示范活动指导纲要》,标志着中国城市社区建设指标体系初步建立	我国基层组织逐渐从政府管理型向社会自治和服务管理型转变

（二）社会组织形式变化带来的治理形态的演变

1. 从封闭到开放是街区制的根本变化

无论是单位制还是社区制都基于封闭空间的管理。单位制不仅圈定了人的居住范围，也限定了人的流动和生活范围。因为社区多为封闭式，所以社区制对于空间的划定也相对清晰。街区制与单位制、社区制不同，是开放空间的管理，其特点是逐步打开传统社区的围墙，构建开放式空间。街区制是城市建设一种较为普遍的布局形式，美国、日本、德国、英国等都有享誉世界的街区。这种街区的商业性、休闲性、亲和性，以及成规模的人群，源于街区的开放性。由此看来，开放是实施街区制和构建街区的核心。这种开放性也是街区制的优势，可以增大路网密度和扩大公共空间。不再有围墙隔离居住区与交通道路和商业街，在一定程度上增加了安全隐患，但是只要运用恰当的管控措施，开放式街区利大于弊。街区制与我国开放发展战略相契合，适合大城市发展的需要。

2. 突出规划引导是街区制的治理理念

街区制的治理理念是突出规划。解读街区制的治理理念，要从街区制概念和治理概念两个维度入手。一方面，街区制属于城市规划和城市建设领域。在推广街区制、打开围墙的过程中，要解决"断头路"、"丁字路"和城市交通拥挤等问题。这就必然需要重新统筹规划城市空间布局，其中包括道路规划、公共空间规划等。可以说，规划是实施和推广街区制的核心。另一方面，街区治理属于治理范畴，在治理的过程中要重视发挥法治的重要作用，治理主体、治理方式等必须依法依规。为了避免全能政府和政府少作为这两种极端现象出现，也为了最大限度减少人为管理的随意性，增强治理的科学性和延续性，需要通过规划文件引导地区发展。政府作为街区治理的多元主体之一，通过规划、方案等方式引导治理方向，既发挥了多元主体的作用，又避免了自身过度干预，影响街区的自主运行。

3. 技术升级是优化街区制的治理手段

"互联网+"时代已经到来，并正从概念渗透阶段转向实际应用阶段。互联网和大数据技术的发展，对基层社会治理工作产生了较为明显的影响。例如北京市西城区的街道就将人、地、事、物、组织等要素信息化、数字化，并运用电子信息技术将各系统功能进行叠加，建立了案事件上报机制、案事件派发流转机制、工作奖励机制、档案管理机制、工作会议调度机制等。也就是说，千头万绪的基层工作通过互联网和大数据技术形成了一套从信息采集到处置反馈的闭环工作机制。这种由技术升级带来的变化，使基层社会治理工作更加具有系统性、科学性、便利性、开放性。网格化管理实际上就是基于街区制展开的，其关键是电子信息技术的成熟。若没有技术的支持，大量的信息难以获得、难以分析，如此网格化管理也难以为继。

4. 更注重上下互动的治理方式

自2012年民政部确认第一批全国社区治理和服务创新实验区的试点起，社区治理不仅获得了越来越多的关注和认可，在发展过程中社区也越来越注重理论和实践的结合，这一点体现在权力运行方式上：社区希望将传统的自上而下的管理变为上下互动的治理模式。虽然社区通过社区建设、社区服务以及社区营造等吸引更多主体参与社区治理，但是现在社区的治理模式依然存在"行政推动"和"自上而下"的特征。这是因为我国社区从建设之初，就有别于国外自然形成的社区。我国社区是在政策和行政力量牵引下形成的，是一种"行政社区"，缺乏活力。在一定程度上，现行的社区管理体制制约了"自下而上"的治理方式的实现。从区域范围和治理方式看，我国的街区类似于西方的社区。在我国，街区一般指城市街道办事处的管理区域，为城市基层治理的基本单元；在西方国家，社区亦是基层治理的基本单元，且两者都呈现出开放的状态。也就是说，我国的街区治理与国外社区治理在秩序与组织网络上更为接近。这就说明，我国的街区治理比社区治理更具有实现治理的基础与环境。

（三）街区治理与功能型街区契合

1. 街区治理比社会治理更加聚焦

社会治理与街区治理在治理理念、治理主体、治理手段、治理方式等四个方面基本相同。不同的是街区治理有明显的空间范围——街道辖区，而社会治理的范围更加广阔，是对整个社会来说的。同时，现阶段学术研究普遍将社会治理与城市管理分开来讲。社会治理主要包括弘扬社会主义核心价值观与凝聚公民精神，孵化、培育社会组织，鼓励、引导社会基层民主自治，重视社会矛盾化解的法治化路径等。城市管理一般指城市运行、城市规划以及城市建设等；而街区治理不仅包含社会治理的内容，也包括一些城市管理的内容，如道路交通、公共设施等。相较于现在的社会治理，街区治理的范围与内容更加聚焦。

2. 街区治理比社区治理更加丰富

正如前文所述，社区治理是基于社区范围展开的，街区治理则是基于街道辖区范围展开的。因此，社区治理的空间范围小于街区治理范围。街区治理与社区治理的另一大区别就是街区治理是开放空间的治理。从内容上来看，社区治理包括社区建设、社区服务等，而街区治理的治理内容则更加全面，包括居民自治、街区规划、交通循环、社会组织培育、"开墙打洞"治理等，甚至包括历史文物、历史文化街区的保护与利用等。总之，街区治理的视角比社区治理更加广阔，内容更加丰富。

3. 街区治理与功能型街区契合

街区主要由街道、建筑、公共空间组成，具有承载城市生活的功能。功能型街区是在城市功能定位和发展战略指导下确定的行政辖区范围内功能特色鲜明、发展优势明显的街区。功能型街区主要有以下四个特点。一是功能型街区的功能应与城市核心功能或主要资源特色相匹配。二是能够体现城市功能布局和发展战略。功能型街区应在空间上实现城市功能布局，以此实现特定时期的城市发展战略。三是功能型街区具有特定边界和稳定性。功能型街区的边界可以不同于行政区划，以主干道分割区块为主。四是功能型街区需获得广泛认同，功能型街区的形成是政府和企业、社会和居民共同认可的结果，是经历一段时间，通过城市生产生活的演进而逐步形成的。街区治理模式中的开放属性、治理空间范围、重视城市布局和城市规划的特点、多元主体参与的方式与功能型街区的特点相契合，可以说，街区治理模式适合功能型街区治理。

二　什刹海创新街区治理的基础与必要性

（一）把握什刹海街区的发展机遇需要新模式

1. "两转型一提升"发展机遇

西城区第十二届党代会和第十六届人代会围绕落实首都城市战略定位，贯彻京津冀协同发展战略，提出"大力实施发展转型和管理转型战略，深入推进科学治理、全面提升城市发展品质，更好地保障首都职能履行、更好地服务市民生活宜居、更好地展现城市文化风采，率先全面建成小康社会，在北京建设国际一流的和谐宜居之都进程中走在前列"的城市建设发展总体思路，为全区城市建设发展指明了方向。区委、区政府确定的"深入推进科学治理，全面提升发展品质"主题和"推动发展转型和管理转型"主线，契合什刹海地区的实际，也为什刹海地区疏解整治促提升指出了方向，绘出了路线图。什刹海要按照上级决策部署，把握机遇，在推进"两转型一提升"中实现新发展。

2. 靠近"三金海"范围发展机遇

什刹海地区长期面临着人口密度大、交通拥堵、停车困难、居住环境较差等多重问题，离和谐宜居示范区建设标准有一段距离。2017年，西城区明确提出将加大"三金海"、什刹海等区域综合整治和建设的力度，也就是说什刹海地区的整治要求和成效应与三里河、金融街、中南海区域持平。因此，什刹海地区要主动协调、对接全区行政资源和执法力量，持续开展以拆违、灭脏、治污、清障、治乱、缓堵、治理"开墙打洞"、规范市场为内容的"八大战役"，进一步提升划设区域的基础设施和环境品质，打造和谐宜居示范区。重点任务在什刹海地区落地推进，必将带动什刹海地区的基础设施建设，逐步解决停车难题，消除城市环境乱象，让什刹海地区实现新的飞跃，凸显和谐宜居魅力。什刹海要把握上级的重点任务机遇，借势发力。

3. "疏解整治促提升"专项行动试点发展机遇

2016年底，北京市、西城区围绕"落实首都功能定位、疏解非首都功能、治理大城市病、切实保障和改善民生"主题，在组织力量进行集中调研的基础上，确定在什刹海地区进行"疏解整治促提升"专项行动试点。先行先试为地区带来了千载难逢的发展机遇，既有相关政策支持，也有资金支持。什刹海必须抓住先行先试机遇，围绕"专项行动"深入研究制定实施方案，认真细化分解目标任务。

4. 开放式景区发展机遇

2016年底，中央环保督察组转办涉及什刹海街道的案件达到19件，什刹海景区被市旅游主管部门点名通报，居民群众对地区生活环境提出质疑，举报环境脏乱差问题的明显增多。这集中暴露出什刹海街道城市建设管理方面存在诸多现实问题和薄弱环节。西城区主要领导非常重视什刹海景区问题，专门作出"什刹海街道要痛下决心，系统整治、提升品质、重塑形象"的重要批示，给街道下达了死命令，提出了硬要求。这就是一种问题倒逼机遇，什刹海街道要坚持问题导向，切实将压力变为动力，顺应居民群众改善环境的强烈愿望，加强环境综合治理，重塑景区良好形象。

5. 从"三区叠加"到"四区叠加"

"三区叠加"是什刹海地区的特色,这是因为什刹海集历史文化保护区、城市居住区、旅游风景区于一体。2016年版《北京街道发展报告No.1什刹海篇》的总报告中运用SWOT分析法研究了什刹海地区的优势、劣势,进一步解读什刹海地区战略定位组合。其结果不仅印证了"三区叠加"的合理性和科学性,也明确了什刹海地区的ST战略,即应以建设有内涵的高端商务区来避免或破除外界挑战带来的不利影响。2017年初,什刹海开始广泛运用"四区叠加"的表述方式,所谓"四区叠加"就是在原"三区"的基础上加"商业区"。这与之前的SWOT分析相辅相成。从"三区叠加"到"四区叠加",对什刹海地区的发展提出了更加严苛的要求,特别是在交通、服务领域。什刹海街道要抓紧这一机遇,下大力气解决地区交通问题,进一步提升公共服务水平。

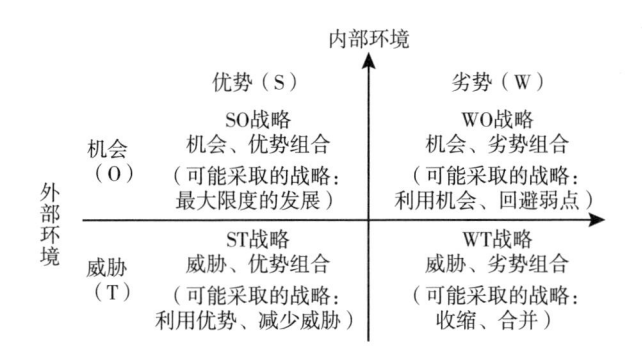

图1 SWOT矩阵分析模式

(二)实现什刹海街区的发展目标需要新路径

1. 实现功能定位提升

2017年,按照市、区建设和谐宜居示范区的要求,什刹海街道通过研究地区品质提升整体规划,把重心和主线聚焦到城市品质提升上。针对地区"三横两竖"的空间结构,拟划分6个功能街区,其中1个政治安全保障区、1个旅游环境保障区、1个休闲娱乐保障区和3个生活服务保障区,针

对不同街区实际明确功能定位，提出不同标准要求和建设举措，以此实现街区品质整体提升目标。

2. 实现文化品质提升

对于什刹海街道和地区居民来说，文化是地区特有元素，是地区建设发展的"灵魂"，是引以为豪的关键所在。因此，基层工作要本着对历史发展负责的精神，借助什刹海历史文化展示中心建设、柳荫街双拥文化展示街建设，前海、后海环湖步行街和护国寺步行街项目申报，推进文化产业融合，根据不同街区的文化特质，打造传统文化街、民宿特色街，形成什刹海文化生态走廊。要建设地区居民群众共有的精神家园，让"走进什刹海，感受老北京"真正成为一种美好的现实。

3. 实现民生保障提升

什刹海地区困难家庭和残疾人员较多，民生保障压力较大，这对街道的民生保障工作提出更高要求。要以全局思维和发展眼光抓好群众生活的根本问题，积极从群众需求出发，探索群众就业和社会保障服务的有效路径。同时，由于民生工作千丝万缕，要积极探索民生保障新机制，形成"事前介入、事中参与、事后跟踪"的服务模式，广泛对接居民群众需求，营造良好和谐的外部环境，提升民生保障水平。

4. 实现治理水平提升

什刹海地区不仅是居住区，也是旅游区、商业区和文化保护区，社会综合治理情况复杂，在这一背景下，地区治理更是难上加难。这种复杂情况也对社区治理和居民工作提出了更高要求。因此，做好社区居民工作，要综合考虑社区居民类型、人口规模、辖区面积、服务需求等因素，积极探索"居站分设、多居一站、服务外包"社区组织管理体系，抓好"一心五居一站"建设，夯实区域社会治理基础。要着眼于老旧平房院落多的实际情况，围绕方便居民群众出行和生活需要，探索平房区为民服务的新模式，推进平房区准物业管理，提升居民自治水平。要积极统筹地区社会力量，定期联合组织"守望行动""净街行动""民安行动"等，落实门前三包、社会面防控、重点人管控等工作，保证地区良好社会秩序。

5. 实现安全环境提升

什刹海地区临近中南海政治核心区，安全工作容不得丝毫的马虎和懈怠。为保障地区安全环境和首都稳定发展，什刹海街道要着重做好安全工作，要强化"地区无小事，事事连政治"的观念，建立街道、社区两级反恐防恐体系，发挥街道反恐应急小分队的作用。要从源头上杜绝安全事故发生，坚持抓基层、打基础、化矛盾、除忧患，发挥群防群治群控力量，力求做到家庭琐事不出院落、邻里纠纷不出网格、小事不出社区、大事不出街道。

6. 实现群众满意度提升

居民群众对地区建设发展的满意度，是对街道各项工作的评价标准。什刹海街道坚持把"群众满意不满意、高兴不高兴、赞成不赞成"作为街道工作的根本方向和指南，以此推进各项工作落实和组织开展服务活动。具体来说就是要广泛征求居民群众意见建议，寻找工作最佳方案。要定期组织走访、慰问，征询居民群众的急事、难事和烦心事，积极协调解决，增强居民群众对街道工作的思想认同和行动认同。要建立健全群众评价街道工作机制，定期邀请党代表、人大代表、居民代表和政协委员参与街道工作决策，保证居民群众的知情权和参与权。

三 国外街区治理实践对什刹海的启示

（一）美国：街区制的发源地

1. 美国街区制出现的背景

美国是街区制的发源地。1929年诞生的"邻里单元"理论是街区制的雏形，其目的是适应机动车出现带来的交通变化、改变传统住宅空间的分布形态。这一理论主要包括以下内容：根据学校确定邻里的规模，过境交通大道布置在四周形成边界，邻里公共空间，邻里中央位置布置公共设施，交通枢纽地带集中布置邻里商业服务，不与外部衔接的内部道路系统。虽然美国早期的城市规划根据的是1933年发布的《雅典宪章》，实行功能分离，小区、道路、商业店铺各自相对独立,但受1961年出版的《美国大城市的死与生》的影响,美国城市规划思路发生了重要变化。这一时期,美国很多街区都面临店铺生意惨淡以及居民安全得不到保障等诸多问题,而该书认为街道是城市公共空间,是城市最重要的器官,需要进行改造。其原因主要有两方面:一是开放式街区有利于激发地区经济社会发展的活力;二是繁华的街区人气旺盛,在一定程度上比背街小路更有安全保障。目前,美国的大城市基本实行街区制,少部分郊区或富人区实行封闭式社区管理。

2. 多种方式保障交通安全

美国街区制面临的主要问题之一是交通安全。街区作为城市公共空间,必须为居民特别是老年人和儿童的出行考虑。保障交通安全是美国实行街区制的关键一步。芝加哥等大城市针对这一问题的普遍做法有以下四点。一是设置限速,美国的干道限速约为64公里每小时,街区内的限速约为40公里每小时。二是设置小型环岛,美国开放社区通常把车流量较大的十字路口改建为环岛,减少车辆横纵交叉行驶的危险系数。三是设置学校周边交通指示灯并设置减速带,使儿童过马路时间更加充裕。四是调查研究后,按照老年人交通事故高发区划分老年行人聚集区,并设立老年人安全街道。

3. 以可持续发展概念构建街区

美国街区坚持可持续发展,这既体现在定期举办活动为街区注入活力,也体现在街区建设中注重"环保""绿色"理念。一方面,美国政府、民间组织通过广泛宣传、活动等引导公众更重视街区治理与街区生活。例如,2008年纽约市政府举行了"盛夏街区"活动,以此来提高居民对街区的关注度。同时,在部分商业街区增设免费的休憩场所,优化公共空间,使更多人愿意在街区停留驻足。不仅如此,还定期邀请当地的著名艺术团体来表演,或是举办街区性质的比赛、见面会等,丰富街区生活,增强街区内涵与凝聚力,从而提升公众对街区的关注度。另一方面,大力建设绿色街区。一是街区发展必须与区域自然环境相得益彰。街区活动、居民生活不能给周边自然环境带来负面影响。特别是在街区建设或是居民房屋建设过程中要更多地采用环保材料。二是为减少机动车尾气排放,适当控制停车位数量,鼓励非机动车出行。

（二）英国：街区保护与街区治理并行

1. 英国街区制的成效

英国在历史街区保护和街区治理领域的探索研究取得了成功。英国的牛津街区、科文特花园街区都是著名的商业街区、购物街区，林立的店铺吸引了各国游客来此。同时这两个街区也都是具有悠久历史的古老街区，受立法保护，街区内建筑物群保存完好。据英国有关部门统计，仅在英格兰地区，受保护街区就有1万多个。不过，在英国实行开放式街区制前，也曾有过短暂的封闭社区时期。而在实行街区制后，学者、社会组织、市民团体发现这种封闭社区存在弊端，妨碍社会交流、加剧阶级固化，进而积极推动开放式社区发展，并高效利用公共服务设施、拓展步行空间、改善区域交通，使街区制健康发展。

2. 以法律形式保护和治理街区

早在1947年英国的《城乡规划法》中，就已出现建筑保护的内容。1967年，英国制定了《街区保护法》。在这一时期，英国完成了从保护单体建筑到保护建筑群的转变，并加强了对相关法律政策的研究。1967年的《街区保护法》由三个部分组成：一是关于街区保护的有关规定，二是关于植树和树木保护的有关规定，三是关于垃圾处理。可以看出，虽然英国《街区保护法》的最初目的是加强对历史建筑和历史街区的保护，但加入了优化街区环境、提升街区质量的内容。不过这时的《街区保护法》并没阐明资金来源和惩戒措施。1971年，英国将《街区保护法》纳入《城乡规划法》体系，作为城乡规划的街区保护制度。随后，英国大幅调整《城乡规划法》内容，特别是关于街区保护方面：一是保护街区内建筑修缮和改建必须得到城市规划管理部门批准；二是保护街区内树木变动同样需要城市规划管理部门批准，明确了保护资金来源；三是对保护补助费用的申请方式和审批条件进行了充分说明；四是保护街区内实现步行化。英国的街区治理工作，从最初保护单体建筑到后期保护、优化、发展整个街区，都与法律、规划密不可分。

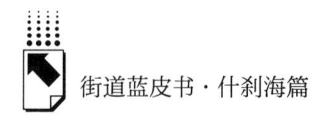

3. 实施再造工程

英国酌情对街区开展建设性保护。一是研究分析建筑物和街区具有历史意义或重要价值的组成元素。二是制定方案,确定如何保护有价值的街区,留住街区元素。三是对价值较低或是建筑物损坏较多难以修复的街区,重新进行改造。四是在改造过程中,进一步加强街区特色,绝不能削弱传统因素。英国在街区保护中的一个重要特点,就是保护与发展并重。专业人士指出,街区保护的目的不在于守旧,更不是为了阻止改变,而是为了更好地发展,每个保护区内都有得到改变的地方,但每个街区也都有需要保留的地方,即街区特色。

4. 鼓励和引导市民参与

在《街区保护法》以法律形式赋予市民参与街区保护、治理、发展的权利之前,市民和一些社会组织已经积极地参与到建筑和街区保护的工作中。实际上,《街区保护法》的制定就是市民运动后的成果。而保护法的后续调整以及《城市规划法》的多次修改,都与市民和社会组织密不可分。在社会组织中,保护街区顾问委员会是重要的一个,该委员会由地方政府规划管理部门的代表、考古专家、市民、各行业的代表组成。该委员会对保护规划方案、地区环境改善方案以及建筑申请的审批、保护街区的现状和规划要求等所有有关保护街区的问题提出参考意见。[1] 由此看来,在英国,街区领域的相关问题都有市民和社会组织的积极参与,市民和社会组织是推动街区保护、街区发展的重要力量。

(三)日本:开放式街区增多

1. 日本住宅的主要形态

近五六十年,日本城市普遍建设开放式街区,实行街区制管理。不过,在过去,日本也曾有封闭式社区。日本的住宅主要有三种类型:企业集体宿舍(住宅团地)、面向低收入家庭的公寓式楼群(公团住宅)和独栋住宅。其中企业集体宿舍与我国传统单位的居住区类似,有餐馆、供水站、学校

---

[1] 刘武军:《英国街区保护制度的建立与发展》,《国外城市规划》1995年第1期,第39页。

等，是相对独立、封闭的空间。日本的公寓式楼群也属于公管式公寓性质和集体式社区，房主虽然拥有产权，但是不设立围栏、院墙，采用街区制。物业由市场和社会负责，治安和环境卫生则由地方政府承担。独栋住宅是日本家庭传统住房，也是家的象征。这种独门独户的房屋建在街道边上，属于街区制。

2. 凝聚共识，以法律形式明确街区制

日本重视街区的发展、推广街区制与日本的国情密切相关。一是经济发达，社会环境发展较为成熟，公众参与公共领域管理的意识比较强烈。二是地质灾害频发，为保护生命财产安全对街区和建筑物的建设提出更高要求——需具备"应急性质"。三是受国家地理环境影响，日本的住宅与街道之间的公共空间狭小，影响土地的高效利用。为此，日本《城市规划法》要求小区应该是开放式的，与主要道路相互联系，以此提高街区的交通韧性、拓宽公共空间。

3. 重新整治街区土地

重新整治街区土地是实行街区制的重要步骤。而在对不规则街区进行整治时，会与房主利益在一定程度上产生矛盾：多数情况下，需要房主让渡出部分土地，共同分担公共空间建设，以此保证街区交通、服务的便利性和完整性。国家和地方自治体依法从地权者手中征用土地以扩充街区道路、公园等公共用地空间。对征用地提出两种补偿方式：一是现金补偿，补偿标准是保证房主利益不受损失，补偿现金足以购买另一块土地；二是抵价地补偿，当被征地者需要依靠土地生存时，可以选择放弃现金补偿，依照一定程序向县市政府主管机关申请归还整理后的土地。在征用工作之初，还需向居民宣传街区整治的目的与程序，如对于被征地人说明宅基地面积会有所减少，但是街区整治后道路和公共设施得到完善，地区土地价值将有所提升等。

4. 社区组织、企业、地方自治体发挥治理主体作用

日本的街区治理主体是社区组织町内会、专业的服务企业和承担公共服务的地方自治体。一是町内会。町内会是日本的基层组织，是为居民提供服务、具有行政和自治双重性质的社区组织。这种社区组织有明确空间范围，

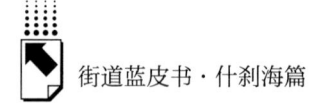

也是一个受一定规范制约的、整合的地域组织。同时，町内会也是政策制定和实施的单位。政府支持町内会发展，鼓励居民参与，还提供资金支持，帮助居民建设办公和集会设施。二是专业的服务企业。开放式街区面临一定安全隐患，除采用门禁、监视器等硬件设备保证住户安全外，在日本还形成了专业的保安公司体系，有成熟的、专门面向家庭提供安全保护服务的公司。三是地方自治体。日本实行地方自治，统称地方自治体。开放空间治理的前提是地方政府或自治体积极承担公共治理责任、履行公共服务义务，做好综治、交通、绿化、环卫等城市管理的基础工作，从而减轻居民自治难度和服务企业的工作复杂程度。

美国第五大道	历史： 第五大道协会自1907年成立，100年以来始终坚持高标准，使第五大道始终站在成功的顶峰。19世纪初，第五大道经过扩建后，逐渐变成纽约的高级住宅区及名媛仕绅聚集的场所。进入20世纪，第五大道变成了摩天大楼"争高"的场所，其中以1931年落成的帝国大厦为最高楼 现状： 众多货品齐全、受人喜爱的商店是第五大道的一个特色。此外，第五大道也是纽约市民举行庆祝活动的传统途径路线，在夏季的星期日是禁止汽车通行的步行街
英国牛津街	历史： 从罗马时代直到17世纪，牛津街主要是作为伦敦西区之外到牛津地区的线路而存在的。18世纪末期，大片建筑物的兴建为牛津街奠定了现在的面貌。一流的购物中心在20世纪开始起步，一些正在向主要商店发展的小店铺也随之开业 现状： 牛津街是英国首要的购物街，每年吸引了来自全球的3000万游客到此观光购物。它是伦敦西区购物的中心，长1.25英里的街道上超过300家的世界大型商场在此云集
意大利蒙特拿破仑大街	历史： 蒙特拿破仑大街最早可追溯到由马克西米安皇帝建立的罗马城墙。1783年，一家称为蒙特圣特里萨的金融机构在此开业来处理公共债务。19世纪初期，这条街几乎进行完全重建，建成新古典风格。而在第二次世界大战后，蒙特拿破仑大街成为国际时尚引领街区之一 现状： 蒙特拿破仑大街是米兰和意大利最优雅、最昂贵的一条购物街，以时装和珠宝商店而闻名。这条街是米兰这个公认的世界时尚之都的"时尚四边形"中最重要的一条街

图2 国外街区制度的典型

（四）国外街区治理的启示

1. 治理主体更加多元

在街区治理中，必须要发挥多元主体的作用。在美国，地区居民在街区治理中起到了不可或缺的作用，是否采用街区制、如何推进街区制都由居民或居民组织决定。在英国，发起街区保护行动、制定相关法律等，都由市民和协会组织推动。在日本，不仅有社区组织承担部分服务，地方自治体承担城市管理的基础工作，还有企业专门负责安保问题。街区治理绝不是单靠政府，或是单靠市民就可以完成的工作。这是因为街区治理内涵丰富、与多个领域有关，单靠一个或两个主体难以支撑街区治理的运行，需要不同主体承担起自身职责，需要多元主体间形成良好协作关系，共同推进街区治理。虽然在社区治理中，也强调要多元主体参与，但从我国社区建设发展的实际情况来看，更多工作集中在社区身上。而开放式街区治理不同，问题来自不同领域，也因此更加迫切地需要不同主体去解决。

2. 治理方式更加灵活

由于各国国情不尽相同，因此采用的治理方式不同。例如，因为日本的地理环境，一些房屋确实需要腾退出部分空间才能增加街道宽度和扩大公共空间，所以日本政府提出了征地补贴政策。美国、英国的街道间距更加合理，类似的问题较少。美国通过交通管制使居民普遍接受街区制，通过娱乐活动使居民积极参与街区治理。英国以立法的形式，规定街区保护和治理的内容，并将街区保护内容并入《城乡规划法》，使街区保护与街区治理并行；另外，英国市民在街区保护和街区治理方面参与意愿强烈、参与度较高，因此政府乐于接受市民相关提案或建议，以法律的形式确保市民参与权。街区治理方式实际上与区域基础情况相关，同时也受地区发展定位的影响。因此，探索街区治理方式时，必须整体考虑街区综合情况，例如街区市政基础设施与道路交通情况、居民参与情况、历史建筑保护情况等。

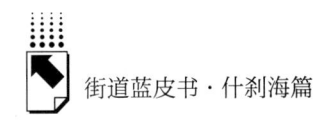

3.治理成效更加持续

街区治理要求可持续发展。从美国来看，街区制在一定程度上是为了适应机动车行驶，机动车的出现改变了城市交通方式。另外，美国不仅要求街区具有活力，还要求建设绿色社区，不能破坏自然环境。从英国来看，街区制侧重历史文化的保护，注重街区特色的传承。从日本来看，实施街区制、改造街道的一项重要原因是使基础设施更加牢固、合理，适应现代城市环境，更好地保障城市安全。这些都对街区提出可持续发展的要求。总的来说，街区的可持续发展重点包括城市运行、生态环境、历史保护等多个方面，其中城市运行包括城市交通、城市安全等多个方面。

四 什刹海街区治理的建议与思考

（一）以科学规划引导街区治理

第一，明确划分街区治理范围。街区治理范围并非与街道辖区范围完全重叠，因此在推行街区治理之时需要明确治理范围。什刹海街道在组建之时已经进行过一次调整，辖区由原厂桥街道辖区和部分新街口辖区组合而成，整体街区范围调整不应有过多改变。值得注意的是，阜景文化旅游街北段与什刹海景山一带重合，而南段阜成门、西四地区不在什刹海街道辖区范围内，且该功能性街区有独立的建设指挥部，需要加强协同合作。

第二，统筹街区重点工作，对接主要规划。梳理街道工作，从不同角度如工作内容类型、工作所需周期、工作重要性等进行分类。深入研究《北京总体规划》《北京市国民经济和社会发展第十三个五年规划纲要》《西城区国民经济和社会发展第十三个五年规划纲要》以及北京市、西城区的重点工作（疏解非首都功能、背街小巷整治等），将街区重点工作与主要规划对接，检验街道认定的重要工作是否与主要规划及北京市、西城区所提出的重点工作相契合。街区工作必须参照上级规划。

第三，编制"什刹海街区治理规划"。在对接主要规划后，街道需要编制"什刹海街区治理规划"，包括治理目标、治理方案等。在"什刹海街区治理规划"相对成熟后，并入《北京市总体规划》，使其更具影响力。

（二）以空间调整推动街区治理

第一，绘制、研究地区空间分布。详细绘制街区房屋、胡同、公共服务设施、历史文物、树木花坛等分布图。对街区中的窄胡同、死胡同、死角以及不利于行走、通车的路段进行标注和研究。测算什刹海地区是否需要进行空间调整，如需要可适当拓宽部分路段，让住宅腾退出一定空间。同时，对于不可移动文物或有价值建筑周边地区、人群密集区进行实地考察，研究是否需要改变、调整空间布局。

第二，空间调整以增绿、建绿为主。不可否认，在繁华的什刹海地区进行大规模、统一的空间调整较为困难。因此，在这一区域的空间调整多半以增绿、建绿为主。所谓增绿、建绿就是利用胡同中的死角、零碎空间广植草木，与后海、北海、荷花市场交相辉映，美化街区环境，提升街区品质。

（三）以设施完善助力街区治理

第一，市政基础设施改造。西城区是北京的老城区，什刹海街道有北京最大的老旧平房区，一些市政基础设施老化严重或配备不足，与宜居标准有一段距离，如燃气取暖、污水排放等问题尚未完全解决。在街区治理中，需加快市政基础设施改造。另外，根据绘制的什刹海地区空间分布图，增设、改建部分地区公厕设施。

第二，基本公共服务设施升级。空间调整或院落整理后腾出的零碎地块，可以依据居民需要增设服务设施，如健身器材、移动书屋甚至是"微博物馆"，或者用于地区交通循环的提升，设置单行线、小环岛、立体停车楼等。对一些低价值、已无修复可能的房屋或建筑群进行改造升级，并作为公共服务设施使用，但必须保持什刹海街区特色，有利于什刹海街区发挥功能。

（四）以灵活方式优化街区治理

第一，新技术使用。大数据已成为经济社会发展的基础工具。大数据是处理海量信息的技术，因此可以用大数据技术掌握、分析开放式街区多元主体的复杂信息和需求，多元主体包括居民、游客、商户、社会组织、景区管理部门等。当然，大数据不能只用来搜集调查，更要发挥其安全保障的作用。在景区设置实时联通的监控设备，通过大数据平台分析地区安全指数，当发生异常指数时对各景区、地区发出预警信号，提前戒备。

第二，加强多元参与格局。街区治理方式多种多样，什刹海街道更要发挥自身优势，鼓励和引导居民加入街区治理的平台——社区议事厅。以社区议事厅为起点，培养居民参与意识和协商能力，使居民对社区、街区的大事小情更加关注。同时，可以依托区域化党建，加强组织力量，引导多元主体参与街区工作。

（五）以法治保障夯实街区治理

第一，依法行政。从现实情况来看，将街区治理并入地方法还有一段距离。但是，在街区治理过程中，特别是涉及疏解非首都功能、治理背街小巷、治理"开墙打洞"、治理地下空间等重点工作时，必须依法行政，必须保证群众的知情权、参与权、表达权、监督权。

第二，有法可依。邀请人大代表、政协委员、法律专家、相关学者、居民和社会组织参加"什刹海街区治理规划"座谈，请社会各界人士对规划中的漏洞与不足进行批评指正，同时，也请学者、专家共同呼吁、反映什刹海在街区治理中遇到的问题，如在腾退拆迁、文物保护等领域面临的困难，避免街道在实际工作中出现无法可依的尴尬局面。

参考文献

何海兵：《我国城市基层社会管理体制的变迁：从单位制、街居制到社区制》，《管理世界》2003 年第 6 期。

李国庆：《日本城市街区治理的经验借鉴》，《中国信息报》2016 年 6 月 21 日，第 3 版。

刘君武：《英国街区保护制度的建立与发展》，《国外城市规划》1995 年第 1 期。

毕军东（什刹海街道办事处主任）：《抢抓机遇 乘势而上 打赢什刹海地区疏解整治提升攻坚战》，2017 年 1 月。

数据报告
Data Reports

B.2
什刹海街道基于常住人口的地区公共服务调查报告

摘　要： 社区公共服务的水平直接关系着社区居民的生活质量，社区常住居民对社区公共服务的认知度和满意度是衡量地区公共服务质量的重要标准。本报告通过问卷调查的方法，对什刹海街道25个社区的常住人口开展社区公共服务与居民生活质量问卷调查，从中了解街道组织开展公共服务的情况和居民满意度评价，在对调研数据进行整体分析的基础上，得出总体结论并针对存在的问题提出具体建议。

关键词： 什刹海街道　社区居民　公共服务　生活质量

为了能够了解目前什刹海街道居民对地区公共服务的获得感和满意度状况，我们在2015年1月针对街道开展的基本公共服务需求问卷调查的基础上，结合居民满意度调查，进行了此次问卷调查。本报告的调查对象是什刹海街道25个社区的常住人口。调查时间为2017年5月。共有499人参与此次调查，其中有效问卷415份，有效回收率为83.6%。

一 调查样本情况

（一）调查样本基本情况

调查对象中，男女比例约为0.6∶1。年龄在35岁及以下的有93人，36~55岁的有198人，55岁以上的有71人，其中65岁以上老年人有53人。从婚姻状况看，受访者以已婚为主，占87.2%。从政治面貌看，党员群众分别为108人和288人，群众占69.4%。常住人口中，有87.5%是西城区户籍，非京籍占1.9%。在本市自有住房者312人，占75.2%。从受教育程度看，本科或大专的人群占比最高，为57.3%。家庭组成结构方面，54.5%的家庭是三口之家，所占比重最大（见表1）。

表1 调查样本基本情况统计

单位：人

性别	男		148		女		257	
婚姻状况	已婚		362		未婚		53	
年龄	25岁以下	26~35岁		36~45岁	46~55岁		56~65岁	65岁以上
	18	75		102	96		71	53
政治面貌	党员		民主党派		团员		群众	
	108		6		13		288	
户籍	本区户籍		本市其他区户籍			非本市户籍		
	363		44			8		
住所	本区自有住房		本市其他区自有住房		本区非自有住房		本市其他区非自有住房	
	272		40		81		22	
学历	博士研究生		硕士研究生		本科或大专		高中或中专以下	
	3		11		238		163	
家庭人数	四人以上		四人	三人		二人		一人
	65		60	226		49		15

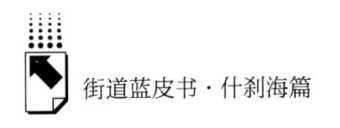

（二）样本家庭收入情况

从家庭收入情况看，家庭人均月收入在 1890~3400 元之间的受访者数量最多，占比为 43.4%；其次是 3400~8700 元的居民，占比为 33.5%；而人均月收入水平超过 15000 元的有 19 人。我们取人均月收入的区间平均值，可以得出什刹海街道居民年均收入的估算值（见表 2）。如果比照西城区 15 个街道的平均值 64855.2 元的标准，可以发现，什刹海街道的平均值为 61662.8 元，处于平均值以下水平。其中参与调查人员中，人均月收入低于 3400 元的人群值得关注，占到总数的 52.0%。这 216 人中，人均月收入在最低工资标准线 1890 元以下的有 36 人，其中符合低保家庭收入标准（家庭人均月收入低于 800 元）的仍有 7 人。

表 2　什刹海街道样本收入情况估值

单位：元，人

家庭人均月收入	800	800~1890	1890~3400	3400~8700	8700~15000
家庭人均年收入	9600	14940	31740	72600	142200
人数	7	29	180	139	41

注：居民年均收入由人均月收入的区间平均值乘以 12 个月估算得出，其中"15000 以上"的区间平均值按照 15000 计算，"800 元以下"的区间平均值按照 800 计算。

二　公共服务供给及居民满意度状况

（一）公共教育资源评价：超六成受访者认为幼儿园便利度低

关于什刹海街道教育资源配置，受访者的评价差异性很大。因为什刹海街道面积较大，所辖社区多达 29 个，所以教育资源相对紧缺且分配不均衡。调查显示，有 36.6% 的受访者认为教育资源配置"总体均衡"，认为"局部均衡"的占 34.9%，还有 16.1% 的受访者表示"基本失衡"，表示"说不清楚"的占 12.3%（见图 1）。由此可见，受访者总体对什刹海地区的教育资源状况并不满意。

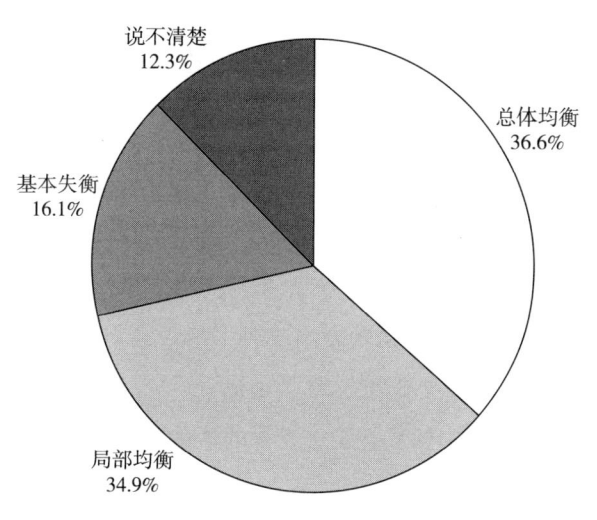

图1 什刹海街道教育资源配置情况

此次问卷特别就学前教育资源进行调查,在问及"您及周边的孩子上幼儿园方便不方便?"这个问题时,有36.9%的受访者的回答是"很方便",但也有8.9%的受访者表示"很难",表示"不方便"的受访者占16.6%,认为"不是很方便"的达到37.6%(见图2)。由此可见,超过60%的受访者对辖区幼儿园的布局和供给表示不满意,学前教育问题不容忽视。

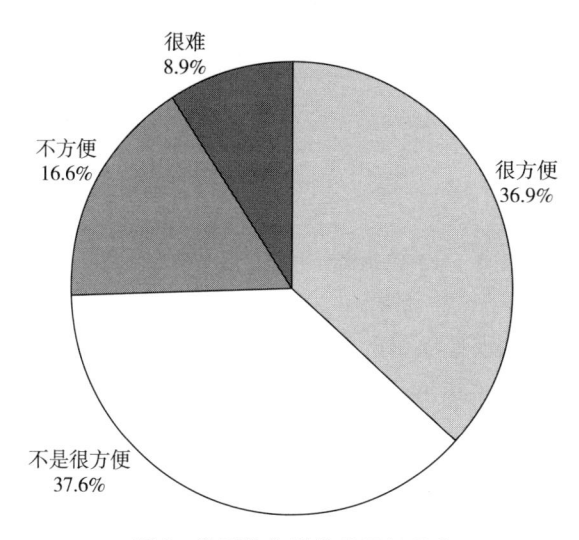

图2 什刹海街道幼儿园便利度

（二）公共文化服务评价：对公共文化设施和场馆的服务满意度不足五成

调查问卷以"您知道您家附近的图书馆、文化馆、博物馆、美术馆等公共文化服务设施分布情况吗"这一问题来了解受访者对街区公共文化资源的知晓度。结果显示，28.0%的受访者表示"了解"，11.3%的受访者表示"不了解"，接近六成的受访者表示部分了解。在对这些文化设施提供服务的满意度调查中，表示"满意"和"很满意"有49.9%，接近一半。表示服务"一般"的占41.4%，还有8.7%的人表示"不满意"和"很不满意"（见图3）。

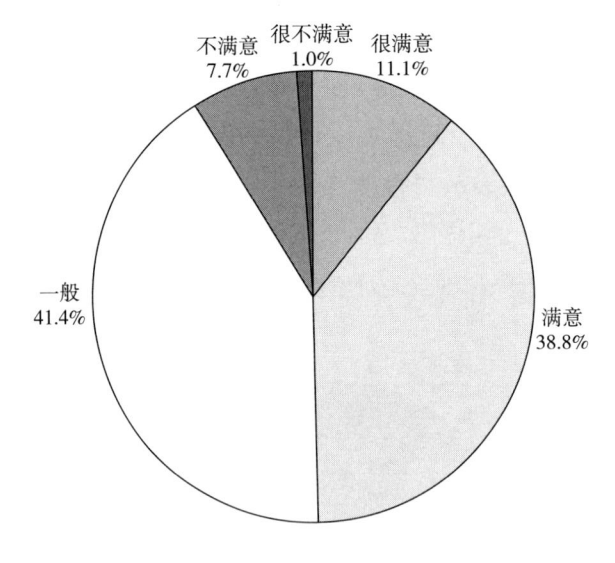

图3 什刹海街道公共文化服务情况满意度

具体从公共文化服务项目的参与度看，调查显示，参与"免费的电影放映"和"戏剧、音乐会等文艺演出"的受访者占比较高，都超过了半数。参与"书画展览、摄影展等"和"文体娱乐活动，如广场跳舞、打太极拳等"的比例相当，分别为46.3%和44.8%。另外，11.6%受访者表示"以上都没去过或参与过"（见图4）。

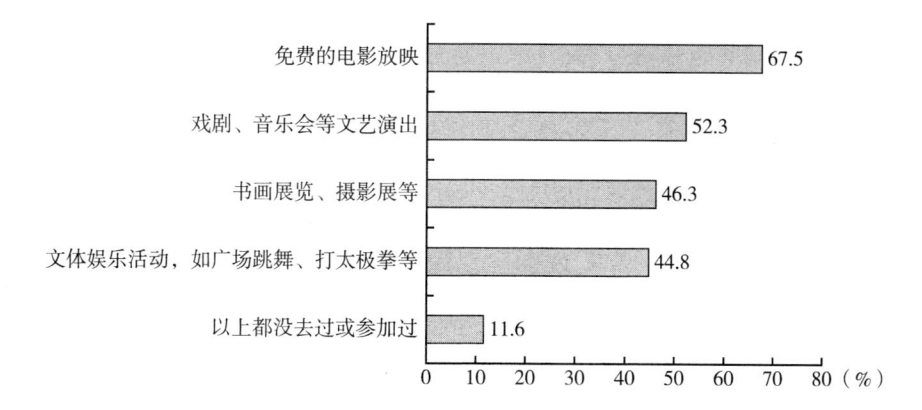

图4 什刹海街道公共文化活动参与度

- 免费的电影放映 67.5
- 戏剧、音乐会等文艺演出 52.3
- 书画展览、摄影展等 46.3
- 文体娱乐活动，如广场跳舞、打太极拳等 44.8
- 以上都没去过或参加过 11.6

（三）社区服务评价：社区群众文化服务的满意度最高

在社区文化教育体育服务方面，受访者对于"社区群众文化服务"的满意度最高，达到74.7%。此外，对"社区科普服务""社区教育培训服务"的满意度相对较高，但也不超过半数，只有40.2%和37.3%。从调查项目内容上来看，对于社区体育类服务的整体满意度普遍不高（见图5）。此外，在本次社区服务项目满意度调查中，对"社区早教服务"和"社区居民体质测试服务"的满意度偏低，分别占14.5%和11.8%，还有3.4%的受访者认为说不好（见图5）。

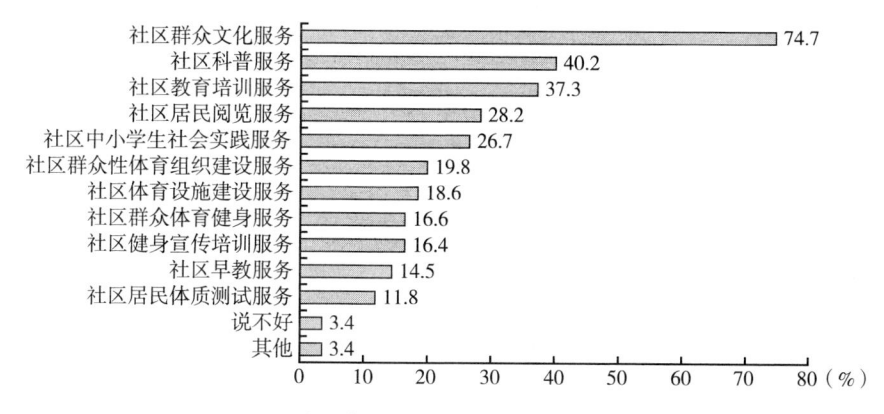

- 社区群众文化服务 74.7
- 社区科普服务 40.2
- 社区教育培训服务 37.3
- 社区居民阅览服务 28.2
- 社区中小学生社会实践服务 26.7
- 社区群众性体育组织建设服务 19.8
- 社区体育设施建设服务 18.6
- 社区群众体育健身服务 16.6
- 社区健身宣传培训服务 16.4
- 社区早教服务 14.5
- 社区居民体质测试服务 11.8
- 说不好 3.4
- 其他 3.4

图5 什刹海街道社区服务满意度项目情况

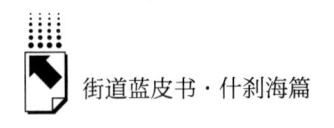

（四）就业（创业）服务评价：平均参与率在30%左右

调查显示，在就业（创业）指导和就业（创业）服务方面，参与度最高的是"社区职业介绍和岗位推荐服务"，所占比重为69.4%，参与"社区专场招聘会"的受访者也超过半数，达到53.7%。参与"就业信息发布"的受访者不足五成，受访者占比达45.8%。选择"'零就业家庭'就业帮扶服务"和"社区就业困难人员再就业服务"的比重相近，分别为37.3%和36.9%。其他两项就业指导和服务项目的参与度都在33.0%左右，有25.5%的受访者表示接受过"自主创业指导咨询"。此外，只有8.4%的受访者表示"不清楚"，表明没有该方面的需求（见图6）。由此可见，街道关于社区就业创业服务工作做得较为扎实。

项目	百分比
社区职业介绍和岗位推荐服务	69.4
社区专场招聘会	53.7
就业信息发布	45.8
"零就业家庭"就业帮扶服务	37.3
社区就业困难人员再就业服务	36.9
社区劳动就业政策咨询服务	33.5
就业能力提升培训或讲座	33.0
自主创业指导咨询	25.5
不清楚	8.4

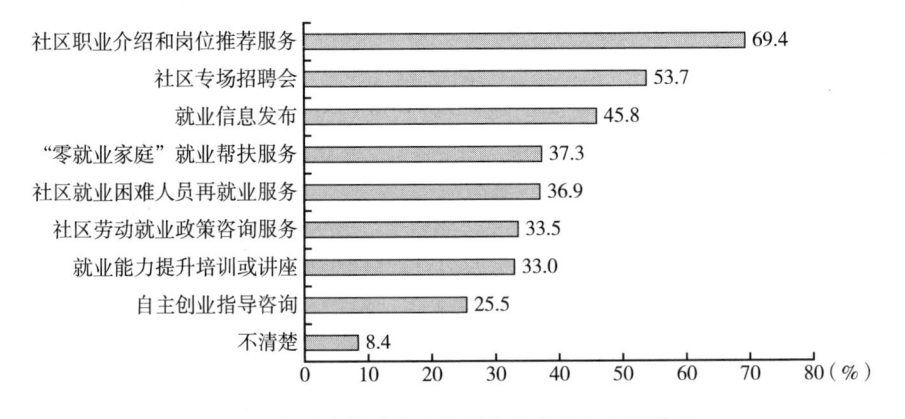

图6 什刹海街道就业指导和就业服务项目情况

（五）为老服务评价："生活照料"服务项目需求度最高

项目调查问卷所涉及的十大类为老服务项目的受欢迎程度均不相同，其中"生活照料""医疗保健""紧急救助"需求占比均过半数，排在前三位，分别达到75.2%、71.6%和52.0%。"心理咨询"选项占比最低，只有24.3%（见图7）。

什刹海街道的老龄化工作形势严峻、任务艰巨，2016年的调查数据显示，常住人口中老年人口占比为27.9%。为满足地区老年人的养老需求，什刹海街

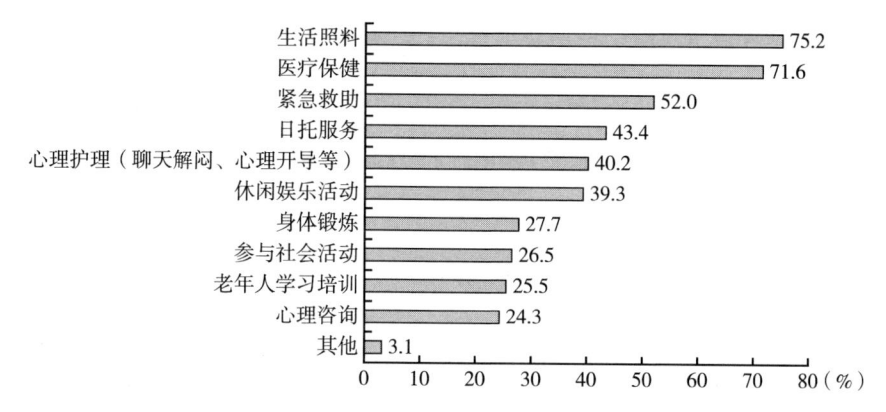

什刹海街道基于常住人口的地区公共服务调查报告

```
生活照料          75.2
医疗保健          71.6
紧急救助          52.0
日托服务          43.4
心理护理（聊天解闷、心理开导等）  40.2
休闲娱乐活动      39.3
身体锻炼          27.7
参与社会活动      26.5
老年人学习培训    25.5
心理咨询          24.3
其他              3.1
      0  10  20  30  40  50  60  70  80（%）
```

图 7　什刹海街道社区为老服务项目需求情况

道不断探索养老服务的新模式，在不断完善居家养老服务的同时，进一步加强资源整合力度，积极发展社区养老、机构养老和智慧养老，促进养老服务的社会化。目前，什刹海地区与养老服务相关的北京市示范单位有宁心园养老公寓和什刹海社区居家养老服务中心，前者隶属于地区民政局，是口碑较好的专业性养老机构，后者是中国社会福利基金会"万家公益养老示范工程"。

在对现有为老服务项目的满意度方面，只有56.8%受访者表示"满意"或"很满意"，有34.7%的人表示"一般"，但仍有8.5%的人表示"不满意"或"很不满意"（见图8）。

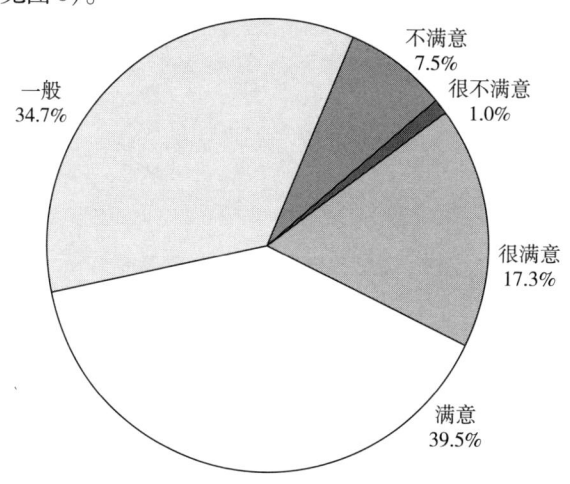

一般 34.7%
不满意 7.5%
很不满意 1.0%
很满意 17.3%
满意 39.5%

图 8　什刹海街道社区为老服务项目满意度

从调查受访对象的反馈数据上来看，什刹海街道社区的为老公共服务项目还存在很大的提升空间。

（六）残疾人专项服务评价：超六成受访者认为专用设施不够完善

问卷调查结果显示，有34.0%受访者表示所在社区的残疾人专项服务设施"比较完善"和"非常完善"。调查中认为"不够完善"的受访者过半数，占比达50.8%。此外，还有15.2%的受访者表示"基本没有"（见图9）。可见，什刹海街道社区残疾人专用基础设施建设的覆盖率不高，难以满足社区残疾人对专用设施的基本需求，社区居民对该方面的公共服务满意度偏低。

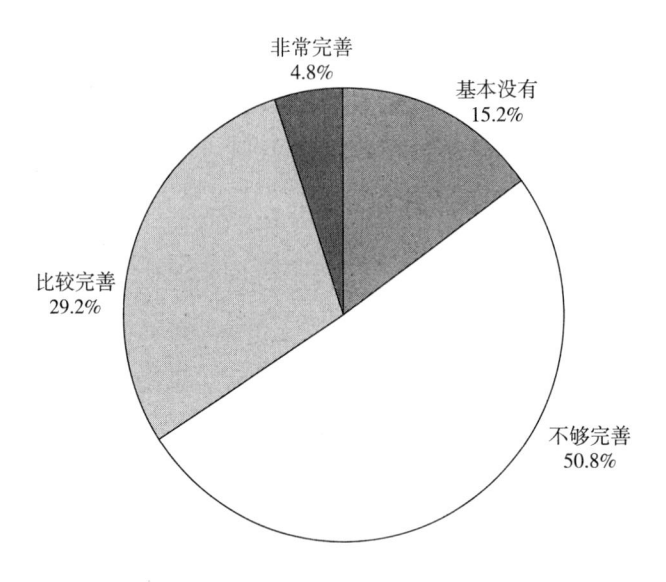

图9 社区残疾人专用设施完善度

从社区残疾人服务项目供给情况来看，"康复照料""日常生活""就业指导""法律援助"四个方面排在前四位。有57.3%的受访者选择了包括知识讲座、康复咨询、免费健康体检、建立电子健康档案等项目在内的"康复照料"，48.4%受访者选择了涉及卫生清洁、洗衣做饭、买菜买粮、家电维修、房屋修葺、看病就医、帮助外出、突发应急等内容的"日常生活"，此外，分别有47.2%和45.3%的受访者选择了"就业指导"服务和"法律援助"服务。但受访者对"心理抚慰"和"文教服务"两个社区残疾人服务项目供给的评价偏低，只有25.8%和16.9%（见图10）。

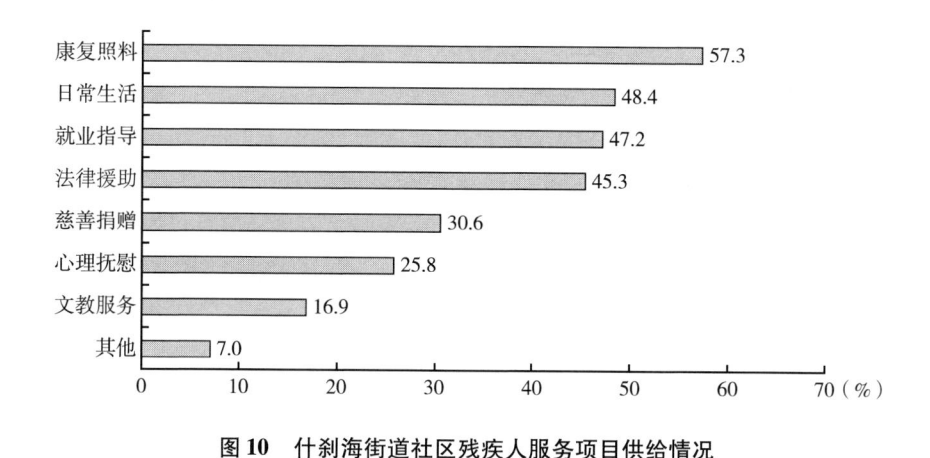

项目	百分比
康复照料	57.3
日常生活	48.4
就业指导	47.2
法律援助	45.3
慈善捐赠	30.6
心理抚慰	25.8
文教服务	16.9
其他	7.0

图10　什刹海街道社区残疾人服务项目供给情况

（七）便民服务评价：公共停车场站最为稀缺

对"最后一公里"社区便民服务便利度情况的调查数据显示，在调查所涵盖的19个便民服务选项中，满意度排在前两位的是"超市便利店"和"早餐"，分别为72.5%和65.5%。其他服务选项的满意度都不超过50.0%，其中有44.1%和40.7%的受访者选择了"公共厕所"和"美容美发"，剩余服务选项的满意度则都低于30.0%（见图11）。而在最不便利评价中，排在前四位的是"公共停车场站"（39.3%）、"商场购物"（33.0%）、"体育运动场所"（27.5%）和"维修服务"（26.5%）（见图12）。其中，公共停车场站排在第一位，说明地区公共停车资源紧张，存在停车难现象。什刹海作为国内著名的开放式景区，巨大的客流量带来大量的停车需求，而辖区胡同小巷居多又造成地区停车空间有限。

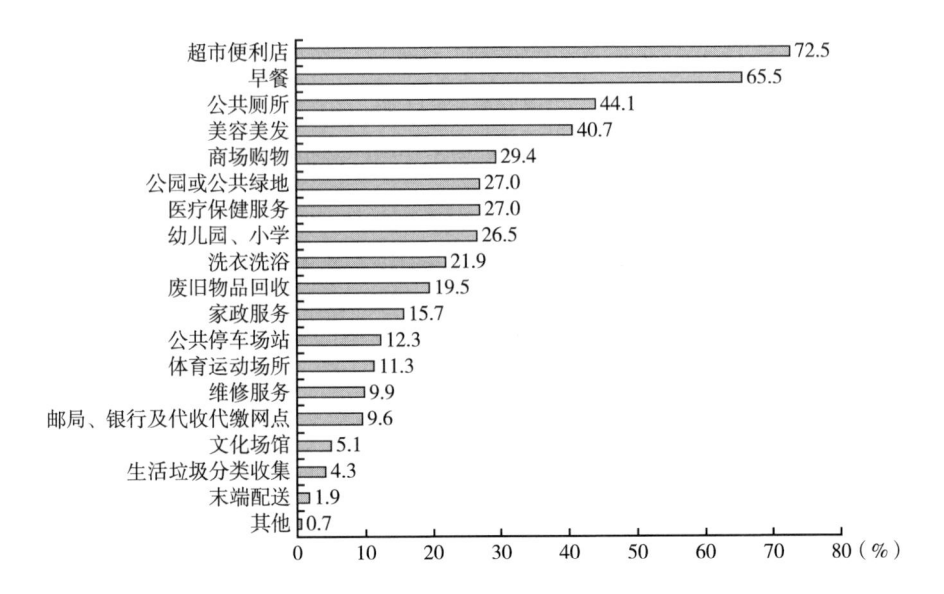

图11 什刹海街道便民服务最便利情况

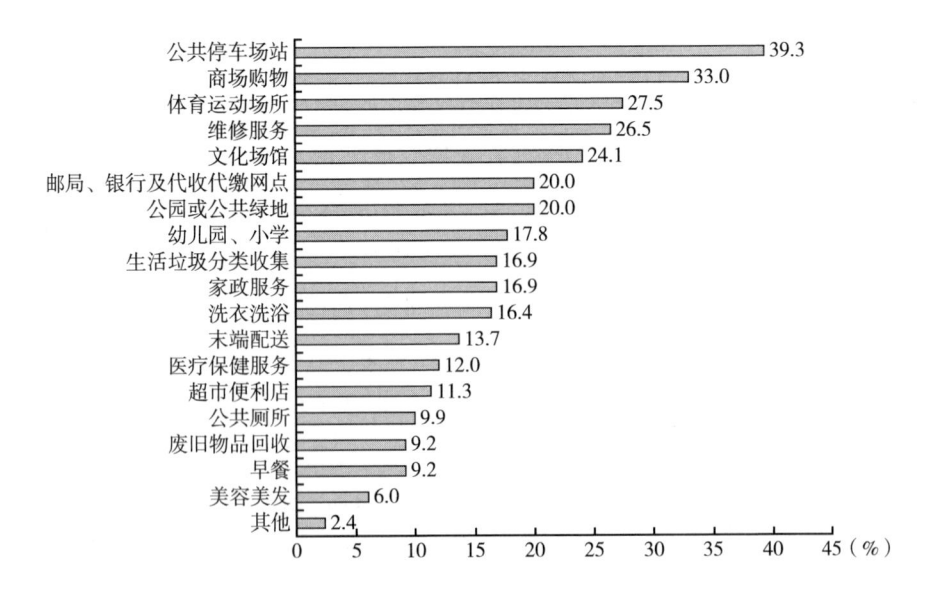

项目	百分比(%)
超市便利店	72.5
早餐	65.5
公共厕所	44.1
美容美发	40.7
商场购物	29.4
公园或公共绿地	27.0
医疗保健服务	27.0
幼儿园、小学	26.5
洗衣洗浴	21.9
废旧物品回收	19.5
家政服务	15.7
公共停车场站	12.3
体育运动场所	11.3
维修服务	9.9
邮局、银行及代收代缴网点	9.6
文化场馆	5.1
生活垃圾分类收集	4.3
末端配送	1.9
其他	0.7

图12 什刹海街道便民服务最不便利情况

项目	百分比(%)
公共停车场站	39.3
商场购物	33.0
体育运动场所	27.5
维修服务	26.5
文化场馆	24.1
邮局、银行及代收代缴网点	20.0
公园或公共绿地	20.0
幼儿园、小学	17.8
生活垃圾分类收集	16.9
家政服务	16.9
洗衣洗浴	16.4
末端配送	13.7
医疗保健服务	12.0
超市便利店	11.3
公共厕所	9.9
废旧物品回收	9.2
早餐	9.2
美容美发	6.0
其他	2.4

在对社区现有便民服务的满意度调查中，有52.3%人表示"很满意"或"满意"，41.7%人表示"一般"（见图13）。

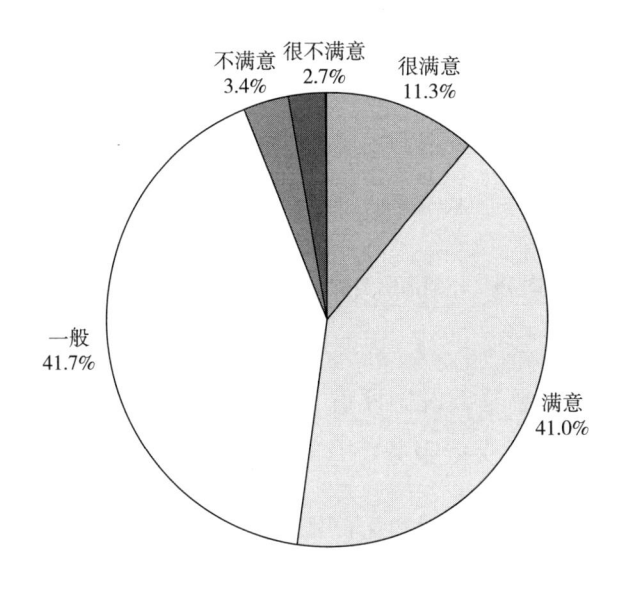

图13 什刹海街道社区便民服务满意度情况

（八）社区安全服务评价："社区治安服务"满意度最高

在社区安全服务项目供给情况调查中，社区治安服务的供给情况最好。调查显示，在12个调查选项中，满意度排序最靠前的是"社区治安服务"项目供给，占比为75.2%，其他服务项目中满意度超过五成的选项有三个，依次为"社区消防安全服务""社区法律服务""社区治安状况告知服务"，分别为53.7%、53.5%、52.8%；"社区禁毒宣传服务""社区矫正服务""社区帮教安置服务"的满意度分别为48.4%、43.6%和40.5%，其余社区安全服务项目供给满意度状况均在30.0%至40.0%之间（见图14）。从调查数据的反馈来看，什刹海街道提供的社区安全服务项目涉及的领域较多，供给相对均衡。

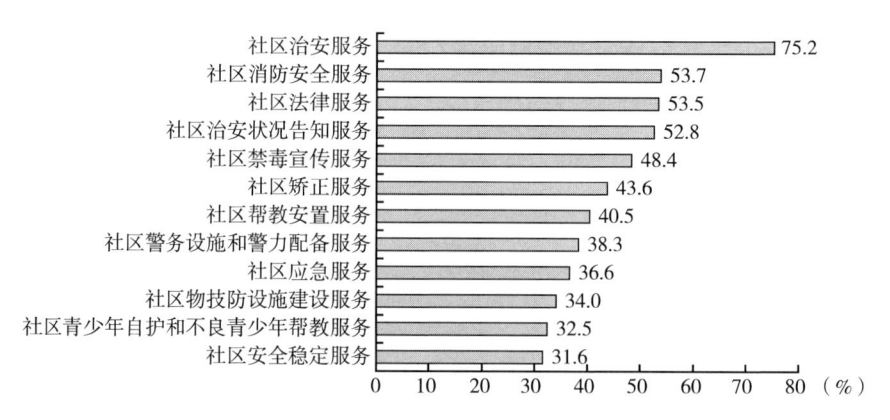

图14　什刹海街道社区安全服务项目满意度

（九）地区信息基础设施评价：受访者普遍对推进智慧化、便利性基础设施投入表示支持服务

随着信息技术的迅猛发展和互联网应用的快速普及，居民对智慧化、便利化的信息基础设施的需求日益上升。在本次问卷调查中，按照受访者对地区信息基础服务设施的需求的强弱来排序，调查问卷所涵盖的5个信息服务设施选项由高到低依次为"社区便民服务在线办理""社区生活服务信息查看""社区停车缴费智能化""加强智慧社区信息基础服务设施建设""社区政务信息查看"（见图15）。

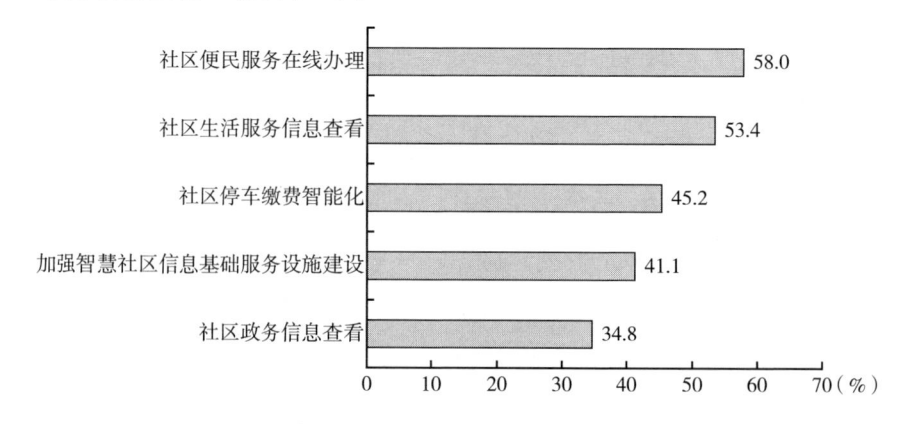

图15　什刹海街道社区信息基础设施服务需求情况

三　基本数据结论

什刹海街道受调查居民中，有过半数人员收入水平远低于全区平均水平，在家庭支出结构中满足基本生活的食品消费和购物占据主导地位，其次是医疗和教育培训消费。此次调查围绕公共教育资源、公共文化服务、社区服务、就业（创业）服务、为老服务、残疾人专项服务、便民服务、社区安全服务和地区信息基础设施服务等九个方面进行评价，得出以下数据结论。

第一，在公共教育资源评价方面，被调查者的评价差异性很大，特别是对学前教育资源的供给满意度不高，有超六成的受访者认为上幼儿园的便利度低。表明地区教育资源分配不均衡，什刹海地区的教育状况不容乐观。

第二，在公共文化服务评价方面，居民对街区公共文化资源分布的知晓度超过八成，但对其提供的服务满意度总体上不足五成。在具体服务项目中，居民对"免费的电影放映"项目的参与度最高，占67.5%。

第三，在社区服务评价方面，受访者对各个项目的满意度评价差别较大，其中对"社区群众文化服务"项目的满意度较高，达到74.7%；而对"社区科普服务"和"社区教育培训服务"的满意度都不超过半数，分别是40.2%和37.3%；受访者对社区体育服务的整体满意度普遍不高。

第四，在就业（创业）服务评价方面，居民参与度最高的是"社区职业介绍和岗位推荐服务"和"社区专场招聘会"，所占比重均超过半数，分别为69.4%和53.7%。此外，还有25.5%的受访者表示接受过"自主创业指导咨询"。

第五，在为老服务评价方面，分别有75.2%、71.6%和52.0%的受访者认为"生活照料""医疗保健""紧急救助"是社区最应该提供的为老服务项目，"心理咨询"选项需求性较低，仅有24.3%。有超五成的受访者对社区整体为老服务现状表示满意。

第六，在残疾人专项服务评价方面，仅有34.0%受访者表示所在社区的残疾人专项服务设施"比较完善"和"非常完善"，有超六成的受访者认为不够完善。从社区残疾人服务项目满意度情况来看，"康复照料""日常生活""就业指导""法律援助"四个服务项目最受欢迎；受访者对"心里抚慰"和"文教服务"两个项服务供给的评价偏低，只有25.8%和16.9%。

第七，在便民服务评价方面，有52.3%的受访者对社区现有便民服务表示"很满意"或"满意"，41.7%人表示"一般"。受访者普遍对"超市便利店"和"早餐"服务选项表示满意，满意度分别为72.5%和65.5%。有近四成的受访者认为"公共停车场站"是最不便利的服务选项。

第八，在社区安全服务评价方面，有高达75.2%的受访者认为"社区治安服务"的供给情况最好，其余11项社区安全服务项目的供给满意度状况均在30.0%以上。从调查反馈整体情况看，什刹海社区的安全服务项目供给较为充足和完善。

第九，在信息基础设施服务评价方面，超五成的受访者希望提供"社区便民服务在线办理"和"社区生活服务信息查看"服务，问卷中该项评价所涵盖的5个项目的满意度均在30%~60%之间。由此可见，居民普遍支持建设智慧社区和提供便利化的信息基础设施。

综上所述，我们进一步梳理出公共服务调查中的12个重点选项，需要街道予以关注（见表3）。

表3　什刹海街道公共服务重点选项调查数据

序号	需重点关注的调查选项	调研占比（%）
1	满意度最高的社区服务选项"社区群众文化服务"	74.7
2	满意度最低的社区服务选项"社区居民体质测试服务"	29.2
3	参与度最高的公共文化选项"免费的电影放映"	67.5
4	参与度最高的就业（创业）服务选项"社区职业介绍和岗位推荐服务"	69.4

续表

序号	需重点关注的调查选项	调研占比(%)
5	需求度最高的为老服务选项"生活照料"	75.2
6	需求度最低的为老服务选项"心理咨询"	24.3
7	满意度最高的残疾人专项服务选项"康复照料"	57.3
8	满意度最低的残疾人专项服务选项"文教服务"	16.9
9	便利度最高的便民服务选项"超市便利店"	72.5
10	便利度最差的便民服务选项"公共停车场站"	39.3
11	满意度最高的公共安全服务选项"社区治安服务"	75.2
12	最希望提供的信息基础设施选项"社区便民服务在线办理"	58.0

四 对策建议

什刹海街道区域总面积达5.8平方公里，仅次于西城区面积最大的展览路街道，街区下辖社区多达25个，常住人口的数量也较其他街道多，庞大的常住人口带来了巨大的公共服务的需求。但由于什刹海街区具有的文保区、旅游区、商业区和居住区四区合一的复合功能特点，使得地区公共服务资源的供给和分配难以满足社区居民的实际需求。此次对什刹海街道基于常住人口的地区公共服务调查数据显示，街道面临着诸如停车困难、体育休闲设施紧张、公共文化设施和助残服务设施不足等公共服务紧缺的突出问题，此外，还有一些公共服务项目存在与居民需求不匹配或资源分配不均衡的问题。在疏解整治促提升的首都建设任务要求下，什刹海街道要实现发展转型、提升街区发展品质，就必须大力解决好地区公共服务工作中存在的问题，满足地区居民的公共服务需求，提升居民对政府工作的满意度和生活幸福感，据此提出以下改进建议。

（一）加强统筹规划，促进资源整合，不断完善地区公共服务体系

街道社区的公共服务的供给状况直接关系着地区居民的生活质量。什刹海街道管辖面积大、人口多、街区情况复杂，地区公共服务供需结构还存在

许多有待优化的地方。街道作为基层管理和服务的基础单位，在了解群众需求，为群众提供完善的公共服务方面承担着重要职责。街道要发挥统筹辖区发展的功能，加强对地区公共服务的科学布局和整体规划，制定阶段性目标和长远目标，明确各部门具体工作职责，建立协调联动机制，着力解决地区公共服务工作面临的重点和难点问题，推动地区公共服务的均衡发展和全覆盖。而随着地区居民生活水平的提高，人们对公共服务的需求也发生了变化，原有的政府单一供给模式已经难以满足群众日益多样的需求，因此，要提高地区公共服务供给效率，避免出现公共服务资源相对欠缺和相对剩余的问题。街道要进一步加强资源整合，实现供给平衡，既要补缺口，又要优存量，既要保证量的充足，又要注重质的提升，通过采取合作或政府购买等手段，积极引入市场资源和社会力量，拓宽地区公共服务的供给渠道，构建地区多元共建的公共服务格局，不断完善地区公共服务体系和服务品质，增强地区居民的幸福感和获得感。

（二）立足居民需求，创新公共服务模式，打造地区特色公共服务品牌

地区公共服务工作的质量和水平与地区居民的生活质量和水平紧密相关，基层街道要立足居民实际需求，不断提高基层公共服务水平，为实现我国基本公共服务均等化积极实践。什刹海街道结合地区居民生活习惯和地区资源分布特点，通过创新地区公共服务模式，努力打造地区特色公共服务品牌，提升地区整体公共服务水平，为当地居民提供良好的公共服务设施和多样化的公共服务项目，在地区为老服务、旅游服务、文化服务等方面取得了积极的成效。什刹海街道的老年人口比例较高，养老服务需求量大，为满足地区家庭的养老需求，保障好地区老年人的基本生活权益，街道积极创新公共养老服务模式，在政府主导下，鼓励社会广泛参与，积极引入市场力量，首创了公益社区、惠民社区和智慧社区相结合的"三社联动"养老模式，有效地补充了传统的家庭养老和政府养老力量的不足。目前，什刹海社区居家养老服务中心和宁心园养老公寓是什刹海地区口碑好、专业强的为老

服务品牌力量。街道大力发展智慧旅游服务，在充分保护和延续历史文化街区原始风貌的前提下，进一步加强景区环境建设，健全景区休闲娱乐设施，创建交通慢行系统，满足当地居民和广大游客对公共服务的基本需求，提升地区旅游品牌吸引力。街道在广福观建立地区文化展示中心，依托中心的资源聚合效能，打造地区特色文化走廊，扩大地区公共文化服务的覆盖力和影响力。

（三）重视提升地区公共服务的信息化建设和应用水平，推动地区公共服务供给向智慧化和精准化迈进

在互联网时代的背景下，街道要充分认识大数据和云技术在推动基础公共服务发展方面的重要作用，加强地区公共服务的信息化建设，大力提升地区公共服务供应的智慧化和精准化。什刹海街道在信息化基础设施建设方面积极走在前列，重视对地区各项基本数据资源的采集和加工，通过街道全响应网格化社会服务管理工作系统，及时掌握居民需求动向，快速反馈居民需求变化。这不仅可以使地区公共服务供应更加匹配居民需求，而且可以对地区居民的公共服务需求进行预先判断，不断提高地区公共服务供给的智慧化和精准化。街道紧密结合社区居民需求，创建了"社区生活服务中心+便利终端+社区电子商务"融合发展的服务模式，推动了社区电子商务服务业的发展；街道还建设了网上三维公共服务大厅，满足了居民在线办理政务的需求，提高了政府的办公效率。此外，街道全响应办公室为推进社会服务管理工作的信息化发展，正在全力推动"数字什刹海"社会服务管理平台的建设。什刹海街道通过加快推进"互联网+"在地区公共服务领域的发展和应用，不断促进地区公共服务资源与居民需求的有效对接，提高地区基础公共服务水平，增强人民群众的获得感。

B.3
什刹海街道基于工作人口的地区公共服务调查报告

摘　要： 街道作为基层政权，具有为居民提供优质公共服务的职责，开展好地区公共服务，满足地区企业和工作人员的基础公共服务需求，提升其满意度，对地区经济发展具有重要意义。对此，课题组于2017年5月以在什刹海街道辖区内纳税情况较好的一些企业的工作人员为调查对象，就企业工作人口对什刹海地区的公共服务供给、参与和获得情况进行问卷调查，共回收244份有效问卷为分析样本。本次报告通过对社区服务机构认知度、社区服务参与度、地区生活便利度、社区基本公共服务满意度、社区公共服务需求度五个方面的调查结果进行分析，发现存在社区公共服务供给模式单调、公共服务供给不平衡、部分公共服务项目的居民参与度和满意度不高等问题。本报告认为街道应该加强基础调研和监督考评，提高地区公共服务供给的科学性和有效性；注重地区公共服务的多元化发展，不断创新地区公共服务模式，促进地区公共服务的全覆盖；建立健全地区公共服务供给的长效机制，不断完善地区公共服务体系。

关键词： 什刹海街道　公共服务　工作人口　对策建议

　　什刹海街道是西城区六大功能街区中的文化旅游功能街区，旅游服务业是地区经济发展的主力，开展好地区公共服务，满足地区企业和工作人员的基础公共服务需求对地区经济发展具有重要意义。本报告涉及的调查对象是什刹海街道辖区内纳税情况较好的一些企业的工作人员，包括中高层管理人员和普通员工，调查开展时间为2017年5月。有300名工作人员填写了本次问卷，其中有效问卷244份（见表1），有效率为81.3%。

一 调查样本情况

调查对象中，中高层管理人员和普通员工的比例为1.1∶1；男女比例为0.4∶1；在本单位工作三年以上的占比为75.0%；本科或大专学历占绝大部分，为76.6%，硕博士高端人才占到14.8%；年龄分布在26~45岁的工作人口比例达到69%，是企业劳动力的中坚力量。从户籍分布来看，本市户籍人口超过了85%，其中本区户籍人口占比37.3%，本市其他区户籍人口占比48.4%。从居住地情况看，在西城区居住的人员占31.1%，其中，拥有自有住房的工作人员占66.8%。从家庭结构来看，三口之家居多，占62.7%。从员工收入来看，115名普通员工中，家庭人均月收入在5000元以下的占43.5%，超过10000元的占20.9%，但仍有2人表示家庭人均月收入低于北京市最低工资标准1890元。129名中高层管理人员中，月收入在5000元以下的占比仍有17.8%，月收入在5000~10000元的占51.9%，超过20000元的占6.2%（见表1）。

表1 调查样本基本情况统计

单位：人

性别	男		74		女		170
年龄	25岁以下	26~35岁		36~45岁	46~55岁	56~65岁	65岁以上
	5	82		87	62	8	0
户籍	本区户籍		本市其他区户籍			非本市户籍	
	91		118			35	
居住情况	本区，自有住房		50	本市其他区，自有住房			113
	本区，非自有住房		26	本市其他区，非自有住房			55

续表

工作年限	三年以上		一年到三年		一年以下	
	183		49		12	
学历	博士研究生	硕士研究生		本科或大专	高中或中专以下	
	1	35		187	21	
家庭构成	四人以上	四人	三人	二人	一人	
	16	35	153	36	4	
收入情况	普通员工家庭人均月收入（元）					
	1890以下	1890~3399	3400~4999	5000~9999	10000~19999	20000以上
	2	18	30	41	20	4
	中高层管理人员月收入（元）					
	5000以下	5000~9999	10000~19999	20000~29999	30000~49999	50000以上
	23	67	31	6	1	1

二 社区服务机构认知度

（一）街道办事处服务事项：超过六成的受访者有一定的认知度

对于街道办事处对企业的服务事项的认知程度，12.3%的受访人群表示"知道"，45.5%的人表示"知道一些"，而表示"不知道"的人高达42.2%（见图1）。由此可见，受访者对什刹海街道的企业服务事项认知度普遍不高。什刹海地区没有大规模的产业集团，地区从业人员多以分散经营为主。

（二）社区居委会：企业对社区的认知度大幅下降

调查显示，关于社区居委会的办公地点、服务项目、领导姓名和相关活动，有近27.5%的受访者表示对以上情况"都不知道"。仅有少数受访者做了肯定回答，说明人们对社区居委会的了解普遍不多。其中60.7%的受访者"知道办公地点"，25.8%的受访者"了解服务项目"，23.0%的受访者表示"参加过活动"，只有9.4%的受访者表示"知道领导姓名"（见图2）。

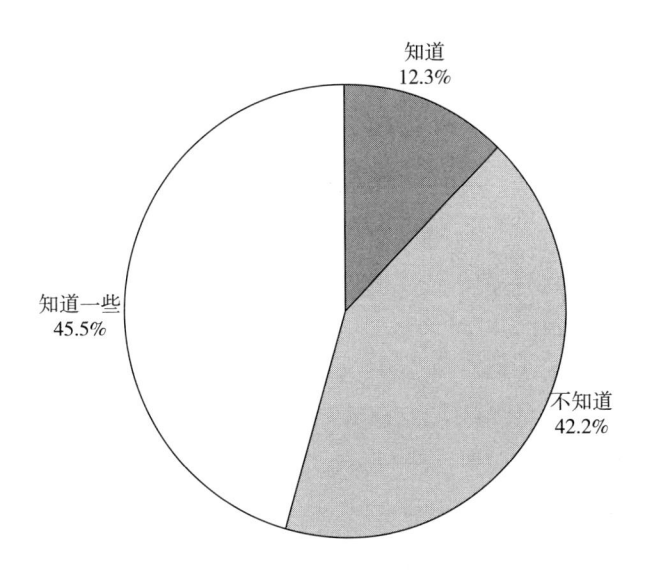

什刹海街道基于工作人口的地区公共服务调查报告

图1　什刹海街道服务企业事项认知度

而上次（指2015年1月的首次调查，下同）的这四个调查数据分别为86.6%、58.1%、53.8%和54.4%，均有了大幅度下降，其中对办公地点的了解程度下降了25.9个百分点，对服务项目的了解程度下降了32.3个百分点，对社区居委会领导姓名的认知度下降了45.0个百分点，对社区活动参加度下降了30.8个百分点。两次数据采集样本结果差异性大，一方面表

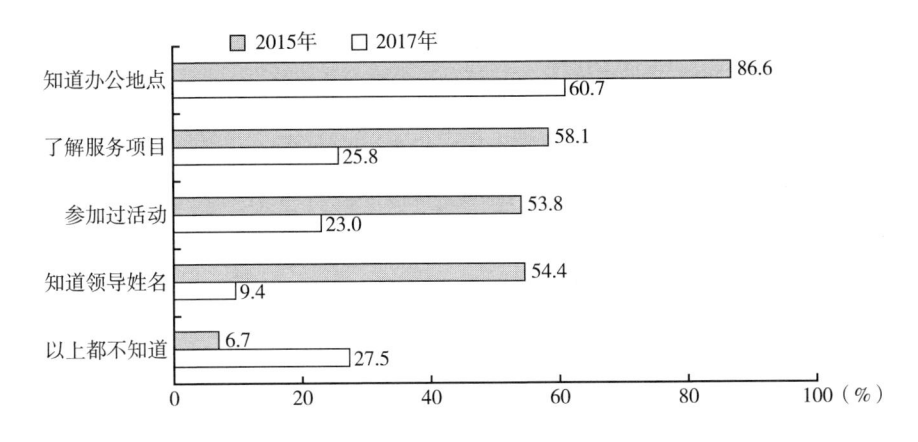

图2　2017年与2015年什刹海街道社区居委会认知度

043

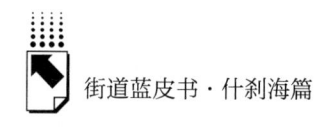

明 2017 年和 2015 年调查选取的对象个体认知度的差异性较大；另一方面表明社区服务项目的宣传覆盖力度不足，社区服务资源分布不均衡。

三 社区服务参与度

（一）社区服务项目：受访者参与度整体不高

此次问卷重问了上次调查的问题，从 10 个方面对社区工作人口的社区服务参与度进行了调查（见图 3），结果显示，企业工作人员参与社区服务项目的频度下降明显。社区服务选项"都未参与"的人数占比从上次的 14.7% 上升为 65.8%，其余 8 个选项均有明显下降，且参与度普遍偏低，都处在 2%～13%。从具体服务项目看，参与度相对较高的依次是"法律服务""图书阅览""人才交流"，参与度分别是 12.3%、11.5% 和 10.7%。与 2015 年相比，同样排在前两位的"法律服务"和"图书阅览"项目参与度分别下降了 29.2 个百分点和 21.6 个百分点。与 2015 年一样，参与程度最低的是"婚姻介绍"，本次参与度仅有 2.9%。两次调查问卷涉及的社区服务项目相同，但两次的调查结果数据降幅很大，这说明什刹海 25 个社区为驻区企业工作人员提供的公共服务资源配置不均衡，与街道工作人员现有的服务需求不匹配，街道在为地区工作人口提供社区公共服务工作上还有巨大的提升空间。

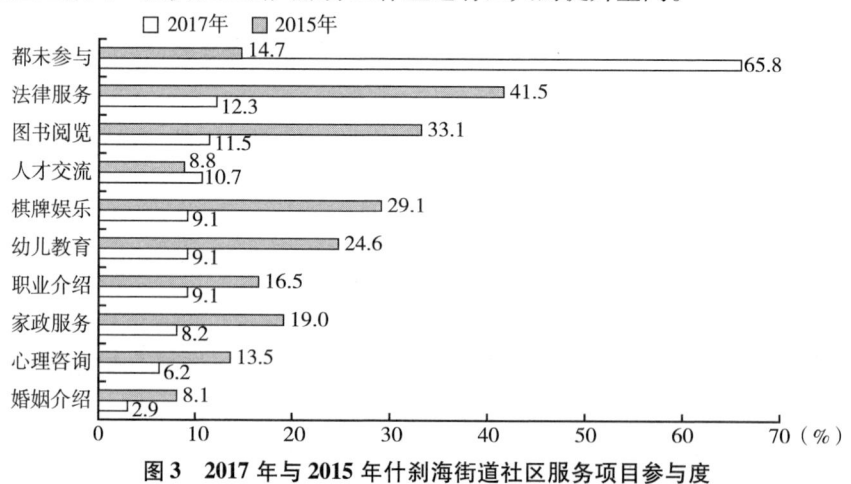

图 3 2017 年与 2015 年什刹海街道社区服务项目参与度

（二）社区文化活动：受访者参与率偏低

对街道组织的文化活动参与度的调查显示，只有4.5%的受访者表示"经常参加"，其中"偶尔参加"的占35.7%，较上次的调查数据34.0%和49.2%，都有很明显的下降。而"从来没有"的数据也由上次的16.8%上升为59.8%，增幅高达43个百分点（见图4）。这三组数据充分说明，什刹

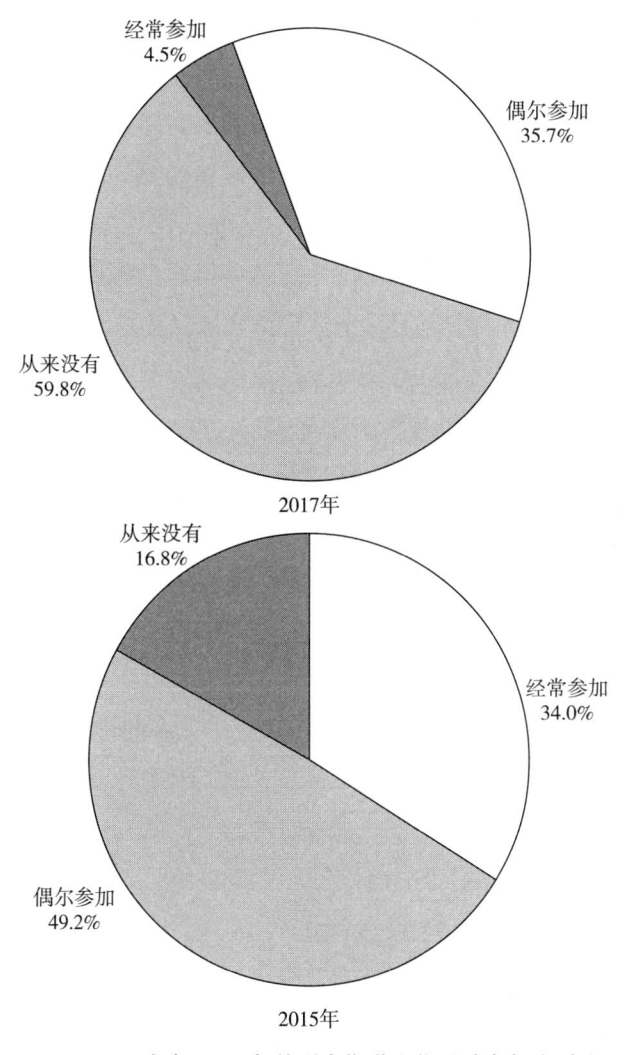

图4 2017年与2015年什刹海街道文化活动参与度对比

海街道的文化活动参与度存在巨大的提升空间，社区文化活动的吸引力、覆盖面和影响力不足。此外，要特别关注占比接近六成的"从来没有"的群体，他们是社区服务的短板所在，只有了解和满足他们的需求，才能不断提高社区文化活动参与度。

（三）社区公益事业：受访者大多愿意参加公益活动

此次问卷再次调查了企业工作人员对街道或社区组织的公益活动的参与意愿，结果显示，问卷涉及的五个选项中排在前三位的依次是"助老助残""绿化""公益培训"，分别占比48.3%、42.6%和37.2%，与2015年相比都有所上升；而"治安""文艺演出""APEC会议志愿者"所占比重出现不同程度的下降，相应比例分别由上次的38.7%、36.8%、25.9%下降为21.5%、19.8%、17.8%（见图5）。从两次调查数据对比结果来看，驻区企业工作人员对社区组织的公益活动的参与意愿普遍很高，但对不同公益活动项目的参与意愿度变化也比较明显，街道社区应该紧密结合驻区企业工作人员对社区公益项目的需求，不断丰富活动的内容和形式，鼓励和调动更多的居民参与到社区公益行动中来，提升居民的责任感。

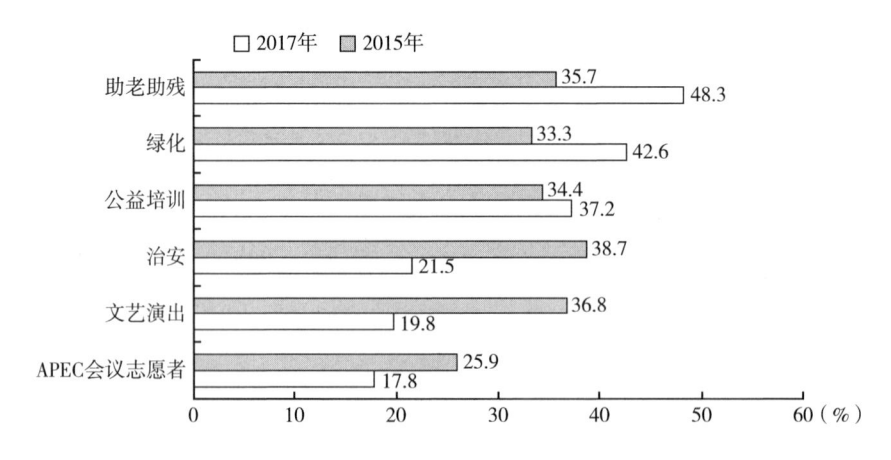

图5　2017年与2015年什刹海街道社区公益事业参与意愿度对比

四 地区生活便利度

（一）停车资源情况：停车难问题仍然比较突出

对什刹海地区停车资源情况的调查显示（见图6），91.8%的受访者都

2017年饼图：
- 很好 8.2%
- 不太好，但不影响工作 62.3%
- 很不好，严重影响工作 29.5%

2015年饼图：
- 很好 10.8%
- 不太好，但不影响工作 54.6%
- 很不好，严重影响工作 34.6%

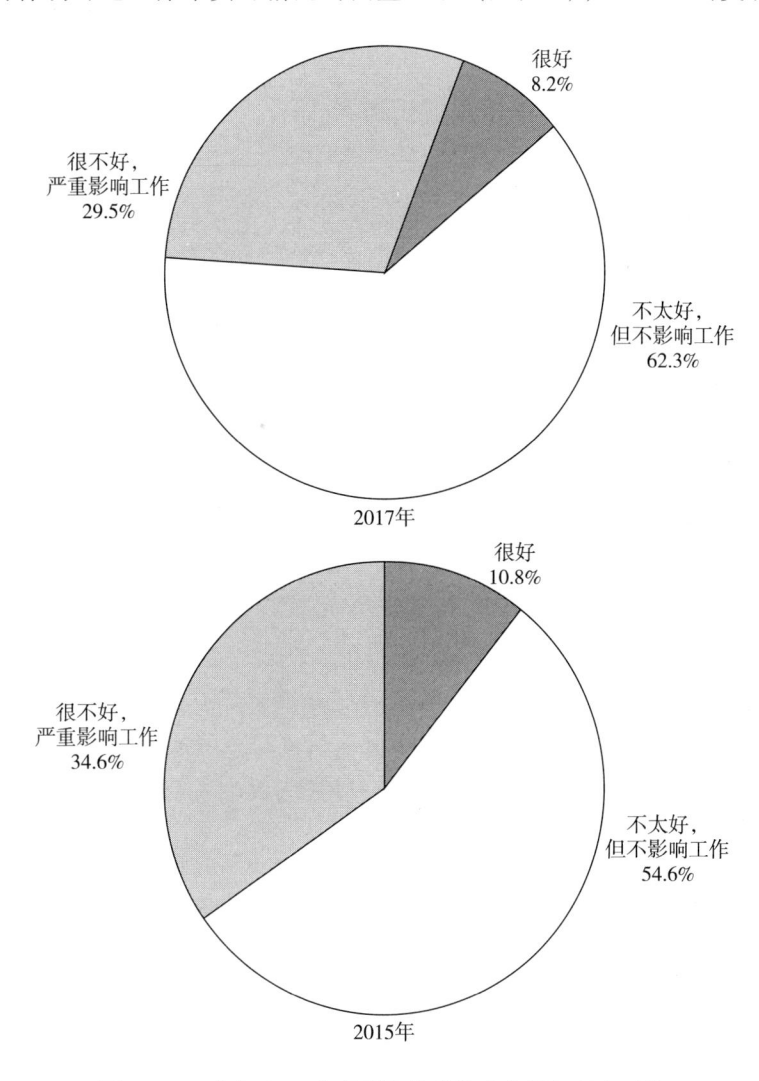

图6 2017年与2015年什刹海街道停车条件便利度对比

认为单位周边停车条件不好,其中有29.5%的受访者认为已经"很不好,严重影响工作",本次调查数据较上次调查数据的34.6%下降了5.1个百分点;认为"不太好,但不影响工作"的受访者由上次的54.6%上升至62.3%;此外,认为停车问题"很好"的人由上次的10.8%下降至8.2%。这三组数据表明地区停车问题改善效果不明显,驻区企业工作人员对停车资源的大量需求和地区停车资源不足之间的矛盾仍然是今后什刹海地区重点解决的问题。

(二)交通便利度:超六成受访者表示"最后一公里"步行时间不超过10分钟

虽然什刹海地区有地铁2号线、4号线、6号线和8号线的经靠站,但地区地形比较复杂,胡同小巷较多,宽度7米以上的胡同不到胡同总长度的15%,宽度5米以下的胡同占了1/3,因此,出行的"最后一公里"是地区企业工作人员的一大交通困扰。通过对地区公交车或地铁下车后"最后一公里"步行时间的调查,表示下车后步行不超过10分钟的受访者占比为62.7%,其中,不超过5分钟的占13.5%,5~10分钟的占49.2%。与2015年的调查数据相比,不超过10分钟的占比上升了11.7个百分点,还有37.2%的企业工作人员表示下车后需步行10分钟以上,其中步行10~15分钟的占比为31.1%,15分钟以上的占比为6.1%(见图7)。由此可知,什刹海地区在打通公共交通出行"最后一公里"方面取得了明显的成效,但仍需要采取更多的有效措施来提高地区企业工作人员的出行便利度,考虑到街区内胡同小巷较多,可以鼓励人们选择单车作为短程代步工具。

(三)早餐便利度:早餐供应点便利度仍然有待提高

关于早餐便利度的调查结果显示,有88.5%的人表示不能够方便地在周边找到早餐供应点,其中"基本没有""很不方便""稍有不便"三个选项占比较2015年均有所上升,分别为5.7%、9.8%和73.0%,

什刹海街道基于工作人口的地区公共服务调查报告

15分钟以上
6.1%

5分钟以下
13.5%

10~15分钟
31.1%

5~10分钟
49.2%

2017年

5分钟以下
17.7%

15分钟以上
20.3%

10~15分钟
28.6%

5~10分钟
33.3%

2015年

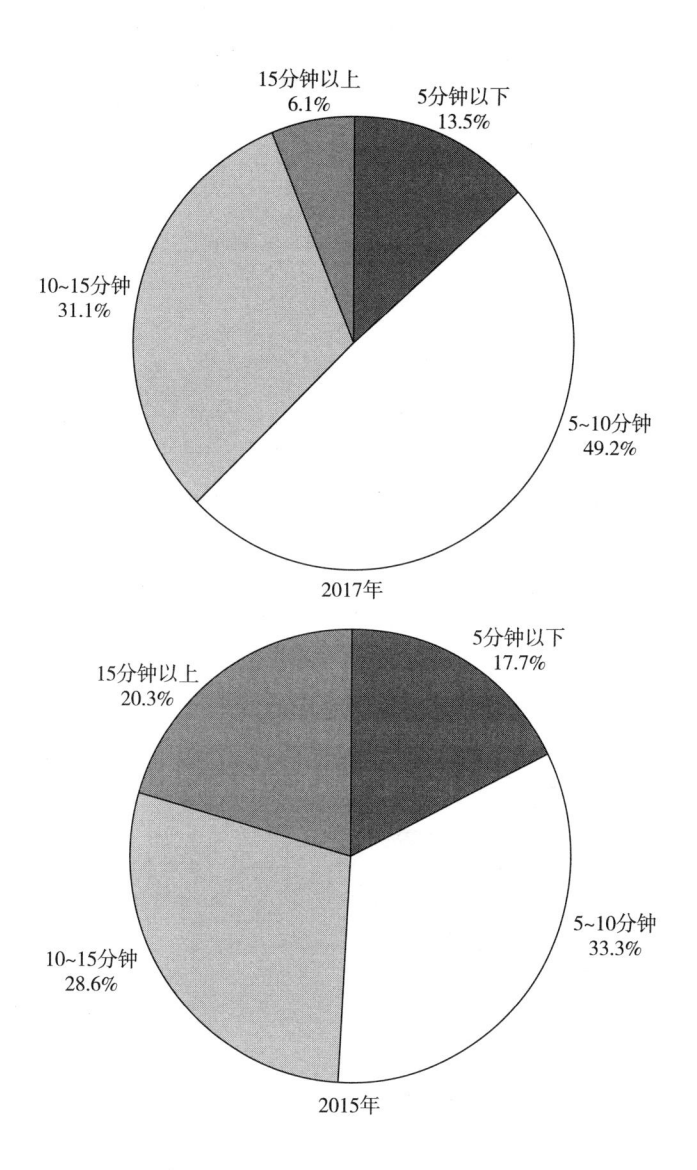

图7 2017年与2015年什刹海街道"最后一公里"交通便利度对比

2015年这三项数据分别是5.6%、7.1%、64.5%。还有11.5%的受访者认为有流动的早餐摊位，但卫生却难以保障，该项数据较2015年下降11.3%个百分点（见图8）。此次调查数据显示，什刹海地区早餐便利度

049

较 2015 年整体有所下降，街道在持续整治"七小门店"的同时，要重视和保障地区的早餐供应，让更多的地区工作人员能够购买到安全便捷的早餐。

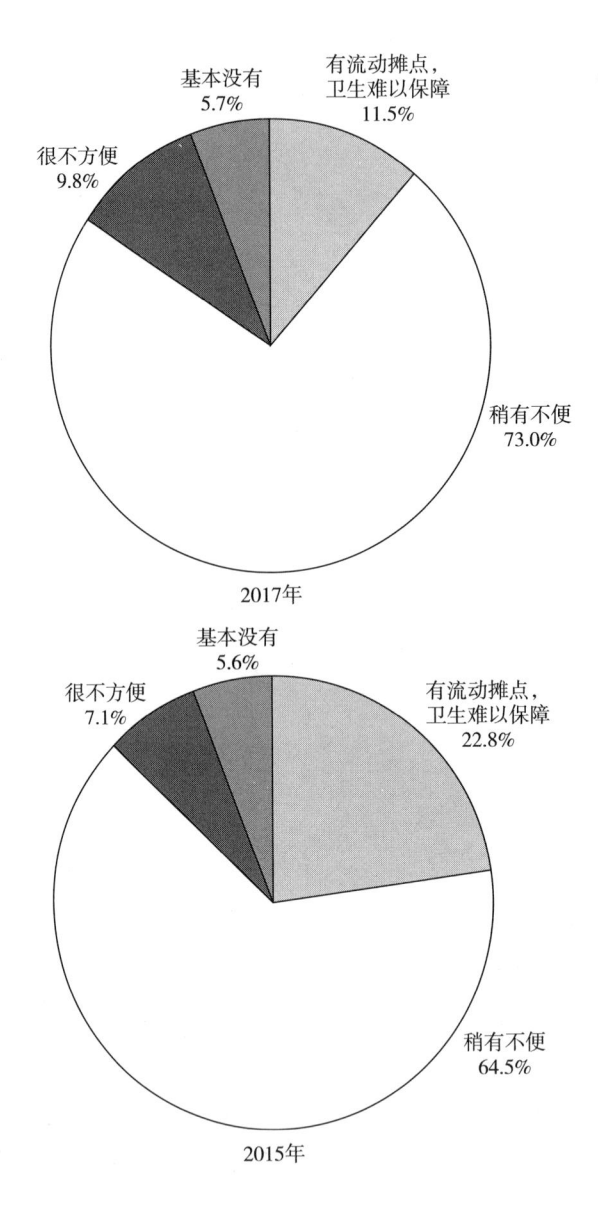

图8 2017年与2015年什刹海街道早餐供应便利度对比

五 社区基本公共服务满意度

(一)社会保障服务:医疗保险满意度上升较快

什刹海街道社会保障服务满意度调查结果显示,"医疗保险""社会福利""社会救助"满意度改善最快,排在前三位,其中"医疗保险"服务满意度最高,为51.5%。但从整体来看,除"医疗保险"外其他选项的满意度评价则普遍偏低,都不过半数。本次调查选项数据的满意度升降幅度明显,排在前三位的"医疗保险""社会福利""社会救助"上升较快,与上次调查数据相比,分别上升了7.9个、6.4个、7.5个百分点。受访者对"就业服务""养老服务""低保""住房保障"四个选项的满意度下降幅度较大,分别下降了9.9个、17.2个、12.1个和15.9个百分点,养老服务的满意度下降幅度最大。此外"都不满意"的人数由5.9%上升为6.6%(见图9)。由以上数据对比结果可以看出,什刹海街道企业工作人员对基本的社会保障服务的需求没有得到很好满足。社会保障是工作人员安居乐业的基础,也是地区和谐稳定发展的重要民生工程,街道要投入更多的精力完善社会保障体系,为地区工作人员织就一张安心、放心、舒心的社会保障网。

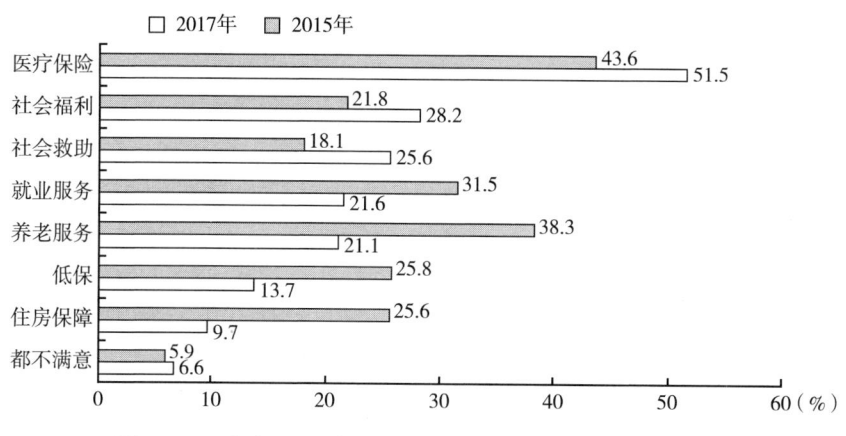

图9 2017年与2015年什刹海街道社会保障服务满意度对比

项目	2017年	2015年
医疗保险	43.6	51.5
社会福利	21.8	28.2
社会救助	18.1	25.6
就业服务	31.5	21.6
养老服务	38.3	21.1
低保	25.8	13.7
住房保障	25.6	9.7
都不满意	5.9	6.6

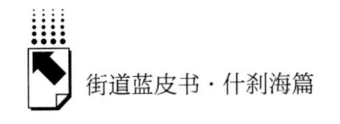

（二）医疗卫生服务：就医方便满意度上升缓慢

对两次调查结果进行对比后发现（见图10），当地企业工作人员对什刹海地区的医疗卫生服务满意度上升缓慢，"就医方便""价格合理""设施先进"三组数据较上次调查结果变化幅度不大，其中"就医方便"选项的满意度由上次的56.0%上升至69.4%，上升了13.4个百分点，而"价格合理"和"设施先进"选项的满意度则有所下降，由上次的46.6%和29.7%下降至36.7%和15.7%，表示"都不满意"的受访者占比有所下降，由上次的6.3%下降为5.7%。因此，什刹海街道在医疗卫生服务方面还有很大的提升空间，街道要在提升医疗卫生服务的便利度的同时，保障服务价格的合理性和服务设施的先进性，在进一步发展地区医疗卫生服务方面要注重量的扩展和质的发展相统一。

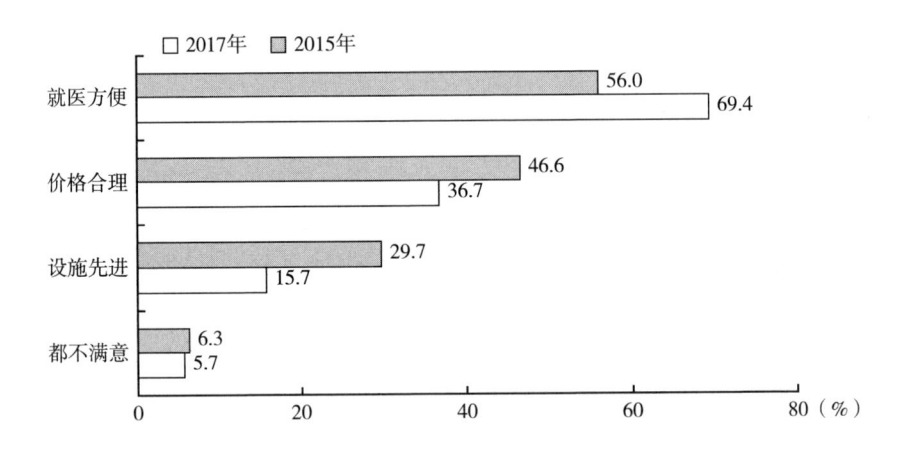

图10 2017年与2015年什刹海街道医疗卫生服务满意度对比

（三）公共安全服务：超过七成受访者对社会治安表示满意

在公共安全服务的调查中，有74.1%的受访者对"社会治安"表示满意，该选项上次调查结果为78.6%，变化幅度不大，但对"流动人口管理"和"突发事件处理"的满意度则较低，只有25.5%和34.2%，此外，表示"都不满意"的受访者占3.2%，与上次相比下降了2.1个百分点（见图11）。根据涉及公共安全的四个选项的调查数据，课题组认为什刹海地区的公共安全状况整体良好，但在具体的专项安全工作方面有待进一步改进。

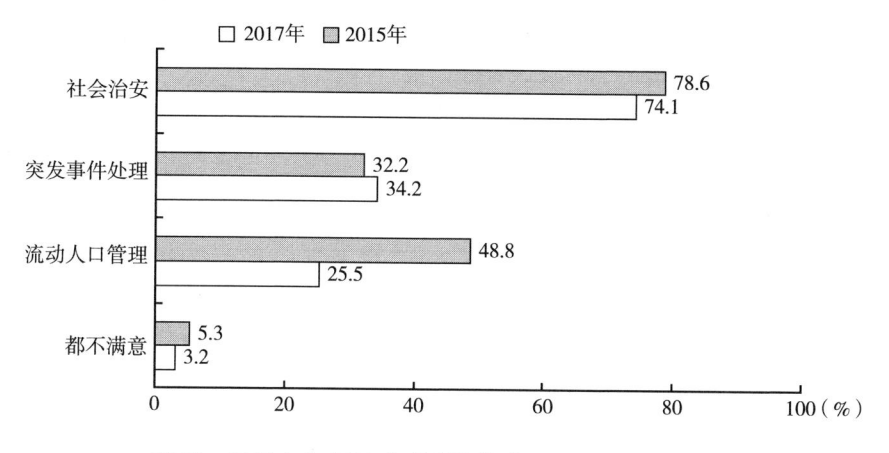

图11 2017年与2015年什刹海街道公共安全满意度对比

（四）城市管理服务：违章停车问题仍然比较突出

从此次调查数据反馈的结果看，什刹海地区主要的城市管理问题没有得到有效的改善。有超过六成的受访者认为"违章停车"问题最为突出，与上次调查结果相同，都排在第一位。其次是"私搭乱建"问题，与上次调查相比有所改善，由42.2%下降至39.1%。而"绿化不够""街巷保洁""游商占道"选项的不满意度有所上升，与上次相比，分别上升3.9个、0.4个和0.2个百分点，表明街道对此三项问题的整治效果不理想。本次调查项目中，改善最大的是"门前三包"选项，不满意度由17.9%下降至8.6%（见图12）。由此可以看出，什刹海地区在"疏解整治促提升"和背街小巷治理工作方面的成效不太明显，尤其是长期困扰地区居民生活的违章停车、私搭乱建、占道经营等问题。街道要进一步发挥好统筹规划作用，从全局出发，不断推进城市管理工作，构建良好的城市发展环境。

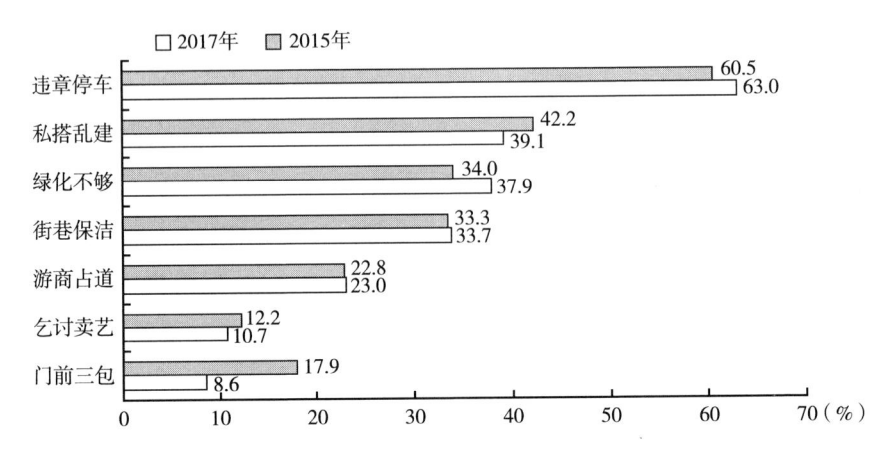

图12　2017年和2015年什刹海街道城市管理问题情况对比

（五）公用事业服务：对各项服务的满意度比较稳定

本次公用事业服务事项满意度方面的调查数据显示，什刹海地区工作人口对辖区市政公用事业的满意度相对比较稳定，与上次调查相比变化不大（见图13）。从满意度排序看，排在前三位的依次是"供电""供水""通信"，分别为69.7%、58.1%和39.4%，其中"供电"满意度与上次调查数据持平，"供水"和"通信"满意度出现小幅度的下降。本次调查中，只有"市容市貌"和"供气"的满意度有所上升，分别由上次的34.7%和30.9%上升为34.9%和34.4%。"邮政"服务项目的满意度下降最多，从上次的38.9%降至24.5%，下降了14.4个百分点。从两次调查数据整体来看，什刹海地区除了最基本的供水、供电服务外，其他市政公用事业服务项目的满意度均不超过50%。市政公用事业服务与地区工作人员的日常工作和生活直接相关，街道要加大对地区公用事业服务的投入，保障居民的基本公共服务需求。

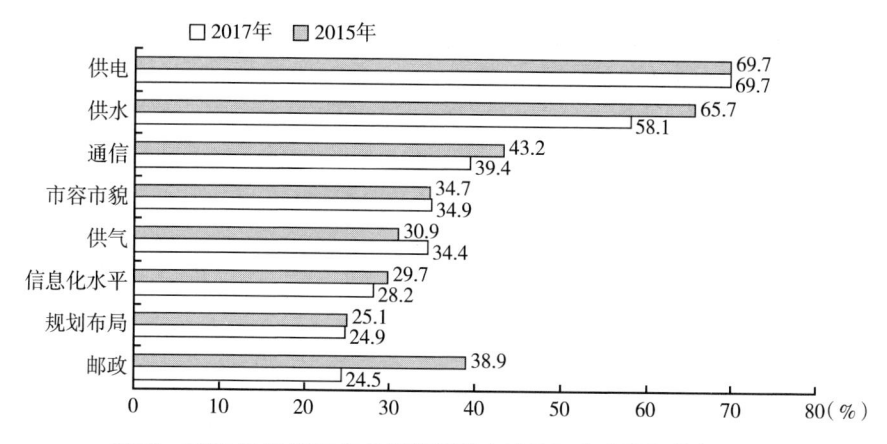

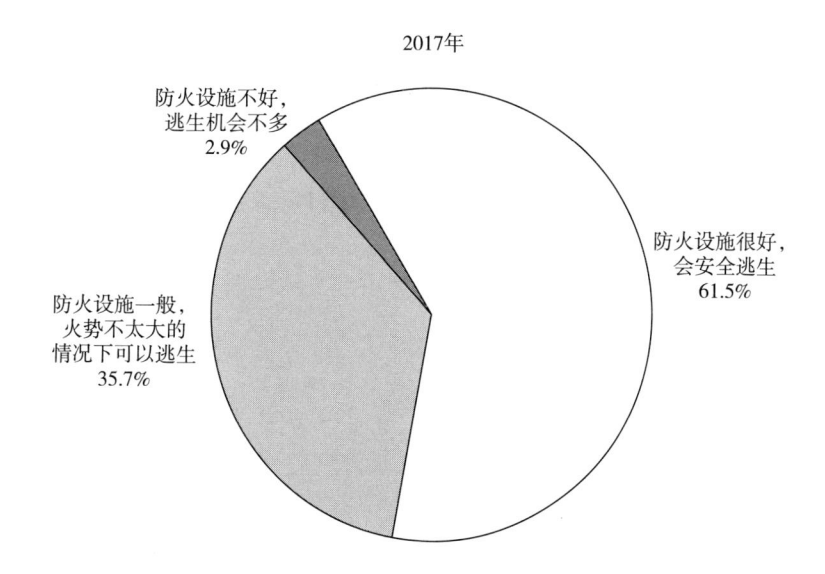

图13 2017年与2015年什刹海街道市政公用事业服务满意度对比

供电：2017年 69.7，2015年 69.7
供水：2017年 65.7，2015年 58.1
通信：2017年 43.2，2015年 39.4
市容市貌：2017年 34.7，2015年 34.9
供气：2017年 30.9，2015年 34.4
信息化水平：2017年 29.7，2015年 28.2
规划布局：2017年 25.1，2015年 24.9
邮政：2017年 38.9，2015年 24.5

（六）消防安全：防火设施和安全状况有所改善

此次调查显示，有61.5%的受访者表示"防火设施很好，会安全逃生"，这一数据较上次调查只上升了1.7个百分点。表示"防火设施一般，火势不太大的情况下可以逃生"的受访者占比基本持平，占整体的1/3左右。而选择"防火设施不好，逃生机会不多"的受访者占比从上次的4.4%下降为2.9%，表明地区消防安全设施得到了一定程度的改善（见图14）。

2017年

防火设施不好，逃生机会不多 2.9%
防火设施一般，火势不太大的情况下可以逃生 35.7%
防火设施很好，会安全逃生 61.5%

2015年

防火设施不好,
逃生机会不多
4.4%

防火设施一般,
火势不太大的
情况下可以逃生
35.8%

防火设施很好,
会安全逃生
59.8%

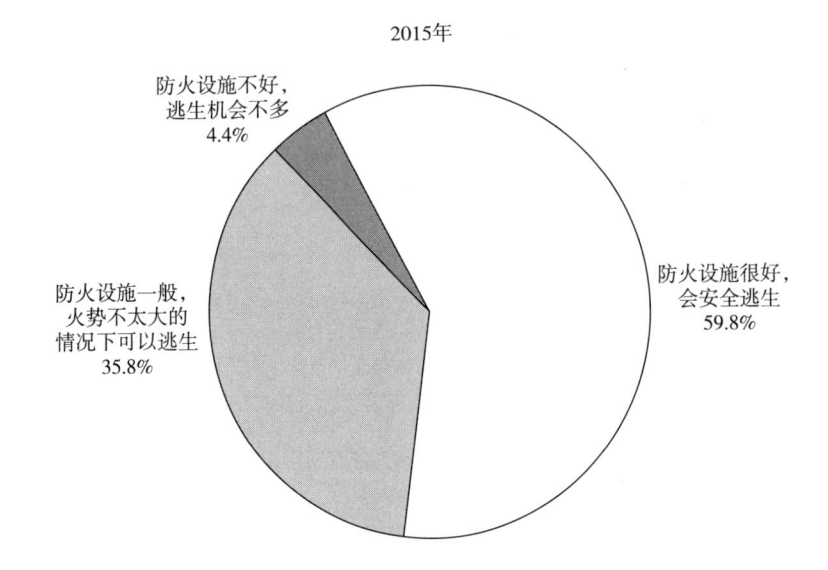

图 14　2017 年与 2015 年什刹海街道消防设施和安全满意度对比

什刹海地区的政治核心敏感性比较强,又是历史文化保护区,旧式木质建筑较多,且街区小巷胡同众多,消防通道狭窄,因此,地区整体消防任务较重。街道需要加强地区的消防安全基础设施建设,并做好相关的宣传教育工作,不断提高驻区工作人员的消防安全意识和消防逃生技能。

六　社区公共服务需求度

(一)硬件设施需求:对体育健身点的需求最为迫切

公共服务设施是丰富驻区工作人口生活、缓解其工作压力的重要硬件设施。从两次调查反馈的数据情况来分析,什刹海地区需求度最大的公共服务设施是"体育健身点",两次调查中都排在需求首位,本次调查数据较上次上升了 6.7 个百分点。其次需求比较大的是"文化活动室"和"图书室",分别从上次的 30.4% 和 24.7% 上升至 47.3% 和 41.9%。驻区工作人员对"图书室"的需求度增长幅度最大,较上次提高了 17.2 个百分点。此外,对"卫生所"的需求增长缓慢,对"公共广告栏"和"宣传栏"的需求度都处于下降趋势,分别由上次的14.0%和16.9%下降至11.6%和10.8%(见图15)。

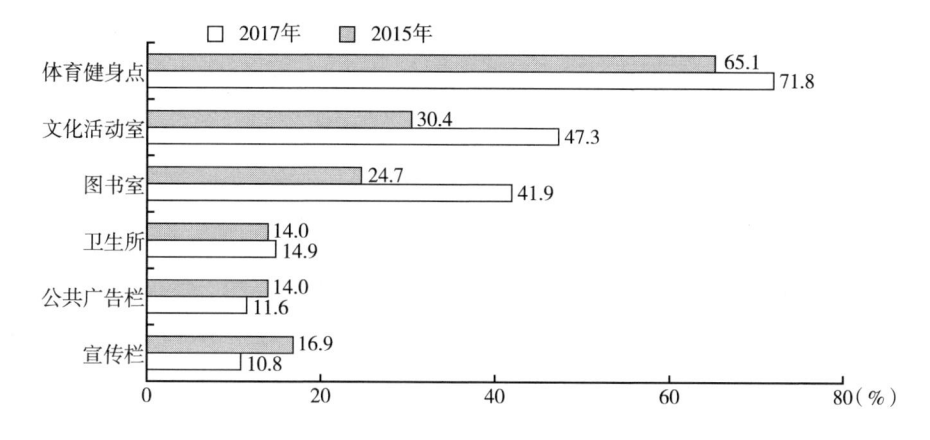

设施	2017年	2015年
体育健身点	65.1	71.8
文化活动室	30.4	47.3
图书室	24.7	41.9
卫生所	14.0	14.9
公共广告栏	14.0	11.6
宣传栏	16.9	10.8

图15 2017年与2015年什刹海街道硬件设施需求情况对比

(二)服务项目需求:便民利民服务、文化娱乐、医疗保健和法律援助服务需求较大

什刹海地区企业工作人员对社区服务项目需求情况的调查结果显示,企业工作人员对什刹海街道的"便民利民服务"(41.8%)、"文化娱乐"(39.3%)、"医疗保健"(33.1%)和"法律援助"(30.1%)服务需求度较高,均超过30%。本次调查中需求度上涨幅度最大的是"便民利民服务",上升了12.2个百分点,其次是"公益培训"服务项目,从上次的19.5%上升至28.9%。此外,"法律援助""老年服务""青少年课外服务""家政服务""劳动就业""残疾人服务"均出现不同程度的下降,其中下降幅度最大的前三项服务分别是"老年服务"(23.8%)、"残疾人服务"(9.2%)和"劳动就业"(16.7%),分别下降了20.8个、11.3个和10.6个百分点(见图16)。由此可见,什刹海街道社区各类服务供给情况不均衡,难以有效地满足当地工作人员对社区服务项目的多元化需求。

```
                    □ 2017年    ■ 2015年
便民利民服务  ├──────────────────29.6
             ├────────────────────────41.8
文化娱乐     ├──────────────────────36.6
             ├─────────────────────────39.3
医疗保健     ├────────────────32.8
             ├────────────────33.1
法律援助     ├────────────────32.6
             ├──────────────30.1
公益培训     ├─────────19.5
             ├──────────────28.9
老年服务     ├────────────────────────────44.6
             ├───────────23.8
青少年课外服务├───────────24.3
             ├─────────20.5
家政服务     ├───────────24.7
             ├─────────20.1
劳动就业     ├─────────────27.3
             ├───────16.7
残疾人服务   ├─────────20.5
             ├────9.2
            0    10    20    30    40    50(%)
```

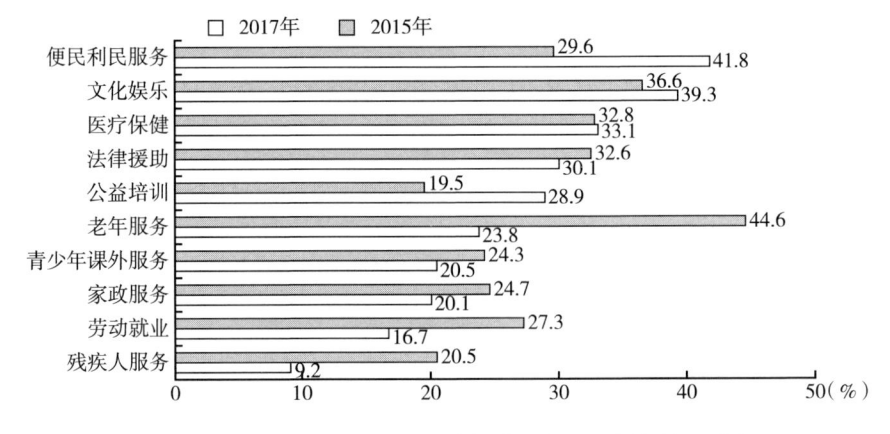

图 16　2017 年与 2015 年什刹海街道服务项目需求情况对比

七　基本数据结论

通过开展什刹海街道基于工作人口的地区公共服务调查，并对两次调查获取的各项数据进行对比，我们可以从社区服务机构认知度、社区服务参与度、地区生活便利度、社区基本公共服务满意度和社区公共服务需求度等五个方面较为全面地了解、把握地区公共服务的供给情况和驻区工作人员对地区公共服务的需求情况。对以上五个方面的具体数据信息进行归纳和分析，我们得出以下结论。

第一，在社区服务机构认知度方面，有 57.8% 的受访者表示对街道办事处企业服务事项"知道"或"知道一些"；有 72.5% 的受访者对居委会或多或少了解。

第二，在社区服务参与度方面，驻区企业工作人员对社区服务项目的参与度整体不高。有 65.8% 的受访者表示"都未参与"社区服务项目，其中参与最高的"法律服务"也仅有 12.3%。有 59.8% 的受访者表示"从来没有"参加过社区文化活动，而只有 4.5% 的受访者表示"经常参加"。受访者对参加社区公益活动的意愿普遍较高，表示愿意参与社区"助老助残""绿化""公益培训"的受访者比重较上次调查结果均有提升。

第三，在地区生活便利度方面，停车难问题没有得到有效解决，有超过九成的受访者都认为单位周边停车条件不好，其中有29.5%的受访者认为已经严重影响工作。在打通公共交通出行"最后一公里"方面取得明显的成效，表示下车后步行不超过10分钟的受访者占比为62.7%，与上次调查数据相比上升了11.7个百分点。早餐供应缺口较大，有88.5%的受访者表示不能够方便地在周边找到早餐供应点。

第四，在社区公共服务满意度方面，社会保障服务项目中的"医疗保险"服务满意度最高且增长最快，与上次调查数据相比上升了7.9个百分点，而"养老服务"的满意度下降幅度最大，下降17.2个百分点。"就医方便"的满意度达69.4%，与上次调查相比上升了13.4个百分点，而"价格合理"和"设施先进"方面的满意度均有所下降。超过七成的受访者表示对"社会治安"满意，但对"流动人口管理"和对"突发事件处理"的满意度则较低，只有25.5%和34.2%。地区"违章停车"问题最为突出，不满意受访者的占比高达63.0%；"门前三包"问题有所改善，由17.9%下降至8.6%。地区公用事业的满意度变化不明显，"供电"服务的满意度最高，为69.7%。地区消防安全状况有所改善，有61.5%的受访者表示"防火设施很好，会安全逃生"，较上次调查数据上升了1.7个百分点。

第五，在社区公共服务需求度方面，在硬件设施需求中，受访者对"体育健身点"的需求最为迫切，高达71.8%；对"文化活动室"和"图书室"的需求度明显上升，其中"图书室"的需求度较上次调查提高了17.2个百分点。在服务项目需求中，需求度最高的是"便民利民服务"（41.8%），较上次增长了12.2个百分点；其次是"文化娱乐""医疗保健""法律援助"；其他服务选项的需求度则出现不同程度的下降，其中"老年服务"降幅最大。

通过对本次调查数据进行分析和总结可以得知，什刹海街道针对地区工作人口的公共服务工作还存在巨大的提升空间，虽然一些长期困扰地区工作人员的公共服务问题改善缓慢，但是服务便利性问题有加剧迹象。从具体公共服务项目的数据变化看，什刹海地区在改善地区公共服务水平，为驻区工作人员提供一个舒适宜居工作生活环境方面，有以下12个重点项目值得关注（见表2）。

表2 什刹海街道公共服务重点选项调查数据比较

序号	需重点关注的调查选项	2015年1月调查数据(%)	2017年5月调查数据(%)	数据变化情况
1	最积极参与的社区服务选项"法律服务"	41.5	12.3	下降29.2个百分点
2	最愿意参与的社区公益事业选项"助老助残"	35.7	48.3	上升12.6个百分点
3	满意度最高的社会保障服务选项"医疗保险"	43.6	51.5	上升6.9个百分点
4	满意度最低的社会保障服务选项"住房保障"	25.6	9.7	下降15.9个百分点
5	满意度最高的公共安全服务选项"社会治安"	78.6	74.1	下降4.5个百分点
6	满意度最低的公共安全服务选项"流动人口管理"	48.8	25.5	下降23.3个百分点
7	满意度最高的医疗卫生服务选项"就医方便"	56.0	69.4	上升13.4个百分点
8	满意度最差的城市管理服务选项"违章停车"	60.5	63.0	上升2.5个百分点
9	满意度最高的公用事业服务选项"供电"	69.7	69.7	上升0个百分点
10	满意度最差的公用事业服务选项"邮政"	38.9	24.5	下降14.4个百分点
11	需求度最大的硬件设施选项"体育健身点"	65.1	71.8	上升6.7个百分点
12	需求度最大的服务项目选项"便民利民服务"	29.6	41.8	上升12.2个百分点

八 对策建议

在建设国际一流和谐宜居之都的背景下，北京各辖区围绕首都"四个中心"的新功能定位，大力推进"疏解整治促提升"工作以积极配合首都建设和发展。什刹海街道位于首都核心功能区，是首都文化功能的重要展示窗口。为服务好首都发展，街道在改善地区环境品质、提高地区公共服务水平、促进地区转型发展方面进行了不懈的探索，但由于街区情况的复杂性和特殊性，街道在公共服务工作上仍然面临许多问题和挑战。针对调研数据所反映的问题，本报告提出以下建议以进一步改善和提高什刹海街道服务驻区工作人口的公共服务的质量和水平。

（一）街道要加强基础调研和监督考评，提高地区公共服务供给的科学性和有效性

什刹海街道立足自身街区定位，不断推动地区旅游文化产业的发展。随着地区旅游文化事业的发展与繁荣，吸引了更多的企业和员工入驻，街道工作人口数量的不断上升和居民生活水平的不断提高，使地区公共服务的供需矛盾日益凸显。街道社区公共服务供给情况直接关系着地区工作人口的日常工作和生活。因此，街道首先要积极发挥自身统筹辖区发展的职能，科学规划地区公共服务工作，促进地区公共服务事业的均衡发展。其次，街道要深入基层开展调研，了解群众日益多元的公共服务需求，提高什刹海街道公共服务供给的科学性和有效性。再次，街道要加强对工作的监督考评，及时发现问题，解决问题，保证驻区工作人员获取地区公共服务的有效性。最后，要本着对人民负责的原则，注重工作的延续性和系统性，如街道在为改善街区人居环境采取撤市措施的同时也要全面考虑地区居民的基本生活需求，做好社区的便民利民服务工作，如"菜篮子工程"和"一刻钟便民服务圈"。

（二）注重地区公共服务的多元化发展，不断创新地区公共服务模式，促进地区公共服务的全覆盖

什刹海街道面积较大且情况复杂，下辖社区多达25个，不同社区的公共服务需求存在差异，地区公共服务资源分布和发展不均衡。要在有限的资源环境条件下满足地区工作人员的公共服务需求，需要街道不断创新地区公共服务模式，最大限度地发挥资源效能，推进地区公共服务全覆盖。一方面，要充分挖掘和整合地区现有公共服务资源，如针对地区相对缺乏的公共服务（停车场和健身设施），可以联合驻区企事业单位共享现有的公共服务资源，优化资源配置。另一方面，积极鼓励和引入社会力量参与地区公共服务建设，不断创新地区公共服务供给模式和公共服务载体。据2016年统计，什刹海街道备案的社区社会组织数量位列全区15个街道之首，为发挥好社区社会组织在服务街道社区发展方面的积极作用，街道探索建立了"居站

分设、多居一站、服务外包"的社区组织管理体系,强化了社区服务站的公共服务职能。此外,为进一步盘活地区公共服务资源,街道还不断创新社区"参与式协商"模式,拓展社区"微自治"路径,深入推进以社区为平台、社会组织为载体、社会工作专业人才为支撑的"三社联动"服务机制。

(三)建立健全地区公共服务供给的长效机制,不断完善地区公共服务体系

地区公共服务是保障地区民生的一项基础工作,什刹海街道为提升地区民生水平,改善街区发展环境,在地区公共服务建设方面进行了不懈的探索和实践,并取得了积极的成效,但由于街道内部不同地区的发展情况不同,在具体工作落实过程中仍然存在着一些亟待解决的问题和挑战。建立健全地区公共服务供给的长效机制是不断完善街道公共服务体系的重要途径,也有利于提高地区公共服务供给的可持续性,满足地区不同群体不同层次的服务需求。本次调查数据结果在一定程度上反映了什刹海街道各类基本公共服务项目的供需情况,如公共停车场和体育健身设施等资源的供给不足问题长期困扰着驻区工作人员的生活,不利于驻区工作人员生活环境和生活品质的提升。因此,街道要结合自身特点,以人民群众最关心的问题为风向标,以重点和难点问题为突破口,打造出一些符合什刹海驻区工作人员需求特点的地区公共服务项目和品牌,持续巩固地区公共服务建设取得的成果,为广大驻区企业工作人员提供日臻完善的地区公共服务体系,解决他们在住房、医疗、早餐和交通等方面的问题,让他们更好地为地区发展做贡献。

理论报告

Theory Reports

B.4
国际一流和谐宜居之都背景下传统院落的更新探索

——以"遇见什刹海"为例

摘　要： 作为首都功能的核心承载区，西城区提出了"建设国际一流和谐宜居之都的首善之区"的战略目标。在这一背景下，2016年9月，什刹海街道依托国际设计周推出"遇见什刹海"活动，并以此为契机开展传统院落更新改造工作，进而优化提升街区功能。"遇见什刹海"模式是传统院落更新改造的一种创新性举措，本报告从理论层面对其进行研究和探析，以期更好地推动什刹海地区的更新改造和功能优化，为首都功能核心区的功能优化提升提供借鉴和参考。

关键词： 国际一流和谐宜居之都　传统院落更新　"遇见什刹海"

一般来讲，中国传统院落可以分成四种类型：宫殿类、宗教类、园林类、居住类。本报告所探讨的"传统院落"是指居住类院落，这也是传统院落中数量最多、分布最广的一种。

一 国际一流和谐宜居之都背景下推动传统院落更新的必要性分析

（一）传统院落的基础设施难以满足基本生活需求

1. 现代生活模式改变传统院落的使用方式

传统院落形态不仅顺应了古代的生活方式，改善了当时的生活环境，同时也符合传统儒家思想的内涵。传统院落的朝向、间隔距离、围墙高矮，与通风、采光、保暖等有直接关系。简而言之，传统院落是人类适应环境的产物，是随着社会历史发展而成熟的一类居住建筑体系。从历史看，传统院落的自我更新在明清趋于成熟。而民国时期，传统院落的演化基本停滞，这一阶段也是社会结构调整最为激烈的时期。虽然在数千年的封建社会里也有朝代更替，但是社会环境、生产方式、基本价值观等都未发生根本性的变革。然而，民国时期及以后，科学技术迅速发展，外部环境明显变化，形成了新的价值观念和新的生活方式。这就造成传统空间形态与新生活方式之间的不匹配。传统院落出现的一系列问题如违建乱搭、脏乱无序等都是这种矛盾的体现。传统院落需要改变空间结构才能适应新的居住生活方式以及其他使用功能的需要。

2. 传统院落现状对"吃、住、行"产生局限

传统院落的空间结构是在"一家一户"的生活习惯和生活方式基础之上形成的，而当前传统院落普遍沦为"大杂院"。"大杂院"的"大"是指空间范围，"杂"是指居住者成分。原来独门独户的院落，却需要容纳更多家庭单位和更多人口，这与其建造的初衷完全背离，居住空间极度压缩也是"大杂院"缺少厨房、卫生间的主要原因。从古至今，人们的出行方式发生

了巨大变化,曾经院落之间适宜的距离,在当下来看显得窄小,不易于车辆通过。总的来说,传统院落的现状——"大杂院"形态对居住者的"吃、住、行"造成一定局限,这是传统空间形态和现代生活模式的矛盾。

3. 上一阶段改造仍未彻底改变生活的不便

自2002年3月北京市在旧城区内对四合院开展大规模的调查以来,北京传统院落的更新改造从未停止。但是,改造内容主要围绕局部结构修缮和建筑风格的改变等方面展开,多数院落只进行了简单的加固和翻新,涉及空间结构调整、功能布局完善的改造较少,只有少数院落增设了室内卫生间和厨房,生活的便利性未得到有效提升。

与北京传统院落的非结构性更新改造不同,上海传统里弄住宅更新改造更有力度,经历了三阶段:老式石库门里弄住宅——新式石库门里弄住宅——新式里弄住宅。其改造不仅是建筑风格的变化,更包括先进技术及材料的引入。

(二)传统的保护与使用方式不符合北京全国文化中心定位和古都风貌保护的要求

1. 传统院落的拆除

2016年,中国城镇化率已达到57.35%。2020年,全国城镇化率预计将超过60%。城镇化的一项规律是:当城市人口超过全国总人口的30%时,每年城市化率将增加1~2个百分点,也就是说中国每年将有2000万左右的农村人口进入城市生活(见图1)。大量人口流入城市,必然引发大规模的城市扩建和改造,其中旧城区中低容积率的传统院落,必将面对更新改造。传统院落基本分布在旧城区(核心地区)。北京的传统院落不仅要面对城镇化进程带来的挑战,还要面对"建设性破坏"。在市场化推动下,社会形成了一股强大的改造、拆除传统院落、街区的动力。总之,在多重因素的影响下,北京部分传统院落已经被拆除。1949年北京有大小胡同7000余条,到20世纪80年代仅剩下约3900条,近几年随着北京旧城改造速度的加快,北京的胡同正以每年600条的速度消失。

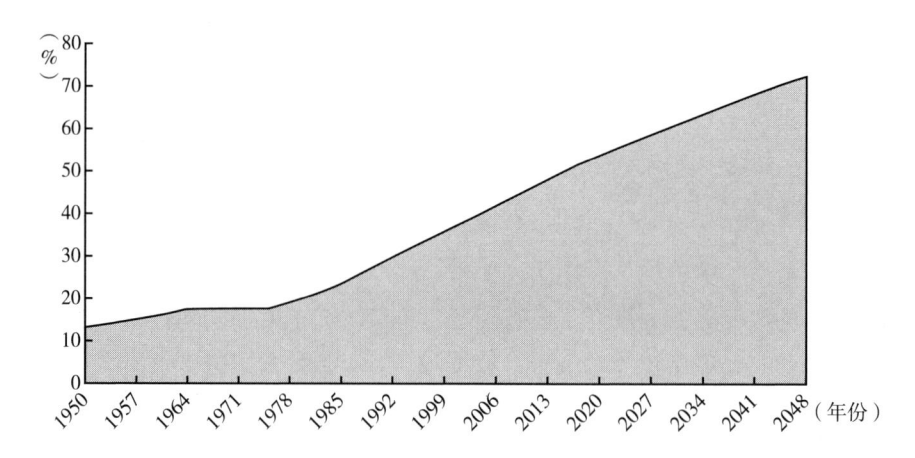

图1　20世纪90年代以来中国的城市化率及未来走势

2. 城市是文化的重要载体

从城市角度看，城市的演变与文化发展存在重要联系，城市形态在一定程度上体现了一个地区社会的文化特征及内涵。反过来，从文化角度看，文化可以分为物质文化和精神文化，物质文化包括城市，中国大多数城市的发展格局也深受传统制度文化和行为文化的影响。如果从单个城市建筑的外在表征来看，其表现意义不明显，但城市建筑的群体意义则十分重要，建筑与建筑之间、建筑与环境之间、建筑与社会之间、建筑与人之间的关系，都不同程度地反映了社会文化和社会制度的影响。北京旧城区的风貌传承和保留了几百年建都史中蕴含的文脉和气韵，也造就了北京古都的独特文化魅力。

北京作为古都，拥有大量的历史文化古迹和非物质文化遗产，1982年经国务院批准，北京被列为首批国家历史文化名城之一。为了更好地保护和传承北京古都文化，北京市制定了《北京历史文化名城保护规划》，该规划对历史文化名城概念特征的六个要素进行了总结：一是悠久的建城历史，二是独特的城市地理环境，三是规模宏大的城市与宫殿，四是完整的旧城风貌与格局，五是丰富的文物与历史遗存，六是悠久的传统文化。对北京来说，最难保护的就是旧城风貌与格局，也就是传统院落与胡同片区。这是因为建城历史不可改变，城市地理环境不易被改变，宫殿、文物、历史遗存等可以依法保护,传统文化传承在政府引导、社会推动中可实现,只有旧城风貌与格局,它是旧城区群众生活的载体,也最容易被遗忘和破坏。

3. 旧城保护与旧城更新

旧城保护工作具有重大的历史意义和现实意义。20世纪中期开始,世界各国都力图在文化上寻求自身的重新定位,寻求本国的、本民族的、传统的、特色的文化存在。所谓"只有民族的,才是世界的"就是要大力弘扬和发展各国家各民族的优秀特色文化,凸显区域特色。首都北京是当之无愧的历史文化名城,其所承载的历史文化资源和要素不仅造就了城市深厚的魅力底蕴,更是建设国际化大都市不可或缺的优势资源。因此,旧城保护对北京来说不仅是一项保护工作,更是一项创建工作,北京旧城保护工作是北京城市建设发展的重要前提。

每个城市都是处在不断发展中的有机生命体。旧城保护不是简单的对历史遗迹和历史文化的原封不动的保存和记录,而是要保护城市发展的历史脉络,顺应城市发展的规律,不断激发城市发展的活力。以北京旧城保护中的四合院保护内容为例,保护的对象要有所侧重,要保护最主要、最有代表性、历史价值和历史意义最突出的四合院,忌不分主次"一把抓"。对像北京这样的大都市,土地和空间资源紧张,按照大面积的保全策略开展旧城保护工作是不现实的。因此,旧城保护工作的开展要探索可持续发展的道路,一方面要保留传统的建筑风格原貌;另一方面要注重对空间整体关系的把握,控制土地利用开发强度,让传统生活与现代生活相互辉映,丰富城市居民的生活内容,增强城市的吸引力。

(三)传统院落的功能难以满足未来城市建设需要

1. 城市建设的新重点:留住乡愁

2013年,习近平总书记在中央城镇化工作会议上强调:"让城市融入大自然,让居民望得见山、看得见水、记得住乡愁。"这对未来中国城市建设发展提出了新的要求:以人为本,留住乡愁。"留住乡愁"有两大关键要素，一是物质要素与风貌景观，如传统建筑、具有地区特色和时代特征的物品、公共活动场所等乡愁的附着体；二是非物质文化要素与群体记忆，如传统节日、传统文化、传统技艺以及具有地方特色的生产生活方式和风俗习惯等。随着城镇化步伐的加快，城市建筑乱象也逐步显现。新建筑贪大求怪，破坏和影响地区整体建筑风貌，已成为城市建设面临的一大难题，其背后是价值观的扭曲和文化传承的割裂。这种城市建设方式必然难以留住乡愁。

北京市城镇化率虽然已超86%，位列全国第二，但是城市建设工作仍然很多，需要重视"留住乡愁"的问题。在经济发展新常态和全面深化改革的背景下，北京市发展方式、产业结构、消费需求等各方面发生变化，应重新考虑城市发展定位、改变城市建设模式，抓住"留住乡愁"的重要机会。

2. "线性"胡同功能单一

北京老城区的城市空间形态与中华传统的"家文化"有很大关系，家文化是构建中国城市文化的重要元素。儒家倡导的"修身、齐家、治国、平天下"观念形成了强大的家庭意识和家庭凝聚力，这种思想文化贯穿城市发展历史，表现为城市空间布局对家庭院落建设的加强和重视以及对公共活动场所规划建设的弱化，如广场、街道等。因此，对北京旧城区来说，胡同（街道）是公共活动的场所，是纯交通性质的线性空间，功能单一。但是，北京旧城胡同仅适用于马车、轿子和行人出行，不能满足现代化机动车交通的需要。

3. 未来城市向集约化、立体化发展

我国的城市化发展已进入后期阶段，未来城市建设的发展趋势可归纳为以下几方面。集约城市：在城市生态环境承载范围内，培养特色活力区，追求功能混合、全步行的公共空间。步行化城市：建设以步行为主的绿色交通体系，特别是在旧城和地铁站地下空间。行为城市：人的行为需要是城市发展的目标和动力，既要重视视觉行为对城市的影响，又重视活动行为对城市的影响。立体城市：将地上、地下整合设计，开发地下公共空间，激活城市地上、地下一体化的活力联系。保护发展共生：在保护中寻求发展，探求多样化的保护模式，提高城市空间文化品质与功能活力。

在以上政策问题研究的基础上，本报告以历史文化保护为出发点，探索在新常态下传统院落空间的转型特征。

（四）传统院落的现状与国际一流格局的不匹配

1. 从"马斯洛需求"与"生活三类型"理论看现代生活需求

马斯洛将人的需求分成五个等级，由低到高为生理需求、安全需求、社交需求、尊重需求和自我实现需求，只有满足了低层次需求，才会产生高一级的需求。西山卯三将生活分成三类，第一类是维持生理和生命需要的行为；第二类是家务、生产、消费等补充第一类生活的行为；第三类是艺术创造、思维活动、娱乐活动等行为。第一类生活行为是保证人生命和基本生活的，古今中外都很重视。第二类生活行为是在第一类生活行为基础之上出现的。第三类生活行为重视精神、思想类活动，基于第二类、第一类生活行为而产生。

人的需求和生活行为具有明显的层次性，都是由低至高递增的，这也是人的需求、生活行为逐渐复杂化的过程。这种层次性体现在建筑空间上，就是对功能布局有了详细而规范的划分；体现在室内布置上，就是将居所布置得更有人文气息、审美情趣。

2. 传统院落及周边地区缺少服务

北京旧城胡同中，针对本地区居民日常生活的服务设施、服务空间较少，部分地区甚至因为文物保护、传统建筑等实际原因，连市政设施都难以增加和改建。从社区服务看，平房院落社区与楼房社区最大的区别是楼房社区在形成之初就已经设立社区公共活动空间或社区服务用空间，即使是一些老旧楼房社区也可以通过多种方式扩大社区服务用地，但是这对平房院落社区来说非常困难。从生活服务看，平房院落周边可提供如买菜、购物、存取款等生活服务的设施较少，即使有一些商铺也主要服务于游客，而不是本地区居民。总之，传统院落及周边地区缺少基础服务，更缺少高端服务。

3. 构建国际化社区还需开放大环境

构建国际化社区不是改变社区建筑风格，也不是简单地张贴外文标语、指示牌，而是营造良好、包容的氛围。国际化社区建设的定位不能局限于文本意义上的建筑标准或者人口结构，而要把建设重点聚焦于现代化和国际化的治理理念和治理方式上，让拥有不同文化背景的人能够在北京和谐相处、融合共生。构建国际化社区需要开放的国际大环境，特别是要搞好社区交流活动，通过活动增进居民交流，打破外国居民与本地居民的隔阂。

二 国际一流和谐宜居之都背景下传统院落更新的原则与方式

（一）传统院落更新的原则

1. 文化性原则

传统院落的更新与保护首先要注重文化性原则，坚持文化性原则一方面要维护传统院落建筑的历史外观和形态，另一方面要传承和保护其蕴含的内在文化，例如生活方式和风俗习惯等。而在国际一流和谐宜居之都背景下进行的传统院落更新，更要注重激发其文化功能、文化内涵，强调历史文化及非物质文化的保护与传承。要树立以文化为核心的传承保护理念，并在此基础上进行传统院落的修复与改造。在具体操作过程中，可以根据人们对传统建筑不同的认知，采用不同的方式灵活推进。如那些得到人们统一认可的，并且代表着当地特色文化的历史文化遗存要开展重点保护、修复和完善工作；那些尚未达成或者很难达成文化共识的历史文化遗存，可以适当地进行景观优化和景观改造，使其在现代社会继续发挥功能与价值。

2. 整体性原则

北京老城区内遗留下来的传统院落，一般经过了几百年的历史洗礼，是北京城市建筑变迁史的生动记录。但是由于重视不足和保护不当，部分传统院落或损坏严重，或私搭乱建过多，其建筑风貌难以完全恢复。同时，在更新过程中建造了一些新的建筑，这给传统院落的修复和改造带来了很大的挑战。因此，在传统院落更新改造之初，就必须明确整体性原则。要基本保证传统院落与胡同、地区其他建筑、特色景观、居民生活习俗协调、契合、统一。传统院落更新不是对某一空间或某一个单体的景观进行保护、修复和改造，而是对一片或是多个院落空间，对较大面积和较大空间范围内的建筑群进行更新和改造，必须综合考虑建筑物与当地地域风貌、自然景观的关系，降低更新改造可能带来的负面影响。

3. 功能性原则

传统院落不仅具有宝贵的文化价值，而且具有重要的功能价值，如一些居住类传统院落主要承载居民的日常生活，至今仍然发挥着居住功能。因此，对传统院落的更新和保护，不能仅仅保护传统院落建筑的原始形态，还要重塑或强化传统院落的功能，不断挖掘和开发其适应现代社会发展需求、符合当地发展需要、适于城市整体功能定位的功能价值。另外，不管是重塑或强化传统院落的功能，还是开发传统院落新的时代功能，都应建立在建筑物本身固有属性的基础之上，否则将影响传统院落的整体形态和功能发挥。在传统院落的更新与改造过程中应坚持功能性原则，把传统院落景观保护的概念从基础修复和更新提升至实现传统院落的复兴与发展层面，从而为实现传统院落的自我发展和可持续发展提供方向和方法。

（二）传统院落更新的方式

1. 功能与形式的整合

《建筑十书》中提出了建筑三要素：坚固、适用、美观。[①] 其中，"适用"与"美观"实际上就是强调功能与形式的共存。建筑是人有目的地创造的空间，因此，一切建筑都应有满足人类生活需求或解决生活中现实问题的功能。随着社会发展、文化沉淀、习俗形成，人们对不同类型建筑的功能

---

① 维特鲁威：《建筑十书》，陈平译，北京大学出版社，2012。

划分逐步清晰，例如传统建筑中的文庙、祠堂等建筑规制明显。在部分仿古建筑只注重外在形式的背景下，"形式追随功能"这一设计理念，对传统院落的更新与改造具有重要借鉴意义。在规划设计中，建筑本身就是一个功能与形式相统一的整体，若建筑的形式与功能分离，其传统建筑再利用的现代意义就会被人误解，甚至在使用上带来不便。

2. 局部与整体的协调

随着腾退拆迁的难度加大，按片区腾退难以推进。目前，零散腾退已成为北京旧城院落腾退的一种形式。这就引发了腾退出的零碎空间设计、利用的问题。同时，街道的历史文化街区保护意识增强，人们不仅要保护单体建筑，更要注重单体建筑与街区整体历史风貌的协同关系。在这些因素影响下，人们形成了一种新的保护更新理念：从整体看局部，从整体改局部。《成都历史文化名城保护规划》明确提出"非就局部而论局部"的观点。具体来讲，就是整体规划，局部推动。在街区传统建筑再利用方面，不能纯粹把建筑单体看成是保护与改造对象，而应看成是整个历史文化街区的有机体，它来源于过去，发展于未来。院落建筑中包含街区，街区中又包含着建筑，两者的风格应相互协调。

3. 传统与现代的创新

历史文化街区保护与区域发展确实存在一定矛盾。例如市政基础设施改造影响胡同肌理、扩大使用面积影响容积率等。也正是因为存在这种矛盾，才需要创新和改革。如果仅对传统院落、街区进行保护，那么传统院落和街区就会逐渐失去活力。历史建筑是活的有机体，它的任何时间断面都应该既是历史的，又是当代的。传统并不意味着停滞，应该以发展的眼光看待城市功能、城市风貌、生活方式等动态因素的改变。既要传承过去的历史文脉，又要吸收现代的科学理念，改良传统建筑的局限性。应以一种积极、连续的眼光去处理传统与现代的结合，而不是对既定条件进行生硬处理，从而创造出更多具有历史文脉特征、时代元素，适宜未来可持续发展的建筑空间。

（三）传统院落更新的类型

1. 商业型院落空间

传统院落周边往往缺少服务，因此，可以将传统院落改造为商业型院落，这样既能为居民生活提供服务，又能为本地居民提供就业岗位。商业型院落包括零售、餐饮、酒店等。餐饮、酒店型院落出于安全和经营考虑，对空间规划与功能分布有一定要求，例如需设立安全出口，需规范消防通道，需增设减灾防灾工具等。

2. 文化型院落空间

文化型院落有助于提升整个街区品质，补充街区文化功能，其重点是要凸出文化气息。但是，纯文化型院落空间一般难以长久维持，活力与吸引力会随着存在时间的增加而降低。目前，较为普遍的方式是将文化空间与商业空间融合，例如"图书馆+咖啡馆""小微博物馆+茶馆""书店+设计室"等。商业行为可为文化空间提供、补充运营经费，从而保证文化空间的维护、完善及创新，使其可持续发展。

3. 公共型院落空间

平房院落社区普遍缺少社区活动室，因此建立公共型院落空间是符合群众需要、有利于推动社区建设与治理的。公共型院落空间可以是老人或儿童活动中心、社区文体活动室、开放式休息空间等。公共型院落空间不仅是功能上的补充，更是促进地区居民沟通交流的重要平台。

4. 居住型院落空间

在国际一流和谐宜居之都背景下的传统院落的更新要有创新，但不能完全改变其功能、用途。正如前文所述，对传统院落的保护包括文化习俗的传承，这就离不开"人"的传承，需要留下一部分本地居民在本区域继续生活。因此，居住型院落空间也是传统院落更新改造过程中应着重考虑的一个类型。在不违背限高要求下，可以增设楼层扩大使用面积；改造管道，增设卫生间、厨房，提高居民生活水平；加大环境整治，增设绿植景观，推进绿色宜居城区建设。

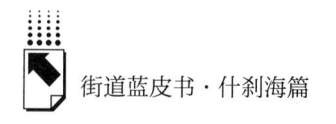

三 国际一流和谐宜居之都背景下传统院落更新的创新性分析——"遇见什刹海"

(一)新起点:变化中的北京、西城与什刹海

1. 北京:构建国际一流和谐宜居之都

2014年伊始,总书记在北京考察时提出首都"四个中心"城市定位和"国际一流和谐宜居之都"战略目标。随后,《京津冀协同发展规划纲要》《北京市国民经济和社会发展第十三个五年规划》都将其作为重点内容。在此背景下,2017年北京市政府正式启动了"疏解整治促提升"专项行动。北京各城区迅速响应,为疏解非首都功能、优化首都发展布局、提升城市发展品质、实现国际一流和谐宜居之都的建设目标积极行动。本次"疏解整治促提升"专项行动主要包括拆除违法违章建筑,整治占道经营、无证无照经营和"开墙打洞"行为,整治改造城乡接合部,综合整治中心城区的老旧小区,整治提升中心城区重点区域环境,疏解和治理一般性制造业和"散乱污"企业,疏解大型区域性市场,疏解部分公共服务功能,整治和改造地下空间和群租房,改造棚户区,清理整治直管公房及商改住用房等。其中许多整治内容与传统院落改造息息相关,人口的疏解和环境品质的提升为传统院落的保护和更新提供了良好的发展契机。

2. 西城:全面实施区域发展转型和管理转型

2011~2015年对西城区来说具有重要历史意义。西城区深入实施"服务立区、金融强区、文化兴区"发展战略,加快推进"活力、魅力、和谐"新西城建设,经济发展、城市管理、文化发展、社会治理、深化改革等方面取得了良好成绩,为未来发展奠定了坚实基础。在此基础上,西城区以总书记系列重要讲话精神、《北京市国民经济和社会发展第十三个五年规划》、北京市政府重点工作为核心,结合西城区地区特色、存在问题,提出发展转型和管理转型两大要求,其具体目标为"三个显著、三个更加"。其中,城

市环境更加宜居、文明程度显著提高、人民生活显著改善等与传统院落更新关系密切。

3. 什刹海：做好"六大工程"

什刹海街道在2017~2021年将紧紧围绕打造区域城市环境建设"金名片"，做好"六大工程"建设（见图2）。其中，党的建设工程是统领地区工作全局的核心，抓好党建工作是推动地区其他各项工作顺利进行的根本保障。疏解提升工程即街道的环境建设工程，该工程着眼于地区建设发展实际和历史文化特点，对区域环境建设进行总体规划设计和专项设计，全面改善老旧居民区的基础设施和生活环境，提升什刹海地区的整体形象。民生保障工程即公共服务工程的建设，如依托"养老餐桌"建成覆盖街道25个社区的老年餐配送服务网络，做好助残服务工作等。文化建设工程探索建立面对社区居民的文化服务站点等。景区建设工程着眼于建立文化遗产名录项目保护动态监督机制、构建什刹海区域文化体系等。平安建设工程即街道的综治维稳工作，地区公安部门和城管部门要配合街道做好改造期间的社会稳定工作，确保传统院落的改造实施工作能够顺利推进，为当地居民提供和谐有序的生活环境。

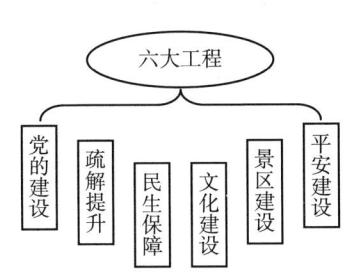

图2 什刹海街道的六大工程建设

（二）新机制：约会设计与艺术

1. 政府与社会共同参与

2016，"遇见什刹海"活动于北京国际设计周正式推出。该活动由政府和企业共同参与、共同推动，在双方的共同努力下构建了举办和开展活动的组织架构，即"遇见什刹海"活动由北京什刹海阜景街建设指挥部、北京天恒置业集团有限公司、北京天恒正宇投资发展有限公司和 CBC（China Building Centre）共同主办，最终由《城市·环境·设计》（UED）杂志社承办。什刹海地区具有的"四区合一"的特点赋予了活动更多的现实意义。什刹海地区既是保留着大量传统院落和胡同街巷的历史文化保护区，也是北京最大的开放式景区，是旅游商业街区，也是老北京居民居住区。作为功能复合的区域，这一区域的建筑已逐渐失去了昔日的风采，"旧""杂""乱"成为西城区平房区的特色。"遇见什刹海"主办方希望通过设计的力量复活什刹海，并将西城区政府、指挥部及天恒集团在什刹海区域的人口疏解工作、院落更新、产业提升等多方面的成果向社会大众和业界进行展示和宣传；通过对腾退院落的合理利用，结合什刹海地区产业深化定位，使"创新引领产业、创意激活文化、慢享舒适生活"的理念真正落地。

2.国内与国外协作推进

"遇见什刹海"是借由北京国际设计周推出的，北京国际设计周本身就是具有国际影响力的大型活动。截至 2016 年，北京国际设计周已举办六届，成功地为国内外设计机构和人才提供常态化的展示、交流的平台。而"遇见什刹海"主题活动也有国外政府、建筑师的参与。在"遇见什刹海"活动中举办了一场"北京与首尔的城市复兴论坛"，邀请了四位国内知名建筑师与三位韩国建筑师进行关于城市复兴的对话，共同探讨什刹海历史街区的保护与更新话题，为什刹海历史街区的复兴搭建良好的合作交流平台，为历史街区的更新改造提供参考及建议。无论是北京国际设计周，还是"遇见什刹海"活动都是由国内主办，并邀请国外组织、人员参与的，它们搭建了国内外交流的良好平台，有助于提升北京首都的国际化水平。

3.多元化与标准化并存

"遇见什刹海"活动包括"九个院子"展、"天院"装置艺术展、"城市复兴"展和"回归·院生活"四大块展览。其中"九个院子"是由国内九位建筑师对什刹海的九个院子进行设计更新，将新的生活方式嵌入既有院落空间的一次尝试。"九个院子"的空间大小、朝向位置、建筑情况不一，但有相同的设计要求。九个院子分别有九个主题，分别是叠合院、在园、四院记、遇见金奖、隐匿过去悬置未来、老人儿童之家、城市延长线、融合院、文化碰撞，但它们有相同的设计目的：改善基础设施，创建公共设施，改进人居环境，提升街区品质，以满足现代人工作生活的使用需求；在研究保护历史遗存的同时推动街区的可持续发展，再现旧城活力；弘扬历史文化，实现北京传统文化的延续与发展。

表1 "九个院子"的标准化要求

标准化要求	具体内容
塑造独特形式	本着对北京旧城风貌的理解，塑造本街区特有的建筑风格形式
探索北京文化	探索北京传统居民建筑文化，着重研究现代建筑与北京传统民居建筑文化的关系
引领市场发展	建筑功能应结合市场导向，考虑空间的复合性及使用的灵活性
高效利用空间	论证地下空间的可行性
构建和谐人本	改造过程中坚持以实现人、建筑与自然的可持续发展为前提，在有机更新中提倡营造人与自然相互和谐的生活环境
应用绿色技术	保证街区的绿色、和谐与可持续发展

（三）新理念：适度超前的构想

1. 更现代化

"遇见什刹海"活动的设计要求体现了现代化建筑理念：以人为本、高效集约、绿色环保。以人为本体现在整个活动的全过程，如院落腾退之初就坚持居民自愿原则；改造过程充分考虑到人的需求，设立社区公共空间，植入卫生间、厨房等。高效集约体现在改变传统平房院落结构上，更新院落普遍向上、向下延伸、拓展，构建二层空间和地下空间。绿色环保体现在建筑材料运用和景观设计上，特别是充分考虑了自然景观与建筑的组合、搭配。

2. 更灵活化

"遇见什刹海"活动不只是一次建筑设计展，也是一次潮流品牌的展示与推广,在九个院子中分别展出一款概念品牌。这种将建筑设计与概念品牌混搭的方式,更容易被群众接受,否则就建筑展建筑很难引起共鸣,也不能实现此次展出的重要目的。另外,"遇见什刹海"活动不仅利用了传统宣传途径(报纸、宣传册、广告板),还广泛运用了新媒体(论坛、微博、微信等),不仅使更多人关注这次活动,还更加贴近人们生活。

3. 更内涵化

此次院落设计构思中出现了图书馆、艺术室、沙龙空间等与文化、艺术相关的新事物,这是在传统更新改造中较少出现的空间类型。虽然,九个院子未来不可能完全按照此次设计规划的内容进行改造和使用,但是建筑师们的这些设想,丰富了传统院落可更新、改造的类型——不只是零售、餐饮、住宿,还可以向更具文化、艺术气息的方向改造。

(四)新挑战:前期、中期和后期问题

1. 院落更新改造的规划问题

"遇见什刹海"主题活动设立了目标,但是前期腾退缺少规划、整体设计略显不足。从位置看,不仅"九个院子""城市复兴""回归·院生活"这三个主题展互不相连,就连九个院子中的院落也是彼此不挨着。从功能看,各院落由建筑师独立完成,他们赋予并展现了传统院落的新功能。这些功能都是就单体建筑或是单一空间设计构思的,是"就局部改局部",并没有从整体定位、街区功能去考虑这些院落应如何更新、如何发挥功能。不能否认,目前的腾退方式本身就是较为零散的、不利于整体规划的,然而,历史文化街区的更新改造无论规模大小,都应从全局出发,制定整体规划,必须做到"从整体入手改局部"。

2. 院落更新改造的法治问题

严格执法、公正司法是依法治国的关键。在国际平台上展出,本身也有国外组织、人员参与的"遇见什刹海"活动更需注重法治问题。一是关于地下空间利用。对于什刹海这样的历史文化保护区来说,地下资源更

加珍贵，更应加强保护。由于没有关于地下空间的法律细则，北京旧城区私挖地下空间曾屡禁不止。在本次院落更新中不少建筑师出于集约高效的理念，重点探索了地下空间的改造，多个院落的地下空间都得到了开发和利用，避免了资源浪费。从建筑和城市更新层面看这无可厚非，但是确实会对传统院落更新保护造成一定影响。当前，亟待政府有关部门出台相关政策条例，规范地下空间建筑。二是关于产权属性。"公房"属性院落在交易后也不能更改原属性、承租人关系，这对于后期院落使用有一定制约，有待相关部门研究。

3. 院落更新改造的使用问题

"遇见什刹海"是临时性活动，院落更新改造内容和展出品牌在未来会发生改变，这是正常的市场化行为。但是，主办方对院落的未来使用要有一个基本思考：周边居民的需要和生活习惯。在招商前，应与街道、居民沟通，共同协商如何更好地利用更新改造的院落，避免在居民区开展影响居民生活、不符合首都功能定位或存在其他隐患的商业活动。

四 关于"遇见什刹海"传统院落更新的一些思考

（一）坚持规划引领，推动局部更新

传统院落更新是一项事关长远的工程，不可一蹴而就。传统院落及原住居民是地区历史文化的重要参与者、见证者，若现在不予以重视、保护，未来就会彻底失去一段历史记忆。传统院落更新是一项复杂工程，需要协调多方利益。传统院落更新涉及政府、企业、居民等多元主体，涉及腾退、设计、改造等多个步骤，涉及建筑、文化等多个领域。总之，传统院落更新需要顾及方方面面。传统院落更新是一项系统工程，必须反复研究。《北京城市总体规划（2016年~2035年）》《北京历史文化名城保护规划》都与什刹海这片历史文化保护区有关系，功能疏解、城市管理等也会对什刹海地区发展产生影响。因此,要深入研究各项规划、工作的要求,借助更新改造这一时机,推动规划、工作的实施。综上所述,传统院落的更新,特别是历史文保区的传统院落更新,应从更高层面进行统筹规划,它要与城市、街区治理结合,与城市、街区功能融合,与城市、街区发展契合。当然,具体实施可以是局部的、零散的,但一定要有一个整体构想、整体规划。

(二)畅通诉求渠道,建立沟通机制

鉴于传统院落更新的复杂性、艰巨性,需要畅通诉求渠道以保证信息正常传递及各主体的基本权益:既要有政府宣传平台,又要有企业展示平台,还要有居民发声平台。组织者或主办方必须做好事前、事中、事后的全过程沟通交流。一是在院落更新前,开展房屋腾退意向调查和院落实际情况排查。根据调查结果,拟定整体规划。二是在院落更新过程中,广泛征询各界改造方案和建议,可以采用网络票选等多种形式。三是在院落更新后,邀请本地居民、专家、文化相关部门等从多个方面对更新后的院落进行评比,选出适宜地区发展、街区保护需要的更新方式,并不断完善直至形成较为成熟的院落更新模式。总之,传统院落更新要形成定期沟通交流的机制。

(三)创新更新方式,实现共建共赢

自愿腾退形式源于杨梅竹斜街地区的更新改造,其目的是避免因腾退产生矛盾并加快腾退速度。迫于现实情况,自愿腾退已成为西城区腾退的主流,不过,这种方式也存在一定弊端,例如腾退的进度、速度不可控;腾退出的院落分布零散,难以利用等。这些问题制约了传统院落的更新改造,导致一些地区想更新却不能推动实施或进展缓慢。瓶颈和危机也是转机,正如"问题倒逼改革"一样,传统院落更新正处于摸着石头过河的阶段。目前,传统院落的更新方式难以让多元主体实现共赢,需要加速探索、加强创新。

参考文献

靳冬梅：《传统院落保护与再生研究》，《河北农业大学学报》2013年第2期。

谭笑：《传统院落空间在历史文化街区保护与更新中的实证研究》，《西南交通大学学报》2016年第3期。

陶春春：《北京传统院落空间非居住功能的现代模式研究》，《清华大学学报》2004年第3期。

B.5
开放式景区管理模式研究
——以什刹海景区为例

摘　要： 近年来，我国旅游业快速发展，旅游休闲活动呈现平民化发展趋势。在这一背景下，越来越多的城市旅游景区放弃传统的"门票经济"模式，转而采取开放式景区管理模式。本报告通过对国内外开放式景区管理模式的相关理论成果和案例进行研究，并借鉴和运用国外的成熟理论和标准来剖析什刹海景区的开放式景区管理模式，总结其取得的成功经验，分析其发展过程中存在的问题，并为进一步改善什刹海景区的开放管理模式，提升景区发展品质提出建议和参考。

关键词： 开放式景区　什刹海景区　西湖模式　交通慢行系统

　　开放式景区的概念可以从以下两个层面来界定：第一，物理空间上的开放，景区场地没有明确的空间划定，不设置封闭式的围墙或围栏；第二，门票上的开放，景区免费开放或者只收取低价门票。简言之，开放式景区是指对游客免费或廉价开放的具有公益性质的旅游观光目的地，如广场、历史文化街区、博物馆等休闲观光景点或大型公共活动场所。开放式景区具备的特点有以下三点：一是开放式景区与所在城市或地区融为一体，一般靠近休闲度假客源地；二是开放式景区的知名度较高，进出不设限，游客的可进入性好，有利于景区品牌建设；三是开放式景区一般有政府的财政支持，具备良好的旅游设施和公共服务条件。开放式景区的这些特点也带来一系列的管理问题，如交通拥堵、环境污染等问题。因此，本报告以什刹海为例，对开放式景区的管理的理论和模式进行研究和探讨具有重要的现实指导意义。

一 关于开放式景区管理模式的理论研究

当前我国景区旅游业正处于发展转型期，为使景区资源更多地惠及民生，越来越多的景区采取了开放式管理模式，但开放式景区管理在国内起步较晚，在实践经验和理论研究方面都存在不足，要对什刹海景区的开放管理模式进行深入研究，必须熟悉和掌握目前国内外的相关现实案例，并对其理论研究成果进行细致的梳理。

（一）开放式景区的管理研究

国内外关于开放式景区管理的研究主要体现在绩效审核和开放式景区景气指数两个方面。

1. 开放式景区的绩效审核研究

开放式景区的绩效审核主要针对景区的资金和管理情况，根据相应的评价标准对景区的运营状况进行审核，就存在的问题向有关部门提出改进意见，为进一步完善景区的各项管理体制、提高景区的综合管理水平提供决策依据。审计目标可以是景区建设、维修、养护、资金管理和利用等；审计评价标准分为国家政策、法规和制度，国内行业标准，开放式景区管理养护单位的计划、预算及各种业务规范三类。

开放式景区的绩效审核可划分为调查、实施和评价三个阶段。调查阶段即初期的审前调查阶段，通过调查了解审计项目背景，设计审计思路，制定审计目标，确定审计标准，明确具体的审计步骤、审计方法、审计程序和审计原则，最终形成一个完整的审计实施方案。实施阶段是在前期调查的基础上，根据审计目标，组织专业的审核团队，采取多样化的审计方法，如比较分析、定量分析、博弈模型、SWOT综合评价分析等，着重从景区的财务效益、管理效益、建管护养资金效益、综合经济效益、环境效益等方面开展基础数据和资料的搜集工作。评价阶段要对实施阶段反映的总体绩效情况和存在的问题进行评价和说明，可根据审计对象的特点做出不同性质的评价，如从经济效益、社会效益、环境效益等方面对景区的综合基本情况进行说明的总体性评价，从投入是否节约进行说明的经济性评价，从投入与产出比进行说明的效率性评价，从目标的实现程度进行说明的效果性评价。

2. 开放式景区景气指数研究

开放式景区景气指数是反映一个景区在旅游发展过程中各方面情况的综合性指标，主要从经济、社会和自然环境三个方面选取出具有典型性和代表性的指标，衡量开放式景区的发展现状、发展趋势，指出开放式景区在发展中存在的问题，为进一步完善开放式景区的综合管理水平提供指导（见表1）。经济方面的开放式景区景气指数，一般考察景区内数量最多、最具规模的行业，如餐饮业、住宿业和零售业等的营业状况、就业状况、发展趋势；社会角度指数主要包括景区的国内外人气指数、人文和谐指数等；从自然环境角度考察的指数有环境影响力指数。开放式景区指数体系一般分为三级，一级为开放式景区指数，二级指数由五大指数（主导企业运营指数、周边影响力指数、业态丰裕指数、国内外人气指数、人文和谐指数）和调整指数构成，三级指数由组成二级指数的细分指数构成。通过对开放式景区各项景气指数进行数据处理和分析，将其设计开发成旅游监测软件，为政府相关部门和景区管理部门提供旅游开发和管理工作的具体指标。目前，开放式景区景气指数研究是国内外景区研究的前沿领域，还存在一些不足之处，如基础指标在类别和序列上还不尽完善，研究还处在指数体系建立和问题描述阶段，在应用指数进行具体案例分析方面有待深入发展。[①]

[①] 《城市中的乐园：开放式景区管理与案例》，https://wenku.baidu.com/view/7994274133687e21af45a9e7.html2017，最后访问日期：2017年10月11日。

表1 开放式景区指数体系

指数级别	指数名称	三级指数
二级指数	主导企业运营指数	餐饮业营业收入总额 酒吧营业收入总额 购物小店营业收入总额 星级饭店的营业收入总额 餐饮业的总就业人数 酒吧的总就业人数 购物小店的总就业人数 星级饭店的总就业人数 三轮车日客载量 游船日客载量 景区门票收入
二级指数	周边影响力指数	什刹海周边平均房价 水体状况 空气状况 噪音状况
二级指数	业态丰裕指数	酒吧企业数量 餐饮业企业数量 住宿业企业数量 购物业企业数量 餐饮行业营业收入排名前五的企业所占份额 酒吧行业营业收入排名前五的企业所占份额 星级饭店行业营业收入排名前五的企业所占份额 购物小店行业营业收入排名前五的企业所占份额 行业繁荣度
二级指数	国内外人气指数	单位时间客流量 国际游客所占比例 国内旅游知名度 国际旅游知名度 国内游客首访率 国际游客首访率 外地游客所占比重
二级指数	人文和谐指数	本季度犯罪数量 本季度投诉数量 本季度古迹保护投入费用 商业与什刹海文化氛围协调程度

（二）国内外开放式景区管理模式

1. 国内开放式景区管理模式的典型——西湖模式

2002年开始，以柳浪闻莺等景点为代表的西湖景区逐步实现24小时免费向公众开放，杭州西湖成为全国第一家免费开放的5A级风景旅游区。西湖通过体制、机制、理念、方式的创新，不断强化西湖景区的管理力度，提升管理成效，降低管理压力，在开放式景区管理领域创造了独具特色的"西湖模式"，为我国旅游景区的转型发展提供了成功模板。

一是"发展旅游"与"保护西湖"相结合。推动景区环境品质的改造升级，如提供免费WiFi、免费公共自行车等。针对免费开放带来的景区人满为患、车辆拥堵、环境污染等问题，西湖景区在"保护第一、生态优先"的原则基础上，实施西湖综合保护工程，制定了《杭州西湖风景名胜区管理条例》《杭州西湖文化景观保护管理办法》等法规，编制了《杭州西湖风景名胜区总体规划》《杭州西湖文化景观保护管理规划》等专项规划，使景区的保护管理有法可依、有规可循。建立了西湖文化景观实时监测管理中心和预警监测信息管理平台，运用现代科技手段对景区实现实时监控和预警。在旅游旺季实行机动车单双号、单循环、错峰限行等举措，合理控制车流总量，并积极扮靓冷门景点，合理分流景区游客。

二是"经营西湖"与"还湖于民"相结合。树立大旅游观念，坚持"以人为本、民生优先"的原则，将景区发展与地区发展相结合，真正使旅游发展惠及民生。一方面，进一步完善"免票＋周边消费"的西湖经营模式，带动当地经济发展方式的转变和产业结构的优化；大力发展税源经济、文创经济、楼宇经济和电子商务，创新选商引税，挖掘新的经济增长点，培育出了一条"租金加税金"的新路子。另一方面，充分利用景区的自然资源、生态保护和建设成果，完善当地基础设施，精心打造一批高质量高人气的开放式景区，通过品牌效应创造经济效益。如通过对景中村进行改造，保护和提升西湖龙井茶品牌形象，规范农家乐、茶楼和青年旅舍等经营管理秩序，实现景区农村经济"一村一业，一村一品"特色发展。

三是"管理西湖"与"优化服务"相结合。管理方面，一是理顺管理体制，成立杭州西湖风景名胜区管理委员会，加强对风景区的统一管理。二是扩充景区管理的队伍力量，重点强化公安民警、交警力量保障，创新勤务机制和巡查模式，首创全天候、全覆盖的巡逻防控体系，全力打造"旅游警察"队伍。三是完善网格化管理，重点管理景区无证导游、无证兜售、非法营运等热难点问题。四是强化区域联动机制，重点对旅游秩序、违法行为开展常态化的联合管理和不间断的联动整治。五是健全基层防灾和森林防火管控机制，加强防灾应急队伍建设等。在服务方面，一是以抓窗口、树形象为重点，通过开展业务培训、专题讲座和主题活动等形式，不断提高导游、讲解员及窗口服务人员的整体素质与服务水平。二是推出"掌上西湖"——手机智能导游系统，为国内外游客提供6种语言的免费导游信息。三是充分利用景区空间、人文及自然资源，提供适当的宣传教育服务。四是加强景区弱势群体服务设施建设，如西湖沿线主要干道均设置了残疾人通道，部分景区提供免费出租轮椅。①

2. 国外开放式景区的管理研究

开放式景区管理是许多国家的惯有做法，一些国家尤其是发达国家在开放式景区管理方面已经取得了许多成熟的经验，可以为我们提供参考和借鉴。国外的开放式景区主要包括自然保护区、国家公园和世界自然遗产地等，这些景区一般被列为国家的社会公益事业范畴，其公益性质更加凸显了景区管理和保护任务的艰巨性。

一是美国城市公园模式。美国的城市公园大多是免费的开放式景区，其主要有三种管理模式。第一种是由国家公共部门或市政府投资建设的城市公园，其管理和维护也由政府部门统一进行。第二种为公私合作模式，国家公

---

① 《开放式景区管理的"西湖模式"》，http://www.zj.gov.cn/art/2013/4/28/art_18111_672856.html2017，最后访问日期：2017年5月21日。

共部门是公园的所有者和负责人，但私人部门可以通过捐赠、捐助等方式，协同参与公园的管理工作。第三种是以市场为导向的公众模式，这种模式引入市场竞争，充分发挥市场各类主体参与的积极性和资源优势，以此来提高开放式景区的管理效能。

二是新加坡花园城市模式。新加坡在开放式景区管理方面特别重视体制机制的建设，如新加坡有跨部门的"花园城市行动委员会"。该委员会在城市各类景区的规划建设及管理方面发挥着政策制定和组织协调作用，通过建立系统的考评监督机制，对景区管理政策的落实效果进行考察。突出法律和制度在开放式景区管理中的作用，新加坡城市整体的管理理念强调"以人为本，服务为先，法治保障"，十分重视运用法律法规来进行教育和管理，制定严格的景区行为规范和惩罚规定，以约束和引导游人的行为。

除了美国和新加坡这样有特色的国家管理模式外，国外在开放式景区的管理和保护方面还具有以下值得学习和借鉴的做法。

第一，资金管理方面，景区通过多种途径获取经费，主要有国家的财政拨款或补贴、各种社会基金的支持、广泛的社会性捐助等。景区还通过扩大景区经营收入来源，如为企业提供广告平台获取赞助服务费等方式来增加收入，多元化拓展资金获取渠道，保障开放式景区的维护和运营。第二，宣传教育方面，有些国家在开放式景区开展爱国主义教育、国民素质教育，以提高公民综合文化素质，丰富群众精神文化生活，通过向游客提供宣传教育性质的服务，提高游客对景区的保护意识和景区的体验质量。如新西兰规定，必须提供与保护有关的资料为游客服务，新西兰保护局特别重视游客中心、信息中心及国家公园内标示牌、解说牌的设置，并向游客印发提供服务信息的宣传资料。第三，生态保护方面，有些国家制定了系统详细的景区生态保护法规，如美国政府在保护景区水生生物方面，对钓鱼的鱼饵和捕捉螃蟹的大小都做出了详细规定；实行分区制，对景区功能进行分化，把一些旅游服务设施安排在景区外，节约建筑用地，如韩国国家公园内不设置垃圾桶；景区建筑物在设计上要与景区自然环境和谐统一，减少对景区生态环境的破坏和干扰，如日本为保持富士山生态原貌，禁止在山体建索道；被誉为野生动物天堂的巴西班达瑙世界遗产地不修建硬质化路面，保护野生动物的原生态生活环境。第四，品牌建设方面，立足景区资源优势和特点，结合开展特色的文化主题活动，提高景区知名度，塑造良好的景区形象。如法国政府规定在每年的"文化遗产日"，将国家文化遗产保护名单中的景点向公众免费开放；意大利每年春天举办一次"文化周"，其间国内所有的名胜古迹免费向游客开放；英国推出了"私人花园游览观光"计划，开放私人花园，供园艺爱好者和游客游览。

二 什刹海开放式景区管理的经验和模式探讨

（一）什刹海景区采取开放式管理模式的背景

1. 什刹海景区资源的基础情况

什刹海景区资源的基础情况与其文保区、居住区、风景名胜区三区叠加的特殊区情紧密相关，充分体现了开放式街区旅游资源的特点。什刹海景区资源的基础情况可以从文脉和水脉两条线索进行说明。从文脉上来说，什刹海景区寺庙建筑多，名人故居多，街巷胡同多，是历史变迁的重要见证，有"一泓什刹海，半部近代史"的形象描述。从水脉上来看，什刹海地区有前海、后海、西海，经历了从元代京都命脉（漕运终端）、明清风水宝地、现代京城休闲乐园的发展脉络，后海酒吧一条街体现了传统与现代结合的景区特色。综合来看，什刹海景区资源分布集中，景区品牌优势明显，特色文化街巷和胡同游在国内外的知名度和认可度高，同时，区位地理位置优势明显，什刹海位于首都核心区，可以与故宫、北海、景山等著名景区形成聚合效应。

2. 什刹海景区的综合环境现状

什刹海街道作为开放式历史文化街区，景区景点虽然特色鲜明但分布散乱，对游客的出入没有限制，尤其是在节假日旅游高峰期，容易出现景区游人超出景区容量[①]的问题。大量的旅游人流量带来一系列的管理和保护问题，严重影响了景区的整体环境品质。人流量的剧增给交通带来巨大的压力，停车难现象和车辆拥堵现象给游客和居民都带来了不便；什刹海景区的水域面积广阔，客流量的加大和游人素质参差不齐造成的水污染问题比较严重；作为历史性街区，什刹海地区的古建筑、胡同和街巷较多，存在大量的安全隐患，消防安全形势严峻；随着开放式管理的发展，什刹海景区的商业性质日益突出，商业规模和网点分布不合理，"七小"门店多，经营者的素质不高，景区的商业环境不佳；开放式景区的维护和保洁工作压力大，景区资金管理和人员管理体系存在不完善的地方；景区管理和服务体系不健全，游客满意度低、投诉率高对景区形象造成不利影响。

3. 什刹海景区发展与地区发展相融合

历史文化街区、居民居住区和风景名胜区三区合一的特点，决定了什刹海地区发展与景区发展是融合在一起的。什刹海街道是开放的历史文化街区，街区的旅游文化资源和当地居民生活的社区紧密融合在一起，街区和社区就是景区，景区的发展和社区的发展融为一体，居民的生活环境和景区的环境是统一的。什刹海地区的经济发展和景区的发展是紧密相关的，景区规划的合理性和景区品质的提高直接影响着景区的品牌认可度和游客的青睐度，景区的影响力和吸引力带来更多的游客，衍生出更大的商业效益。如烟袋斜街和后海的酒吧一条街，它们不仅仅是什刹海的特色旅游场地，同时也是景区重要的商业聚集区，是地区经济发展的重要支撑。

（二）什刹海景区的开放式管理模式

1. 强化组织领导建设，提升景区开放式管理水平

什刹海景区管理处是独立的景区行政管理机构，景区管理部门的工作能力直接关系开放式景区的管理水平。要抓好管理处的党建工作，充分发挥党

---

① 景区容量是旅游承载力的概念，具体指在不破坏当地社会、经济、文化、环境和旅游者的旅游质量的前提下，在同一时间内到达某个旅游目的地的最大游客人数。

对景区管理处工作的指导和引领作用,把景区管理工作和党建工作相结合,提高景区管理工作的统筹规划能力。要完善多个职能部门之间的联合执法机制,建立"西城区什刹海景区综合整治管理联席会"制度,推动景区综合执法与专业执法、行政管理的衔接,探索完善部门间信息共享、惩戒联动等机制,提升景区管理工作的整体工作效能。要加强景区管理处与街道组织部和人事部之间的协调合作,深入落实"三定"工作方案,完善景区管理处的组织架构和干部队伍建设,认真学习和落实《北京市西城区什刹海风景区管理处手册(二)》,提高干部队伍的整体素质。同时,要加强景区管理处的法制建设,推进景区管理的各项工作环节依法依规进行,保障开放式景区管理的正确方向。

2. 建立街区慢行系统,保持景区良好的交通秩序

什刹海地区内斜街多、文物古迹多、胡同曲巷多,其中宽度在5米及5米以下的胡同占景区胡同总长度的58%,[1] 客观条件的限制加上开放式景区庞大的旅游客流量,使景区交通压力大增。为改善景区交通环境,提升景区旅游品质,什刹海地区以前后海为核心区,以实现各种交通方式之间的协调共生为目标,通过调整交通组织方式,如限制机动车行驶、单行线路设置、慢行区域设定、慢行标志建设、强化管理等方式提高绿色出行频率,打造了环湖景观游憩带、自行车游览系统、文化散步道系统和公共交通系统等系列交通慢行系统。该系统建设内容包括完善景区交通设施,强化交通管理组织,做好内外衔接,打造区域大流线+地区主流线+片区微循环系统,使机动车进得来、转得开、出得去。采取多元化的管理手段,如交通处罚措施,在社区居委会指导下成立停车自治管理委员会,逐步改善景区交通质量(见图1)。此外,继续推行企业年审、车辆年检制度,加强非机动车交通管理,开展重点区域的交通管制工作,如深入推进地外大街非机动车管理工作,确保地外大街非机动车行车有序、停车规范,同时,重视培养交通引导员对突发事件的处置能力,有效维护了景区良好的交通环境。

---

[1] 林小牧:《历史街区内交通慢行系统研究——以什刹海历史文化保护区为例》,什刹海风景区管理处,2016。

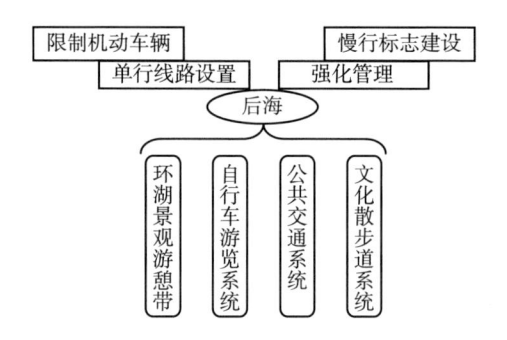

```
                限制机动车辆            慢行标志建设
                    单行线路设置     强化管理
                              后海
            环湖  自行   公共  文化
            景湖  车游   交通  散步
            观游  览系   系统  道系
            憩带  统          统
```

图1 什刹海街道交通慢行系统

3. 增强综治维稳能力，营造景区和谐发展环境

建立景区商户管理系统，推出《特色街商户管理手册》，规范景区商业秩序，如针对"胡同游"制定人力客运三轮车的经营规范，打击"黑三轮"；确定流动红旗制度，加快落实"门前三包"责任制；完善特许经营管理机制，规范企业日常经营行为，积极完善运营服务投诉处理机制。建立了严格的反恐防暴地桩检查制度，制定了常态检查和非常态检查制度，健全反恐应急处突机制，建立健全防恐处突应急预案、日常工作方案，并组织开展形式多样的应急、处突知识培训、演练，组建"人力客运三轮车胡同游车工防恐防暴队"，启动防恐处突小分队"5+1"安保机制，协助做好景区人流密集地区疏导疏散工作。邀请专业的检测公司对景区内经营单位进行消防设施及电气安全检测，制定了《什刹海景区消防风险评估实施细则》，加强安全员队伍建设。完善水域安全监管制度，加强对"水上游"运营单位的日常管理，定期对景区水上经营设施、设备进行检查，联合相关部门组织游艇运营单位进行应对突发事件的应急演练工作，做好景区冰场开业验收的安全检查工作；加强冬季冰面的安全宣传、巡查和监督工作，避免发生冰上安全事故。

4. 突出景区旅游特色，增强品牌影响力

创新开发"胡同游"老北京旅游产品。"胡同游"并非什刹海所独有，为避免旅游产品同质化，什刹海景区对传统"胡同游"进行了创新，如在金丝套胡同区选择一些四合院作为民俗工艺制作展示的场所，邀请业内艺人和单位在院内开设作坊；利用什刹海景区古今贵族府第较多的优势，扎实开展府邸的整治修缮工作，深入挖掘其文化价值，如做好恭王府、醇亲王府等建筑的腾退修缮工作，打造王府旅游特色路线；在场地比较宽裕、文化氛围比较浓厚的景点适当引入一些文化表演与娱乐活动，或者不定期举办一些旅游节事活动，如利用王府或名人故居举办京剧、杂剧、戏曲等中国特色艺术表演，完善旅游产品系列；拓展滨水休闲游旅游建设项目，如游船观光、巡游观光晚餐、夜游什刹海等；提升环湖酒吧街旅游品质，对现有酒吧的建筑外表进行特色装饰和改造，使其风格、式样和灯光等与什刹海的文化氛围和自然风光相协调；强调景区风貌建设的和谐统一，如对景区的游船进行仿古包装，对环湖步行道等休闲场所的路灯、标识牌、亭廊雕塑、路椅、石凳等设施进行翻新，使其在外观设计和视觉效果上与什刹海独特的文化气质和历史风貌相吻合。

5. 大力开展宣传教育，不断改善景区的人文环境

以"古宅、古街、故居、故事"等什刹海特色旅游景点为主题，开展多样化的旅游宣传教育活动，以文化宣传教育的方式吸引更多游客，促进景区的旅游氛围和人文环境的持续改善。一是加强对历史文化遗产的保护宣传，促进文化传承，如加强对"中国大运河"的宣传、保护工作，开展什刹海旅游文化节活动，制定专册宣传和介绍大运河什刹海段的历史背景、保护工作等，制作《什刹海历史文化保护区揽胜》、《什刹海历史文化专刊》、什刹海"知海·爱海·护海"宣传活动特刊，让民众深刻感知什刹海丰厚的文化底蕴，提高民众对什刹海文保区的认知度和保护意识。二是建立法律法规方面的宣传教育工作的长效机制，通过开展专业知识培训，提高景区从业人员的素质和岗位技能，增强商户合法经营、安全经营意识。三是鼓励社会多元参与，增强宣传工作的效果，如鼓励社会组织和志愿者积极参与文明劝导的宣传教育活动，提供景区咨询引导服务，倡导文明旅游；联合相关部门共同开展宣传活动，如联合消防部门共同开展安全月宣传活动。四是采取多元的宣传手段，通过发放"致生产经营单位的一封信"、温馨提示、宣传册、横幅等传统手段，同时运用互联网或新媒体等科技宣传手段不断扩大景区宣传教育工作的影响力。

三 开放式管理模式下什刹海景区的管理和发展问题

作为西城区唯一的开放式景区,什刹海景区的管理模式和经验值得政府及相关部门认真研究。本报告通过参考开放式景区管理理论中关于标准和景气指数的相关指标(见表2),找出什刹海景区管理中仍然存在的问题,如此不仅可以更好地推动什刹海开放式管理模式的优化发展,同时也可以为北京和全国其他城市的开放式景区管理提供有益借鉴。

表 2 什刹海景区指数体系

指数级别	一级指数	二级指数	三级指标
指数名称	旅游景区景气指数	主导企业运营指数	餐饮企业高峰时段人流量* 酒吧高峰时段人流量* 购物小店高峰时段人流量* 星级饭店营业收入总额 餐饮业平均就业人数 酒吧平均就业人数 购物小店平均就业人数 星级饭店总就业人数
		周边影响力指数	水指标 空气指标 噪音指标
		业态丰裕指数	业态宽度 酒吧业竞争度变动率 餐饮业竞争度变动率 住宿业竞争度变动率 购物业竞争度变动率
		国内外人气指数	单位时间客流量 国际游客所占比例 游客知名度 游客首访率
		人文和谐指数	文物保护指标 文化商品化指标 犯罪指标 抱怨指标

（一）开放与管理问题

1. 景区商业环境有待进一步优化

什刹海作为开放式景区，不设置门票和游客出入限制，这种"免费+周边游"的运营模式，给地区的经济发展带来巨大的商业利好机会。但商业的趋利性和经营者的投资心理往往使商业环境混乱无序，短期的打击整治活动只能起到暂时的稳定作用，没有长期稳定的景区商业环境，景区消费者的合法权益也就难以保障。根据开放式景区景气指数中的主导企业运营指数和业态丰裕度指数对什刹海景区的整体商业环境进行考察，发现什刹海开放式景区的主导行业是餐饮业、娱乐业、零售业和住宿业，这些主导行业在经营中存在的问题直接关系着什刹海景区商业环境状况。如，"胡同游"管理无序，亟须制定相关的法规和条例进行规范整治；民宿经营条件参差不齐，缺乏统一的经营标准；酒吧管理松散，非法拉客现象严重；"七小"门店治理工作需长期推进；门前三包政策仍待进一步贯彻落实。

2. 景区综合管理水平有待进一步提升

什刹海景区的综合管理能力和水平有待进一步提高。什刹海景区的管理主体多元，在开放式景区的环境下，各个部门之间的利益关系复杂，不同治理资源之间的协调运作缺乏有效机制，治理责任不明确，难以发挥综合管理合力；景区的信息化管理水平不高，对大数据的运用还不够成熟，信息对接不畅，不能及时发现问题、解决问题，景区的综合管理效果不明显；什刹海景区的管理方式不够精细化，对不同质的景区和片区的调查研究不够深入，管理方案缺乏针对性，如在景区管理上虽然有常态化时期和非常态时期的区分，但常态化时期的管理方式有待进一步创新和发展；而非常态时期的运动式管理方式，如在大型节日庆典、黄金周的强化管理虽然也起到一定效果，但是难以实现可持续发展。

3. 景区的安全环境有待进一步加强

景区的安全环境直接关系着景区居民和游客的生命和财产安全，是景区发展的重要基础环境。什刹海开放式景区吸引着大量的游客，分布着大量的"七小"门店，人为因素带来的安全隐患较多；而什刹海街区古老建筑、大杂院、居住平房、胡同小巷居多的客观环境使得景区容易发生火灾，但大型的消防车难以进入；什刹海景区的水域面积广阔，水上安全检查和治理措施亟待加强。除了传统安全以外，还要加强防恐防爆安全建设。什刹海位于首都核心区的重要区位，毗邻中南海，政治地位十分重要，防恐安全不能松懈，要加大防恐检查力度，制定和完善应急预案，通过开展实战演习和宣传教育活动，提升当地居民和广大游客的安全意识，进一步完善景区各项安全设施。

（二）开放与保护问题

1. 生态环境方面

开放式景区都面临着旅游资源彻底开放与景区自然环境保护之间的矛盾问题。什刹海景区在开放式景区的发展过程中，面临着诸如水资源浪费和污染、空气污染、噪声污染、水泥森林和大型人造景观破坏地区生态环境等问题。在此方面可以借鉴杭州西湖模式，推动什刹海景区在开放管理的模式下的可持续发展，如加强景区的生态环境保护工作，改善景区交通环境，减少汽车尾气排放，大力发展绿色交通，以改善水质为核心加强生态保护建设，推动胡同、四合院绿化生态建设，结合景区交通状况大力推进慢行系统建设。此外，就景区生态环境保护方面的法制不健全，对可能对景区生态环境造成破坏的商户经营行为和游客的不良行为缺乏严格的管制的问题，可以借鉴新加坡等国家开放景区的法制管理经验，通过行为规范和法律惩罚手段，避免或减少人为因素对景区生态环境的破坏。

2. 景区历史风貌方面

什刹海景区三区合一的特点，决定了其开放式管理不仅仅是单纯的对景点景区的小范围管理，还是对整个街区历史文化风貌的保护和管理。开放式景区带动的周边消费在给地区带来巨大经济利益的同时，也带来了景区的商业化发展,给保持景区原有历史风貌带来了一定挑战。在景区建设方面要加强科学布局,不仅要严格控制不必要的新生违法建筑,保存古都风韵,对必要的新建和改建工程,也要特别注重设计和布局上与景区整体风貌的和谐统一。什刹海景区的基础情况比较复杂,要在提升景区旅游休闲品质的同时保持景区的历史文化风貌,需要进一步结合人口疏解工作,深入推进景区整体风貌的改造和升级,包括完成精品大街、胡同改造,精品小区创建及环境薄弱地区、老旧小区、失管院落铺装,精品胡同四大整治工程,严格控制新生违法建设,实现违法建设零增长,严格拆除现有的违法建设,如继续推进包括烟袋斜街、酒吧茶艺特色街、后海北沿大院、后海西、鸦儿小学后门在内的至少15处环境薄弱地区的风貌整治工程。

3. 文物保护方面

开放式景区对景区的保护工作提出了更多要求,一方面景区失去了维修保护经费的一项重要来源,另一方面景区的文物保护难度加大了。开放式景区的功能并不单纯是旅游接待,还包括文物保护的社会功能。什刹海景区和居民社区融合在一起,居民世代生活在这里,并不以旅游谋生,做好景区的文物保护工作也是保存他们的精神文化遗产。什刹海景区历史悠久,文化价值深厚,一旦破坏难以修复,将直接损害景区的旅游品质,降低景区的旅游吸引力。因此,文物保护对开放式景区显得更加重要。开放式景区景气指数中人文和谐指数的一项重要细分指数就是古迹保护投入费用,可以根据此项指标来反映什刹海在文物古迹保护方面的情况。什刹海景区在文物保护和利用方面还没有形成系统的管理机制和模式,需要进一步做好文化资源的建档工作,如结合大运河世界文化遗产档案平台,建立完善保护区文物资源库、文化资源库;在编制文物保护资源的报告和制定相关保护条例方面的工作力度不足,缺乏对景区历史文化资源的深入挖掘、开发和保护研究;单纯依靠政府推进景区文物保护单位的修缮、腾退和改造工作,难以充分发挥文物保护资源的合力。

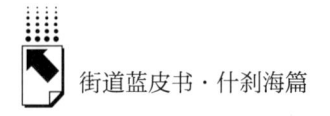

（三）开放与发展问题

1. 景区旅游资源品牌优势不明显

什刹海街区作为开放型的历史文化街区，既是公众旅游休闲的绝佳去处，也是历史文化传承的重镇，景区的品质直接关系着游客在什刹海景区的旅游体验质量。目前景区的发展品质难以满足广大游客的多样化旅游需求，景区品牌建设的优势不够突出。什刹海景区是王府宫殿、名人故居、斜街胡同、古刹和四合院集中分布区，虽然特色明显，但其处于北京旅游"金三角"的景区，旅游资源同质化程度也较高，同行业的竞争激烈。开放式景区景气指数中的国内外人气指数是一个衡量景区的人气状况的指数，景区的人气反映了一个景区的魅力和对旅游者的吸引力，是一个景区旅游品质和品牌的重要体现。因此，要对什刹海景区的旅游资源进行优化整合，提升景区特色品牌效应，如可以通过开发滨水怀旧遗产休闲旅游产品，塑造什刹海"怀旧休闲"的旅游新形象，使什刹海成为具有"元代漕运终端、明清王府宅第、古刹胡同民宅、古今名人故居、现代休闲游憩"特征的旅游区。

2. 景区支撑地区发展的能力有待加强

什刹海景区的发展与景区周边地区的发展是紧密相连的，景区的旅游发展直接带动地区经济的发展，与旅游相关的行业是什刹海地区经济增长的主要来源。作为西城区的"名片"，要为地区经济发展做贡献，什刹海景区必须具备支撑和服务地区发展的重要能力，能够通过景区自身的发展，推动本区的经济、社会、环境等方面的发展，改善什刹海周边地区的发展状况。参考开发式景区景气指数中的周边影响力指数分析什刹海景区支撑地区发展的能力，可以从两个方面来探讨。一是经济影响力指标，作为开放式景区，什刹海不依靠"门票经济"，因此，需要把握更多的隐形商机，开发更多的旅游服务，为地区的经济发展贡献力量。二是环境影响力指标，这里主要指景区对当地旅游环境和居住环境的影响。什刹海景区文化积淀丰厚、旅游景观优美，是实施"三区"战略中"文化兴区、环境优区"的重要组成部分和重要内容，是地区旅游形象的代表。对居民而言，由于什刹海景区与居民居住区不可分割，什刹海景区应该坚持"还景于民""造福市民"的发展理念，在改善居民居住环境、提升居民生活品质、丰富居民文化生活方面积极行动。

四 关于改善什刹海开放式景区管理模式的建议

国内外关于开放式景区管理的理论研究和案例研究为剖析和解读什刹海开放式景区管理模式提供了具体的分析框架，本报告结合部分重要的理论要素和案例做法找出什刹海景区开放式管理模式发展中存在的问题和需要改善的地方，从管理理念、管理机制、参与主体和品牌建设四个角度出发，提出一些可供参考的建议。

（一）转变管理理念，推动景区和社区融合发展

开放式景区的管理不仅仅是景区的开放，更是思想的解放，要积极转变管理理念，创新传统的景区管理模式，推动景区与社区融合发展，构建宜居和谐的开放式景区，实现景区的可持续发展。一是要引导管理方式由粗放型向精细化转变，制定开放式景区管理的参照标准和审核体系，使景区发展兼顾社区发展利益，更多地惠及民生，体现人文关怀。二是大力倡导"超旅游"理念，什刹海景区的旅游开发不能局限于发展旅游产业本身，而是要注重景区发展的辐射能力，制定长远的发展战略和行动计划，树立开放共赢的景区发展理念，兼顾和协调城市、景区、文化、经济、社区、居民等不同层次主体的利益。三是完成"一个转变"和贯彻五个"一体化"思想。什刹海的旅游发展核心是要完成"一个转变"，即变大杂院为四合院，贯彻"一体化"的思想，即"三区"（景区、社区、街区）利益一体化，城区改造、社区建设、文物古迹保护、生态环境建设与旅游开发一体化。

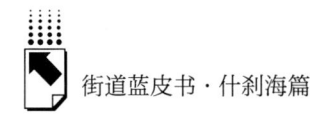

（二）完善管理机制，提高景区综合管理能力

什刹海开放式景区管理模式实质上是一种"免费+周边消费"的商业旅游模式，景区的发展以旅游市场为导向，政府负责宏观调控，因此，要提升什刹海景区的综合管理能力，必须完善政府主导下的各项管理机制建设。第一，要不断完善组织管理机制，优化景区旅游管理处的职能，加强部门协调联动机制，提高景区综合管理效能。第二，在资金管理机制方面，制定科学的预算和决算方案，拓展多元化的资金获取渠道，除了政府财政拨款，还可以利用社会捐赠、基金扶持、商业广告等方式，做好资金的使用和管理备案；第三，建立健全环境保护机制，必须从什刹海景观和文物保护与发展的角度出发，按照"尊重地方性、保护与整治相结合和综合治理"的原则，按照街区统一的功能和结构，优化旅游景观。第四，加快建立科学合理的交通管理机制，创建人行和车行动静态和谐发展的交通环境，严格按照《什刹海旅游区道路条例》《什刹海旅游区交通安全管理办法》《什刹海旅游区停车管理办法》等相关法规来规范交通运营。第五，推动文物保护机制的创新，在政府主导的基础上，推进产权方对文物保护单位的修缮改造，开展研究探索文物有效保护与积极利用模式的试点项目，加强文物保护的法制建设和管理，有针对性地制定文物、文化资源保护建议条例，聘请业内专家学者协助开展历史文化发掘、研究与展示利用专题研究。

（三）扩大社会参与，构建多元共建的景区管理格局

美国是开放式景区管理模式发展比较成熟的国家，其对开放式管理的责任主体实施多元化的政策，鼓励引导市场和社会力量参与管理活动。美国开放式景区的三种管理模式体现了政府、市场和社会多元参与、协同合作开展景区管理工作的有效性。什刹海景区管理处应该提高公众对景区治理和规划的参与度，通过调查与评估，建立一种以"多方参与"与"景区自助"为基础的管理和运行机制，使景区的管理更加符合地区发展利益，满足群众需

求。让开放式景区管理的参与者更加多元化，鼓励和调动群众和更多社会力量参与到管理中来，如组织地区志愿组织积极参与到景区的环境保护、交通协管和文明劝导等管理项目中来，有效补充景区管理的人员队伍，一方面可以整合景区管理的各类资源；另一方面，可以使地区居民了解景区管理面临的问题，在参与治理中养成文明自觉性。

（四）突出文化特色，提升景区品牌影响力

什刹海景区的旅游资源呈多元文化的特点，主要包括商贾文化、皇家文化、宗教文化、水系文化、休憩文化、名人文化等六大要素。因此，加强和突出景区的文化建设，将这种多元文化优势转化为景区的发展优势，有助于提高景区的品牌影响力。要通过体制机制创新和市场化手段，深入挖掘传统文化资源的价值，构建完善的产品体系，打造优秀的旅游文化品牌，从而提升景区发展的内在实力。要重视景区旅游产品和旅游文化的结合，推动什刹海的旅游产品与文化创意产业融合发展，以创意激发景区旅游资源潜能，推动旅游文化产品开发。聘请专家团队对景区资源状况进行摸底调查，为景区设计和开发多样化、多主题的旅游观光路线，不仅可以分流开放式景区带来的巨大客流量，而且可以改善游客的体验质量，更好地提高地区的旅游品牌影响力。完善解说系统，旅游解说是游客了解什刹海的重要途径，也是宣传和扩大景区知名度，将什刹海景区品牌推向市场的重要举措。要打破单一的简要介绍解说模式，增加解说内容的深刻性和文化性，反映什刹海景区深厚的历史文化底蕴。

参考文献

北京市西城区旅游局：《西城区旅游发展促进战略规划（2004~2008）》。
北京市西城区旅游事业管理办公室：《古都情韵游西城》。
刘思敏、刘民英：《杭州西湖景区免费模式的实质和可复制性分析》，《中国旅游报》2011年第11期。

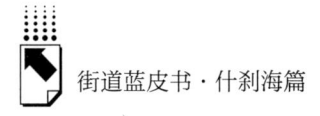

温杰:《基于生态保护视角下的开放式景区利弊研究》,《生态环境保护》2013年第5期。

杨财根、郭剑英:《城市免费开放景区的规划与管理》,《城市问题》2009年第4期。

杨培玉、王学峰:《什刹海景区旅游开发战略研究》,《中国商贸》2010年第7期。

郑彬:《北京南锣鼓巷主动取消3A级景区资质,专家认为——开放式景区管理不能一放了之》,《经济日报·城市周刊》2016年5月6日,第14版。

B.6
PPP模式参与社会化养老服务研究

——以什刹海街道养老服务为例

摘　要： 随着国内人口老龄化问题加剧，养老服务供需矛盾凸显，社会化养老已经成为我国养老模式的重要组成部分。近年来，各地政府先后出台了一系列社会化养老服务的政策文件，北京、上海等特大城市已明确了构建"9064""9073"社会养老服务体系的目标，并进行深入的实践探索。2017年6月，国务院发布《关于制定和实施老年人照顾服务项目的意见》，进一步肯定和突出了家庭养老在我国养老服务中的基础性地位，这与《中华人民共和国老年人权益保障法》中关于"建立以居家为基础、社区为依托、机构为支撑的社会养老服务体系"的具体政策要求相契合，是对新时期国家养老服务政策的深度解读。为应对即将到来的深度老龄化社会，加快推动社会化养老服务体系构建，本报告分析老龄化的现状及构建社会化养老服务体系的必要性，梳理了PPP模式与社会化养老的内在联系，并以西城区什刹海街道的社会化养老服务体系为例，针对当前社会化养老服务存在的问题，提出相应思考和建议。

关键词： 深度老龄化　PPP模式　准营利项目　社会化养老

社会化养老服务体系的提出是为了应对老龄化社会，其核心就是以居家、社区、机构养老为主，鼓励社会力量参与。当一个地区60岁及以上的人口占地区总人口数量的10%或65岁及以上人口占地区总人口数量的7%

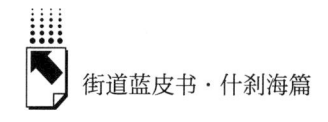

时，就可判定该地区已经进入了老龄化社会阶段。1999年，我国60岁及以上人口占总人口的10%；65岁及以上人口占总人口的7%，两项数据均表明我国进入老龄化社会。

一 社会化养老是我国养老事业的发展趋势

（一）"未富先老"的国情使机构难以成为养老服务的基础补充

1．"未富先老"与深度、快速老龄化的背景

我国的老龄化问题极具特殊性，属于典型的"未富先老"。发达国家进入老龄化社会时人均GDP为5000～10000美元，国家有资金和能力解决养老问题。而我国尚未到达富裕水平却先进入老龄化阶段，1999年国内人均GDP仅约为1000美元，12年后人均GDP才达到5000美元的最低门槛。值得注意的是，在人均GDP快速增长的同时，中国的老龄化速度也在加快。2015年全球约有6.17亿65岁及以上人口，中国老龄人口约占全球的23.3%。作为世界上最大的发展中国家，与其他发展中国家相比，中国的老龄化问题相对突出。如在2010年，发展中国家老龄人口平均占比为5%（以65岁及以上人口数量为计算标准），而中国对应数值则高达8.87%。截至2015年末，我国65岁及以上人口为14386万人，约占总人口的10.5%，预计2030年超16.2%。按国际标准，当65岁及以上老年人口达到14%时，进入深度老龄化；20%则进入超老龄化。"未富先老"带来的问题是养老服务体系和老龄产业发展滞后于养老需求，而深度老龄化、快速老龄化势必进一步突出这一矛盾。

北京市的老龄化问题较为突出。截至2015年底，全市60岁及以上户籍老年人口约为315万人，约占总人口的1/5，人口老龄化程度居全国第二位。2030年北京将达到重度老龄化，户籍老年人口占比将超过30%，这一高比重将持续50年以上。

2. 养老机构与服务存在"量"的缺口

"十二五"期间，我国实现每千名老年人拥有30张养老床位的预期，"十三五"期间将到35~40张。虽然这一数字呈递增趋势，但也显现出养老床位数存在缺口。2011~2013年，全国养老服务机构数量分别为37756个、39251个、37324个，而老年人口比为9.1%、9.4%、9.7%。两相比较，养老服务机构数量并没有因为老年人口比的提高而实现快速、大幅增加。当然，从保障服务和水平的角度看，机构数量以平稳、合理速度增长是一件好事，但是，这也从侧面说明，本就存在数量缺口的养老服务机构难以追上快速增长的老年人口数。基于这两点，短时间内供需不平衡现象不易缓解。

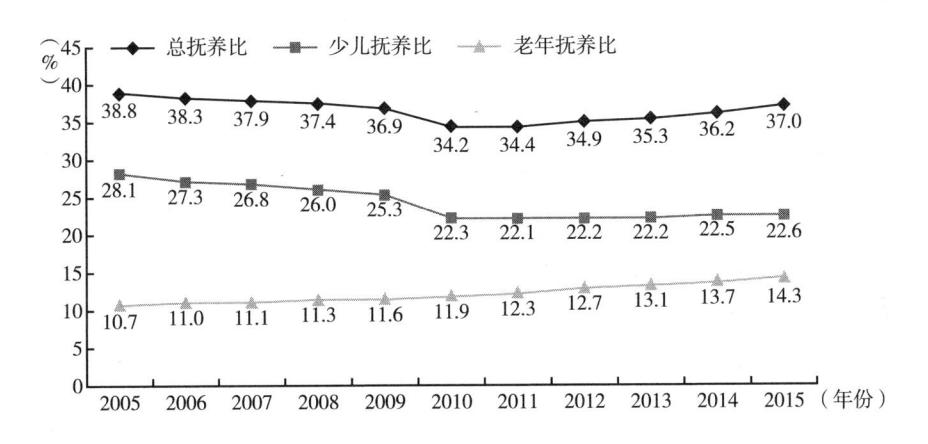

图1 2005~2015年全国人口抚养比

北京不仅面临户籍老人的养老问题，同时还有非户籍老人的养老问题，再加上北京老年人口集中在市区，城六区户籍老年人口占全市户籍老年人口的2/3，其养老的供需关系必然难以平衡。

3. 养老机构与服务存在"质"的不足

"十二五"期间，无论是公办、民营还是公建民营的养老机构，所提供服务的质量均有待提升，当前，养老服务机构普遍存在服务理念滞后、服务内容单一、服务标准不清、服务设施功能不全以及安全性不足等问题，整体上缺少个性化、多样化、特殊化的服务。公办或是公办社会化的养老机构，主要发挥兜底保障作用，难以满足老人更高水平的需求。而民办养老机构，在政策、市场等多方面因素共同作用下，成为资本竞相追逐的一种高附加值产业，甚至一些养老机构的性质都已发生改变，完全沦为产业。再加上部分地区由于人手短缺或掌握信息不够等，对养老机构的监管不足，更难以保障服务质量。就目前而言，市场中缺少品牌化、规模化、医养一体化的养老服务产业、机构。

在8年前，北京市打造了2000多家"托老所"，由居（村）委会管理运行，但由于服务内容单一、不能满足老年人需求，仅有70家还在继续运营，其余基本停滞。为此，北京市将统筹闲置资源，拟建"养老驿站"并交由专业养老服务企业管理，以提高服务效率。这一现象充分说明，基层养老服务机构的服务能力确实存在一定问题。

（二）家庭结构和生活方式的转变不利于延续居家养老习俗

1. 传统文化重点是家文化与孝文化

不少学者认为，儒家所倡导的"修身、齐家、治国、平天下"中的"家"是中国传统文化中的核心，也是中国文化有别于西方文化的根本。英文中有专门的词语区分家族关系和家人居住的空间，而中文的"家"既是空间概念，也是血缘关系，这是中国特有的一种观点。在强烈而浓厚的家庭文化、家庭意识中，"孝"成为代际关系的支柱和平衡点，自古有"百善孝为先"和"孝为八德之首"的说法。"孝"文化的核心表现形式是敬爱长者、赡养父母。在当代社会中，"家"与"孝"作为中华传统美德被大力传播，在这种文化背景和习俗传承下，居家养老成为我国重要的养老方式。而老年人对家庭也有强烈的依赖性，对子女照料生活或是对子女承担养老责任抱有较大期望，大多数老年人期望在家养老。

2. 现代家庭及生活方式难以独立支撑居家养老

虽然家庭养老是我国传统的养老方式，但现阶段这种方式却难以为继，主要原因有以下三点。一是家庭结构的分化与小规模化。传统居家养老建立在多代同堂的家庭结构基础上，多个家庭成员共同生活，因此有精力和财力照料老人。但是，目前我国家庭结构呈现少子化特征，在一些大城市更是以"421"结构为主，即两个成年人要照顾四位老人和一个孩子，子女赡养父母的压力较大。二是生活方式的变化。古代社会有"父母在，不远行"之说，而现在，中国已成为境内迁徙、人口流动性最大的国家，不仅有"留守儿童"，还有"留守老人"。这种情况下，很难实现居家养老。另外，中国是工作时间较长的国家，现代人繁忙的工作生活也制约了居家养老。三是对养老认识的提高。随着社会发展，人们对生活水平的要求不再简单停留在"吃、穿、住"上。老年人养老也是如此，不仅要满足"吃、穿、住"的要求，还需要有生命的尊严和生活的品质。但是，居家养老很难满足这些复杂的、高级的需求，尤其是在医疗护理、心理慰藉等方面。

（三）法律规定与理论界定养老方式应倾向于社会化

1. 依法维护老年人的合法权益是全社会的共同责任

法律是保护和落实老年人享有各项合法权益的制度保障，依据《中华人民共和国老年人权益保障法》，老年人具有从国家和社会获得物质帮助的权利，享受社会服务和社会优待的权利。随着我国人口老龄化问题日益突出，养老服务需求也持续攀升，要不断满足我国老龄服务事业的发展需求，必须打破传统的公共养老或家庭养老的养老服务格局，逐步将各种社会力量纳入养老服务体系，建立和完善一套以居家为基础、社区为依托、机构为支撑的社会养老服务体系。国家法律赋予了社会化养老合法合理的发展空间，明确规定了构建社会化养老服务体系的内容和责任。全社会不仅有提供养老服务的责任，还有保障老年人权益的责任。《中华人民共和国老年人权益保障法》主要规定了政府、社会、子女对老年人养老、服务的责任，以及社会优待老人和构建宜居环境等方面的内容。2017年6月公布的《国务院办公厅关于制定和实施老年人照顾服务项目的意见》，也确定了"党政主导，社会参与"的养老工作基本原则，以法律手段支持和鼓励社会化养老服务力量的发展，整合分散的养老服务资源，激发社会活力，使保障老年人合法

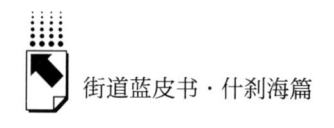

权益成为全社会的共同责任。

2. 公共物品理论：准公共物品

现代经济理论中的公共物品理论对公共物品的内涵进行了全面概括。从广义上看，公共物品理论在广义上将物品（包含产品和服务）分为三类，即公共物品、私人物品以及介于两者之中的准公共物品。其中公共物品被界定为人们对一种产品或服务的消费和使用不会影响其他人对该产品或服务的消费和使用。也就意味着随着使用和消费公共物品人数的增加，其他消费者和使用者的消费和使用水平不会降低，在公共物品理论中，增加消费者和使用者数量的边际成本是零。由公共物品的概念界定可以总结出消费的非竞争性和非排他性是其具有的明显特征。如由国家提供的各类公共基础设施、国防军队和治安等服务产品就属于公共物品，这类产品或服务都是政府免费提供的，全民享有使用权益，增加居民数量也不会降低原居民享有服务的质量，且国家范围内的居民都会享受到。与公共物品截然不同的是私人物品，消费具有的竞争性和排他性是其突出特点，这里提到的消费的竞争性特点是指一个经济主体的消费会减少或阻止其他主体的消费。排他性是指这件物品对于非购买主体有排除、阻止他人使用或获得该商品利益的性质。私人物品有衣服、食物等。准公共物品介于两者之间，如养老服务业。养老服务业是公共福利事业，具有公共物品的属性，如国家增加对养老服务业的投入，老年人都会得到便利。但也具有私人物品的部分属性，如养老院的床位，某个床位被某位老年人占用了，其他人则不能使用。

3. 项目区位理论：准营利项目

项目区分理论根据利益获取的大小可分成三种：营利性项目、非营利性项目、准营利性项目。一是营利性项目，又称经营性项目，指将营利视为运行的目的之一，且在市场运行中有稳定收益的项目。二是非营利项目，指不以营利为主要目标，而主要体现福利性、公益性的项目，非营利性项目投资主体多为政府。三是准营利项目，指营利性项目带有福利属性，且盈利不多的项目，需要政府的补助或支持，如地铁、医院等，都是由政府和社会组织共同建设或管理的。养老服务属于准营利项目，除纯公办养老机构属于非营利性项目外，多数社会化养老服务机构是在政府支持下运作的、具有微薄利益回报的准营利性项目。

由此可以看出，养老服务是一种准公共物品和准营利项目。因为这种"准"的属性，再加上法律强调养老应由政府、子女、社会共同负责，所以推行社会化养老更符合社会、政府、家庭特别是老年人的实际需要。

二 以 PPP 模式推动社会化养老

（一）PPP 模式的内涵与社会化养老的关系

1. PPP 模式的基本内涵

PPP 模式直译是公共部门与私人的伙伴合作关系，即政府和社会资本合作。这一模式最初用于基础设施建设，目的是鼓励企业、社会资本参与基础设施建设。这种模式一方面可以补充政府资金不足或缩短政府资金投入周期，另一方面可以拓宽政府视角，避免单一主体建设违背或脱离社会的期望与需求，从而优化整体运行机制。1992 年，英国将 PPP 模式用于服务领域。此后，很多国家在不同领域中广泛采用 PPP 模式，其内涵、应用范围等也得到进一步创新完善。由于各个国家国情、社情、民情不一，PPP 模式没有形成统一的概念定义，但核心要点基本一致。

2. PPP 模式的分类

PPP 模式根据投资关系、运行方式、产权所属关系、投资期限等，可以分成五大类。一是外包类，指由政府投资购买公共设施或服务，如工程建设、经营管理服务等。外包类的特点是政府持有所有权，企业承担的风险较小。二是特许经营类，指政府给予企业特定的权利去建设和运营，这是两者"同甘共苦"的一种协议合作。其特点是政府掌握所有权，并可以根据项目运营情况补偿企业或是提取利益。三是租赁类，指政府与企业签订合同，企业负责建设设施，然后以出租的形式交由政府使用，全部分期付款完成后所有权归政府，其特点是有效化解政府资金不足的问题。四是售后回租，指政府将某设施卖给企业，再租回使用。其特点是政府回收前期投入资金，且不影响使用。五是私有化类，指政府将公共设施出售给企业，由企业负责管理运营，并向用户收费，政府负责监督。其特点是企业掌有所有权和经营权，承担较大风险。在公办养老机构改革的过程中，外包类、私有化类的PPP模式都比较常见。

民办民营　　民办公助　　公民合资　　公办民营　　公建民营　　公办公营

图2　养老机构与PPP模式

3. 以PPP模式推动社会养老

PPP模式的内涵与社会化养老的性质相契合。从参与主体来说，两者都包括政府、企业等。从目的来说，两者都是政府部门与企业、社会组织等协作，利用有限的资源尽可能地为更多人提供更好的服务。实际上，社会化养老服务在运行过程中，一定会涉及PPP模式，社会养老关键就是社会力量参与养老，而广义的PPP模式指的就是公私合作关系。因此，以PPP模式推动社会养老毋庸置疑。PPP模式的种类多样，且分支较多，但目前用于社会化养老的主要为外包类、私有化类，其他类型的PPP模式应用较少，可以加深探索。

（二）以PPP模式开展社会化养老的基础

1. 经济基础

我国的私营经济在党的十三大后得到复苏，但私营经济的蓬勃发展是与我国改革开放进程紧密相连的。随着市场经济的发展，非公有制经济的重要地位得到了进一步明确，十五大的召开，将非公有制经济作为我国社会主义市场经济的重要组成部分，为非公有制经济的发展提供了政策引导和发展空间。非公有制经济的快速发展为我国经济发展注入了新活力。2013年，非公有制经济占GDP比重超过60%，就业贡献超过80%。经过长期的累积，非公有制经济企业有了一定的资金基础，也有了一定的管理运行经验，因此，将非公有制企业引入养老服务业是双赢之举。一方面非公企业可以有效协助政府建设养老机构或提供管理服务，另一方面非公企业在与政府合作过程中也成功树立了品牌。由于非公企业具有明显的逐利性，参与养老这准营利项目时，还需以PPP模式推动。

2. 政策基础

近些年，国家为鼓励和支持社会资本进入养老服务业，制定和出台了一系列相关政策和意见，为养老服务的社会化发展提供了政策基础。2013年发布了《国务院关于加快发展养老服务业的若干意见》，为推动养老服务的社会化打下了政策基础，该意见指出要通过简政放权、创新体制机制、激发社会活力，充分发挥社会力量的主体作用，健全养老服务体系。该意见强调政府要简政放权，给社会资本更多空间。同年发布的《国务院关于促进健康服务业发展的若干意见》则提出："坚持政府引导、市场驱动，发挥市场在资源配置中的基础性作用，激发社会活力"，不断加强和突出市场的作用。为进一步支持和鼓励社会力量参与养老服务业的发展，2014年发布的《关于推进城镇养老服务设施建设工作的通知》中提出："进一步降低社会力量举办养老机构的门槛，支持社会力量举办养老机构"，鼓励社会力量建设养老机构。2016，国家进一步制定和出台了《国务院办公厅关于全面放开养老服务市场提升养老服务质量的若干意见》，提出通过引入市场力量，激发养老服务事业发展的活力，并推动公办养老机构改革。正因为有上述政策，推进社会化养老服务业才有了方向和方法，企业、社会组织才有了依据。大量的政策文件也说明国家对社会资本进入养老服务市场、对公立养老机构改革充满了期望。

3. 治理基础

在推进国家治理体系与治理能力现代化的背景下，政府突出治理思维，加快职能转变、简政放权，注重以市场运作取代行政管理，这对推进养老服务社会化有至关重要的影响。同时，在治理背景下，社会组织、团体、企业、单位以及个体居民，对社会公共事务、民生工作都更加关心，这些都是构建社会化养老服务体系的力量。另外，从城市治理角度看，特大城市如北京等为了治理"大城市病"、实现功能疏解，必须进行产业结构调整，低端

表1　近年关于养老政策一览

时间	政策文件
1996年发布,2009、2012、2015年修订	《中华人民共和国老年人权益保障法》
2013年6月28日	《养老机构设立许可办法》
2013年6月28日	《养老机构管理办法》
2013年9月6日	《国务院关于加快发展养老服务业的若干意见》
2013年9月28日	《国务院关于促进健康服务业发展的若干意见》
2014年5月28日	《关于推进城镇养老服务设施建设工作的通知》
2015年11月18日	《关于推进医疗卫生与养老服务相结合的指导意见》
2016年12月23日	《国务院办公厅关于全面放开养老服务市场提升养老服务质量的若干意见》
2017年1月23日	《关于加快推进养老服务业放管服改革的通知》
2017年2月28日	《"十三五"国家老龄事业发展和养老体系建设规划》
2017年6月16日	《关于制定和实施老年人照顾服务项目的意见》

产业势必会被疏解出去，而作为第三产业的养老服务产业则获得了更大更宽松的发展环境，这也符合首都新的城市功能定位。随着城市治理主体和治理格局的变化，作为城市治理重要组成部分的养老服务工作也面临着更多的新问题和新挑战，需要不断改革和创新，通过统筹政府、社会、市场、企业、组织、社区、居民等多元力量和多方资源汇聚治理合力，使整个大环境有利于社会化养老服务体系的构建。

三　解析什刹海以PPP模式推动社会化养老的实践

（一）什刹海以PPP模式推动社会养老的三种类型

1. 居家养老：全市率先实施居家养老配餐的发起地之一

一是完善配送餐服务网络，打牢居家养老服务基础。什刹海街道搭建了送餐服务网络，建立了"配送餐人员规范操作流程"，由配餐中心对饮食营养结构进行合理搭配，设置专人上门送餐，确保老人的食品安全和饮食健康。该送餐服务网络近年来，吸引了一批辖区优质餐饮企业的加盟。目前，什刹海地区每天享受居家养老送餐入户服务的老人达150余人,享受就餐服务的老人达1000余人,形成了送餐、取餐、就餐相结合,就餐形式多样,饭菜口味自选的服务模式。另外,什刹海街道将"一刻钟社区服务圈"与居家养老服务相结合。

二是强化居家养老入户巡视,实现为老服务零距离。为解决部分空巢老人和孤寡老人无人照看问题,什刹海街道成立了老年巡视服务队,积极开展老年人入户巡视服务。制定入户巡视标准:依据老人的身体健康、房屋水电安全等情况给予不同的关注。规范服务:巡视员入户后要观察老人身体状况,及时了解老人是否患有季节性常见病,还要做好相应的精神慰藉工作。帮助老人制订综合服务计划:根据每个老人不同的需求与特点,帮其合理安排政府购买的服务项目。

三是引入社会优质企业,打造便民蔬菜连锁店品牌工程。为加强地区"菜篮子"建设,满足居家老人对质量、价格、服务等多方面购菜需求,街道通过公开竞争谈判方式引入社会优质企业,实现蔬菜生产基地与便民蔬菜连锁店的有效对接和直管直营,建立了14家店,树立便民菜站的品牌和形象。

2. 社区养老:"万家养老示范工程"项目

通过中国社会福利基金会引入社会专业机构,共同策划并实施了"万家养老示范工程"项目,打造"政府托底保障,社会多元参与"的为老服务新模式。一是开展服务需求调研。为了解老人需求,实施精准服务,街道对4个社区的300余名老人展开需求问卷调查,了解老人对公益、生活、医疗健康等方面需求,同时对其中高龄、空巢、独居的197名老人开展健康检查,建立健康档案,确保老人出现健康问题时能及时提醒。二是整合社会资源,搭建便民服务平台。与金太阳(北京)居家养老服务有限公司合作,依托其强大的20多家支持企业力量及专业化团队,搭建了"万家公益进社区"公众服务号,服务项目包括家政、营养配餐、远程医疗、陪同就医、生活服务等。目前辖区已有200余位老人关注此公众号并获得服务。三是广泛开展社区公益活动。在结合老人需求调研成果的基础上,有针对性地开展了多项公益活动，如定期组织老年人健康讲座，每周开展公益微电影放映活动，开展社区趣味运动会，组织辖区老人开展京郊一日游活动，年服务老人达1800余人次。

3. 机构养老：华方养老照料中心、宁心园老年公寓

华方养老照料中心位于新街口大半截胡同，由北京华方养老投资有限公司和什刹海街道共同创办。该养老照料中心与品牌餐饮企业合作，为老年人提供高水准的配餐；与护国寺中医院合作，为老年人提供巡诊服务等。该机构也服务周边社区的老年人，为他们提供助餐、助洁、短期照料等多种服务。

宁心园老年公寓是西城区民政局下属养老机构，位于鼓楼西大街。该老年公寓与多家三甲医院建有合作关系，又有专业医师和护士24小时值班，可为老年人提供专业医疗护理；还与社会生活心理卫生咨询服务中心合作，关注老年人的心理健康；也提供日间照料、助餐等居家养老服务。

（二）从什刹海实践看以PPP模式推动社会养老的重点

1. 居家养老与社区养老、机构养老间的重要关系

居家养老是我国传统的养老方式，随着我国老龄化社会的发展和养老服务需求的发展，推动我国养老服务的社会化势在必行。推动我国养老服务的社会化发展离不开居家养老和社区养老的基础，《中华人民共和国老年人权益保障法》提出要构建"以居家为基础、社区为依托、机构为支撑的社会养老服务体系"，必须对三者有清晰的认识，并准确把握三者之间关系。这三者之间不是相互分割的，而是紧密联系的。居家养老即我国传统的家庭养老模式，是指以家庭为单位，让老年人在自己家中享受各种为老服务；社区养老的主要特点是以社区为平台，为社区内居住的老年人提供活动场所和养老服务，如社区成立的养老活动中心和养老驿站等，可为地区老年人提供多样化的便利服务。机构养老是指老年人离开家庭，生活在养老机构并接受专业化照料。从上文可以看出，居家养老并不代表完全由子女负责照料，社区、街道及机构也在其中发挥了巨大作用，比如为居家老人提供送餐服务。这实际上是依

托社区、街道或机构开展的服务。另外，养老机构也会与所在地街道、社区合作，提供给机构外的老年人一些护理服务、短期照料等。

2. 社区是统筹各类资源激发养老功能的平台

社区不仅是社会化养老服务的重要环节，也是统筹各类资源，激发养老、助老功能的平台。一是社区具有医疗服务资源，可以推进医养结合。社区卫生服务中心是社区实现医养结合的重要资源。社区卫生服务中心，从空间上看贴近老年人生活，从功能上看可以提供基础医疗护理、急救护理，从工作节奏上看又不像大型三甲医院那样忙碌，有基础、有能力、有时间与社区养老合作，实现医养结合。二是社区具有志愿服务资源，可以加强志愿助老。养老、助老是社区服务的重要一类，且社区有志愿服务队伍为支撑。社区外的志愿服务队伍进入社区为老年人服务，较难引起老年人的共鸣与认可，存在陌生感和不安感。但如果是本社区的志愿服务队伍，老年人会较为放心，且服务的质量、次数都能得到保证。三是社区具有文体活动资源，可以开展多层次的养老服务。养老不仅是维持老年人生活，还要维持老年人的生活品质。通过居家养老、社区养老，老年人不仅可以与子女共同生活，还可以享受社区各类文体活动，丰富老年生活。虽然养老机构也会有些节庆活动，但日常的文体活动并不多，从质量和频次上皆明显低于社区。

（三）从什刹海开展养老服务的实践看社会化养老服务存在问题

1. 社会化养老的管理体制与运行机制不灵活

一是缺少统一负责养老服务的主体部门。在基层，负责提供养服务的主体有街道民政科、老干部科、社区服务中心、原工作单位、养老机构，等等。基层养老服务呈"多龙治水"的交叉管理格局，各个主体职责任务偶有重叠，界限不清。由于养老服务主体过多，资源难以统筹，管理上也存在一定难度。二是缺少层级合理、分工明确的服务体系。虽然文件明确社会化养老"以居家为基础、社区为依托、机构为支撑"，但是，文件对居家、社区、机构的养老责任并未划分，对三者之间应如何相互配合、应形成何种机

115

制都未有说明。三是缺少片区养老服务规划。就什刹海地区来说，既有街道参与管理的养老机构，又有社区参与管理的养老机构，但是街道对如何更好地利用资源、协同发展缺少思考。由于养老服务供给不足，社会无暇顾及养老服务的规划与资源利用问题。缺少片区规划不利于社会化养老服务的发展。

2. 社会化养老的主要支撑创新力不强

一是养老服务业发展不够突出。《西城区"十三五"时期老龄事业发展规划》提出"养老服务业是促进西城区服务业发展新的增长点"。但是，就什刹海街道而言，养老机构、养老服务、养老产品的发展并不突出。二是"互联网＋"、大数据等新技术应用不够广泛，如养老服务信息管理平台主要是为老人提供服务信息、为政府提供决策参考等，或通过移动信息技术开展远程医疗等，在养老服务领域缺少新意。2030年，国内将迎来人工智能时代，应加快探索"互联网＋"、AI智能等新技术在养老服务方面的应用。三是社会组织志愿服务开展方式不够新颖。目前，社会组织、志愿服务队伍等多提供养老服务、养老产品等，比较传统。而一些国外社会组织、志愿服务队伍不仅提供服务，更会为养老服务制定一系列标准。

3. 社会化养老服务体系中的居家养老和社区养老作用发挥不明显

社会化养老服务体系是系统性和整体性的，其发展需要发挥家庭、社区和社会三者之间的合力，而不是弱此强彼。当前，社会化养老服务体系中存在着家庭和社区作用发挥不够充分的问题。一是社区适老化设施不足。公共地区、公共空间、公共设施在构建之初缺少为老服务的意识是普遍存在的问题，这一矛盾在社区集中体现：社区是老年人生活休闲的主要场所，也是老年人的"聚集区"，因此对适老化设施有较高需求。二是居家养老和社区养老服务种类单一。居家养老服务服务内容缺乏多样性，以基础的物品配送服务为主，在文化、教育、娱乐、医疗等方面提供的服务较少，难以满足老年人消费群体日益多元化的需求。三是居家、社区养老服务动力不强。居家、社区养老服务动力来源于社区管理的要求和志愿队伍，企业、群众等参与不足，多元参与格局尚未完全形成。

四　对社会化养老的几点思考

（一）理顺社会化养老服务体系

一是界定社会化养老各环节职能。理清居家、社区、机构养老的职能职责及其相互之间的关系。重点做好社区养老服务，提升机构养老的承载力与服务水平。同时，以街道为片区摸清老年人对居家养老、社区养老、机构养老的需求。二是构建社会化养老服务网络。以街道辖区为单位，参照、结合《西城区"十三五"时期老龄事业发展规划》所提出的养老设施区、街、居三级网络，打造集居家、社区、机构于一体的服务网络。这一网络并非是纵向的，而是横向的，三者之间互相搭配，将养老服务网络覆盖到每个老年人。三是打造社会化养老品牌。鼓励居家养老配送服务、社区日间照料服务、机构养老服务结成联盟，树立品牌，规模化发展，并加快开展行业自治，制订服务标准。

（二）探索社会化养老服务机制

一是资源整合机制。以街道为主、各社区配合，建立养老资源台账，包括医疗资源、文化资源、护理资源，等等。同时，街道党工委牵头定期举行街道片区的养老服务资源对接和业务交流的会议。二是创新发展机制。以街道为主，深入解读国家养老相关政策文件要求，咨询或聘请专家指导，加快探索新技术、落实新要求，积极开展先行先试。例如利用"互联网＋"技术，提升居家养老服务的水平、改善老年人消费方式等；或者进一步加强对医养结合的探索等。三是志愿服务机制。志愿服务是支撑养老这一准公共项目、准非营利项目的重要力量。可以基于"爱心超市""慈善银行"志愿服务模式，构建一种新的志愿服务方式，如将车位让出供错峰停车使用的业主可获得志愿服务队提供的一项帮助等。这样将使志愿服务更加社会化、更具有实用性和便利性。

（三）建设社会化养老服务社区

一是改造适老化设施。由各社区牵头，通过"社区议事厅"这一平台，讨论研究社区内部的适老化设施改造问题。在优待老人、改造基础公共设施的同时，也要考虑到年轻群体的需求。二是建立养老驿站。加快建设养老驿站，社区要根据地区老年人的需求与社区现状、资源情况等提出建设方案和意见，在按照标准化建设养老驿站的同时避免"千站一面"。三是构建养老社区。借鉴国外养老社区建设、管理、运行经验，打造智能化养老社区。在街道内选取一个老年人较多，居家养老、社区养老基础较好的社区作为试点，在改造硬件公共基础设施的同时，注重智能化养老设施、设备的植入，率先开展智能养老服务。

参考文献

《中华人民共和国老年人权益保障法》，2013年7月1日。

北京市人民政府办公厅：《北京市"十三五"时期老龄事业发展规划》2016年12月31日。

国务院办公厅：《"十三五"国家老龄事业发展和养老体系建设规划》，国发〔2017〕13号，2017年3月6日。

国务院办公厅：《国务院办公厅关于全面放开养老服务市场提升养老服务质量的若干意见》，国办发〔2016〕91号，2016年12月23日。

国务院办公厅：《国务院关于促进健康服务业发展的若干意见》，国发〔2013〕40号，2013年9月28。

国务院办公厅：《国务院关于加快发展养老服务业的若干意见》，国发〔2013〕35号，2013年9月6日。

民政部、国土资源部、财政部、住房城乡建设部：《关于推进城镇养老服务设施建设工作的通知》，民发〔2014〕116号，2015年1月12日。

杨亚萍：《商业保险参与构建多层次社会保障体系的新契机》，《西部财会》2017年第5期。

调研报告

Survey Reports

B.7 什刹海街道残疾人就业服务的调查研究

摘　要： 残疾人就业服务工作是民生工作的重要组成部分，直接关系其收入水平和生活幸福度，是衡量我国政府服务能力的重要因素。当前，我国市场化就业模式越来越成熟，就业结构已经发生了很大的变化，在社会中处于弱势地位的残疾人群体在就业方面面临着更多的挑战。什刹海街道的残疾人口较多，残疾人就业面临的困难多，情况复杂，工作推进难度大。本报告对什刹海街道开展残疾人就业服务工作的思路进行了梳理，对其实践经验和特色做法进行总结和提炼，最后就进一步做好残疾人的就业服务工作提出了自己的观点和建议。

关键词： 残疾人就业　一园四站　就业培训项目　专项救助

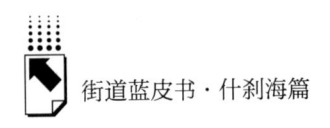

一 残疾人就业是民生工作的重点和难点

残疾人就业以职业训练为核心,包括职业评估、教育、培养、就业安置、咨询等各项工作环节,以帮助残疾人获得适当的职业适应能力和劳动就业能力为目标。残疾人群体在就业上原本就面临不同程度的障碍,加之社会就业形势严峻,对劳动者的要求不断提高,残疾人就业成为民生工作面临的重点和难点问题,因此,政府要高度重视解决好残疾人的就业问题,充分保障残疾人就业和生存的权利。

(一)残疾人就业服务工作是民生工作的重要内容

1. 残疾人就业服务工作的重要性

顺利走向社会并成功就业是残疾人获得独立的经济能力和健康的精神生活的重要标志。做好残疾人就业服务工作之所以非常重要,一方面是因为残疾人稳定就业可以保障他们的基本生存需求,有利于稳定民生,充分调动社会劳动力资源;另一方面可以帮助残疾人实现社会价值,获得社会地位和社会认可,有利于推动社会主义精神文明建设。根据马斯洛的需求层次理论,人们在满足衣食住行等基本生活需求层次后,其精神需求就会提升。残疾人群体有自己的生活理想和职业理想,而且残疾人由于身体和生理缺陷,往往比常人更需要安全感、尊重感和自尊心。因此,协助残疾人就业,不仅可以帮助残疾人改善生活状况,而且可以使其在劳动中实现自身的价值,提升社会地位。残疾人群体虽然不是社会的主流群体,但其就业情况和生活状况关乎我国小康社会建设的整体水平。残疾人作为社会的弱势群体在就业方面面临歧视和排挤,不利于我国劳动力市场的健康发展和社会劳动力的充分释放。残疾人群体是我国劳动力市场的重要资源,开发和利用好这个独特的资源,保护好他们的合法劳动权益,保障他们的劳动所得,是社会进步的重要体现。劳动是实现人的各项权利的基础和前提,就业是残疾人实现自身各项权利的基础。支持和推动残疾人就业,不仅可以为残疾人提供追求生存、生活与发展的空间,还可以激发社会正能量、凝聚社会群体爱心和同情心、维护社会公平与正义,对于构建社会主义和谐社会具有重要意义。

2. 残疾人就业服务工作面临的普遍问题及其原因

残疾人群体在就业方面面临一些普遍性的问题,主要有残疾人的文化水平普遍较低、劳动技能较为单一、就业结构单一、就业可替代性高、就业的稳定性较差等。造成残疾人就业困难的原因可以从残疾人自身、政府和社会三个方面来解释。从残疾人自身来说,残疾人的残疾部位和残疾程度限制了残疾人的工作能力,残疾人群体虽然可以通过康复训练提升自身的就业素质和就业能力,但客观条件仍然限制了残疾人的就业选择范围,使他们不能够充分发挥劳动才能和创造力。从劳动力市场来看,市场导向的就业机制本身就排斥残疾人就业,而且市场改革的深入和经济增长方式的转变,使福利性企业的数量大大减少,就业结构也从劳动密集型逐渐向技术和知识密集型转变,这使残疾人在就业上处于更为不利的地位。从社会环境来说,社会存在歧视残疾人的现象,没有形成关爱和鼓励残疾人就业的正确认识和社会氛围,残疾人在接受教育和培训、获取就业信息和就业机会方面面临不公平待遇。从政府角度来看,政府责任体系不完善,目前主要靠各级残联协调开展残疾人就业工作,这使得就业管理缺少行政权威。另外现行的政策、法规和残疾人就业保障体系不健全,政府在支持残疾人就业方面的资金投入有限等因素都制约着残疾人就业。

(二)什刹海街道残疾人就业服务工作的背景和思路

1. 什刹海街道残疾人就业服务工作的背景

什刹海街道残疾人群体的基本情况比较差。街道现有残疾人总数为3992人,占比超过西城区的10%。按照残疾类型进行分类,肢体残疾者共有1979人,占比最高,约达50%;视力残疾者有679人,占比为17%;精神残疾者有575人,占比为14%;智力残疾者有312人,占比为7%;听力残疾者和多重残疾者分别有228人和202人,两者占比皆在5%左右;言语残疾者有17人，占比最小，为0.4%。按残疾程度统计，重度残疾者有1713人，占残疾人总人数的42.9%。从什刹海街道残疾人的基本数据来看，什刹海街道的残疾人就业问题比较严峻，在解决残疾人就业问题过程中，街道需要紧密结合地区实际和特点，因地制宜探索符合街道特点的残疾人就业服务工作模式，提高具体措施的可操作性。

2. 什刹海街道开展残疾人就业服务工作的基本思路

为保障和发展好残疾人就业服务工作，国家颁布了《中共中央、国务院关于促进残疾人事业发展的意见》，意见肯定了重视和发展残疾人就业服务工作的重要意义，明确提出要在深入贯彻科学发展观的前提下，紧紧围绕全面建设小康社会的奋斗目标，解决残疾人最关心、最直接、最现实的利益问题。什刹海街道为促进残疾人事业与地区经济社会协调发展，坚持以残疾人需求为导向，认真贯彻《残疾人就业条例》，紧紧围绕区委、区政府的工作大局，结合地区实际，科学筹划，本着"管理、服务、反映"的工作原则，在残联的支持下，积极协调社区居委会为智力和稳定期精神残疾人提供和购买适合的社区公益劳动岗位，落实好残疾人就业补贴和就业保障金等服务工作，加强兜底保障；继续做好按比例安排残疾人就业优惠政策的宣传和按比例安排残疾人就业保障金的征缴宣传工作，提高残疾人就业比例；在按比例残疾人就业为主，多渠道、多形式就业方针的指导下，建立残疾人融合就业机制，鼓励和扶持残疾人自主创业、个体就业；按照"以竞赛促培训，以培训促就业"的工作思路，支持和培育社会组织参与，拓展残疾人就业培训项目。

二 什刹海街道残疾人就业服务的实践经验研究

什刹海街道结合地区实际情况，为切实解决地区残疾人就业问题不断努力探索，通过建立健全残疾人社会保障体系和服务体系，强化和完善残疾人就业工作的长效运行机制，鼓励和支持社会力量的广泛参与，大力整合促进残疾人就业的服务资源，为推动地区残疾人就业事业的发展提供了制度保障和资源支持,为残疾人就业服务工作的可持续发展模式做出了重要的实践探索。

(一)建立了完善的残疾人就业服务工作体系

1. 扎实做好残疾人就业的基础调研工作

什刹海街道十分重视地区残疾人就业的基础调研工作,通过深入基层,摸清底数,准确掌握地区残疾人的基本情况和就业状况,为服务好残疾人就业提供数据支撑和政策引导。2014年,街道完成北京市残疾人服务一卡通业务申请表填写和录入工作,并对全街道1867名就业年龄段内残疾人就业情况进行摸底调查,在此基础上为地区残疾人提供针对性的就业服务政策。街道为无业残疾人及时办理各项补贴手续,推行"阳光家园"计划补助金项目,为部分残疾人提供灵活就业保险补贴,为失业人员争取社区公益岗位,并积极推荐符合条件的残疾人参加就业招聘会及职业培训,落实政府购买残疾人就业服务工作。为实现残疾人基础服务的信息化和动态化管理,2015年街道完成全国残疾人基本服务状况和需求专项调查的残疾人基础信息核查工作(见表1),形成"一个平

表1 2015年什刹海街道助残政策落实情况

政策项目	落实情况	政策项目	落实情况	政策项目	落实情况
街道残疾人口数量统计	3912人次	办理各类残疾证	720余人次	办理发放残疾人一卡通	近3600张(证卡一致率已达92.3%)
残疾人护理实施申请	1399人次	特事特办困难残疾人补助申请	23人次	彩金智残障康复救助	5人次
发放扶贫助困补贴	515人次补贴款844560元	发放助残卡	428张补助款42800元	残疾学生及困难残疾家庭子女学费补助	14人次补助金48700元
残疾人机动轮椅车燃油补贴	331人次补助款86060元	两节、助残日、十一走访慰问残疾人	1021人次慰问款329800元	六一走访慰问地区残疾儿童	20人次慰问金4600元
发放智力、视力、肢体等类残疾人辅具	382件	完成无障碍改造入户评估	32户	完成残疾人基本服务需求专项调查问卷	3433张

台、一套系统、一卡通行"的服务模式。2016年街道残联与北京市社科院成立了联合课题组，启动了"什刹海街道残疾人就业培训服务和需求调查"课题，调研对象为什刹海街道就业年龄段的残疾人。街道通过联合专业机构进行调研，对地区残疾人就业相关的基本信息如就业性别、文化水平、残疾程度、就业比重、培训情况、意向就业岗位等有了比较全面的把握，为针对性地做好残疾人就业服务工作，有效保障残疾人的就业权益做好了准备（见表2）。

表2 什刹海街道残疾人就业培训服务和需求调查

有效问卷1377份			
基础情况	男性占比	男性肢体残疾占比	大专以上文化程度
	61.1%	50.3%	19%
就业情况	未就业人员占比	未就业人员中未接受过就业培训的人员占比	未就业人员与就业人员占比
	60.1%	91.8%	1.5∶1
残疾人有意向参与的主要培训项目	职业素质教育、计算机系统操作、手工制作、网店经营、按摩推拿、中西烹饪、家政服务		

2. 充分发挥残联在残疾人就业服务工作中的引领作用

残联作为枢纽型社会组织，在帮助和促进残疾人就业方面发挥着重要的引领作用，如街道残联可以有效整合地区的志愿服务资源，积极开展残疾人的就业康复、职业教育、劳动就业方面的培训工作，积极扶持和帮助残疾人平等参与社会生活，提高残疾人的生活水平。目前，我国残疾人就业服务工作主要靠各级残联协调推进，要充分发挥残联作为枢纽型社会组织在引导和服务残疾人就业工作中的积极作用。一方面残联要加强自身的组织建设，重视和加强残疾人就业管理工作；另一方面，街道残联要积极落实和推进与残疾人相关的支持性就业政策和辅助性就业政策，鼓励、培育、支持地区有能力、有条件、有资源的企事业单位、社会组织和培训机构参与进来，引导它们更好地服务残疾人的就业工作。什刹海街道残联积极尝试依托社会组织和服务机构的力量开展残疾人就业服务工作，如通过政府购买服务的方式与红丹丹教育文化交流中心、西城人工耳蜗培训学校等非政府组织建立联系，从视障、听力语言、运动智力发展等不同方向拓展服务项目，协助做好残疾人的就业康复工作，提高地区残疾人的就业率和就业质量。此外，为鼓励和调动更多社会力量参与服务残疾人就业的事业，残联积极推动街道与专业服务组织合作，推动地区残疾人就业服务工作不断上水平。如2016年9月13日，为期一年的"什刹海街道残疾人就业培训项目"正式启动，该项目是什刹海街道在西城区残疾人联合会的支持和引领下，委托北京国安社区服务促进中心开展的。

3. 立足"一园四站"服务基地，增强残疾人就业服务工作的系统性

残疾人就业工作是一项系统工程，它不仅包括残疾人就业安置工作，还包括康复就业、就业培训等其他就业保障工作，要推动残疾人就业服务各项工作的有效落实，保障残疾人就业比例，必须提供综合性的残疾人就业服务。温馨家园是社区开展残疾人工作的主要阵地，开展残疾人文体活动、康复就业等服务项目；职业康复站主要为地区劳动年龄段内的智力残疾人、稳定期精神残疾人提供简单劳动、技能训练、康复训练和托管养护等综合性、公益性服务；辅具服务站主要负责落实相关辅具服务政策，向残疾人和社区居民提供辅助器宣传服务和租借服务；康复站主要根据各项政策为地区残疾人提供康复服务，依靠社区卫生服务机构组织开展社区康复活动；法律援助站是借助司法局提供的公益律师资源，为残疾人提供法律咨询服务。

什刹海街道为避免陷入残疾人就业、失业、再就业的恶性循环，保证残疾人获得公平的就业机会，持续推进"一园四站"残疾人服务基地建设，不断增强残疾人就业服务工作的系统性（见表3）。什刹海街道有刘海和护国寺两处温馨家园，分别设有"融心"精神康复社区日间照料站和手拉手职业康复站。在进一步规范温馨家园、职康站管理工作的基础上，街道与社区服务中心开展合署办公，依托服务中心的丰富资源，做好残疾人顺利就业的保障工作，积极深化与第三方社会组织的合作，通过开展特色服务项目不断丰富地区残疾人就业服务工作的内容。如"融心"精神康复社区日间照料站，除了独立生活能力训练、社会适应能力训练、劳动能力训练、文体活

动等残疾人精神康复活动，还专门聘请职业老师、区精保所或街道卫生中心的精防医生来指导工作。

表3　什刹海街道一园四站服务基地简介

温馨家园	什刹海街道有刘海和护国寺两处温馨家园，使用面积为800平方米，为地区残疾人提供文体活动及康复服务场地。作为北京市第一批示范性温馨家园，这两处温馨家园每年代表北京市、西城区接待各种参观、访问、调研工作
职业康复站	职业康复站主要为地区劳动年龄段内的智力残疾人、稳定期精神残疾人提供的简单劳动、技能训练、康复训练和托管养护等综合性、公益性服务
辅具服务站	落实相关辅具服务政策，向社区居民宣传辅助器具的品种和功能，为残疾人和社区居民提供辅助器具租借服务。每年为社区残疾人和健全人提供辅具服务和辅助器具租借服务100多人次。向视力一、二级的残疾人发放盲人安全辅具包，并就辅具的使用方法进行了培训
康复站	开展康复工作宣传，依据各项政策为地区残疾人提供康复服务。依靠社区卫生服务机构开展家庭康复培训，组织开展社区康复活动。如，对视力残疾人进行定向行走训练；为重度肢体残疾家属开展功能康复知识和康复技能的训练；为智力残疾人，开展生活技能和社会交往能力的训练；组织精神稳定期残疾人社区康复活动，为他们提供走出家门、与新病友交流的机会，使他们能早日融入社会
法律援助站	由司法局推荐的公益律师每周在温馨家园坐班半天，接待残疾人法律咨询，为残疾人提供法律服务

（二）扎实推进残疾人就业保障工作

1.树立"大康复"理念，注重提升残疾人就业质量

残疾人就业不是简单的岗位安置，还面临入职前的就业康复问题。残疾人身体部位的缺陷往往给其心理和精神带来一定的冲击，残疾人康复工作不仅是身体和生存技能上的康复，还有精神和心态上的康复。残疾人就业的基本前提是具备基本健康的身心素质，要协助开展好残疾人就业康复工作，帮助残疾人顺利参与社会劳动和社会交际，让他们能够融入正常人的生活。康复工作是实现残疾人就业的重要保障，要树立"大康复"理

念，推行"康复+就业"的模式，扩大康复工作的覆盖面，拓展康复工作服务内容和形式，延长康复工作的时间，实现残疾人社区康复，综合提升残疾人的就业质量。

什刹海街道坚持贯彻"大康复"理念，进一步完善职康站的建设和管理制度，建立健全基础档案。街道通过合理调整布局，优化整合了原先分设两处的职康站；依托社区服务中心的丰富资源，打造了一流温馨家园，积极引入有能力的社会专业机构参与残疾人就业康复工作，推动街道残疾人康复就业工作踏上面向社会、面向市场、面向公众发展的快车道。接下来，什刹海街道将综合运用各类支持政策和激励措施，调动各类社会主体的积极性，吸引更广泛的关注、支持和参与，谋求残疾人康复就业工作更好更快发展，实现残健共融，共享社会发展成果。如在社区卫生服务中心及温馨家园的支持和配合下，街道开展的智障人员音乐治疗、精残人员居家康复和精残家属培训三项重点工作取得了显著的成效；街道残联还在精神卫生日来临之际与社区卫生中心、北大六院联合举办了抑郁症的防治讲座。在残疾人就业康复领域，什刹海街道秉持"大康复"理念，注重残疾人就业工作的系统性和联系性，降低残疾人群体就业反复的风险。按照这种理念来指导残疾人就业，将改善残疾人的身体状况、心理状况与提高其社交能力、就业技能和综合知识素养相结合，不但可以有效地增强其社会融合性，而且可以帮助残疾人进一步挖掘自身潜能，提升残疾人的就业信心，从而有力支持残疾人的就业服务工作。

2.制定和落实残疾人就业专项救助方案

什刹海街道在国务院《社会救助暂行办法》和《北京市西城区关于进一步加强社会综合救助工作的实施意见》等文件精神指导下，按照《首都民政事业改革发展纲要（2013~2015年）》中提出的"加快推进管理精细、城乡统一、'发展型'的社会救助体系建设"的工作要求，坚持"托底线、救急难、可持续"和"公开、公平、公正、及时"的原则，制定了《什刹海街道社会综合救助工作方案》，其中专门制定了关于困难群众的就业专项救助工作方案，主要通过强化基层就业服务平台建设，健全就业工作机制，整合就业资源，加大对"4050"群体、低保人员及残疾人等重点就业困难群体的帮扶力度，形成制度化、长效化、规范化的帮扶机制。

残疾人群体在社会就业中面临的竞争压力更大，需要政府有关部门给予更多的扶持和救助。什刹海街道依据《什刹海街道社会综合救助工作方案》，制定了专门服务于残疾人就业的专项救助方案，在推动残疾人就业服务工作的同时，建立和完善基础的残疾人兜底保障工作机制，将就业工作和保障工作两者并举，扎实推进残疾人就业相关救助政策。落实残疾人就业救助政策，保障救助工作取得实效，需要政府和社会发挥合力。政府要发挥带头作用，有效整合地区的残疾人就业救助资源，不断规范和创新残疾人就业救助模式，最终形成政府领导、民政部门牵头、其他相关部门协调配合、各类社会力量共同参与的残疾人就业救助工作新格局。如，通过上级拨付、政府投入、社会募集等方式为残疾人发放就业保障金和就业补贴，实现对残疾人的直接救助；通过政策扶持和税收优惠，鼓励吸纳残疾人就业的用人单位在精神和物质上给予残疾人更多的照顾和帮助。

（三）探索残疾人就业服务的创新模式

1. 坚持市场需求与残疾人就业需求相结合，实现残疾人灵活就业

在市场经济条件下，要做好残疾人就业工作就必然要遵循市场规律，提高残疾人就业工作的效率。推动残疾人的就业服务工作要坚持以市场需求为导向，同时充分结合地区残疾人实际就业需求情况，不断促进残疾人就业服务创新，实现残疾人灵活就业。什刹海街道在深入调研的基础上，根据残疾人的实际需求，提供多渠道、多形式的就业服务。街道始终以"四自"精神即"自尊、自信、自强、自立"为培养宗旨，以残疾人的就业需求为导向，有针对性地开展就业指导和帮扶工作，提高残疾人就业能力与劳动力市场需求的匹配度。

在推动地区残疾人就业服务工作方面，什刹海街道将市场需求与残疾人

就业需求相结合，采取多种举措着力提升残疾人群体的就业实力和综合素质，在改善残疾人的就业状况和提升其就业水平方面已经取得了良好的社会效益。街道帮助残疾人掌握一定的职业技能，了解国家就业政策和劳动法内容；坚持残疾人按比例就业，巩固政府购买岗位的残疾人就业方式；加强与专业社会机构合作，创新性地开展残疾人职业技能培训，提升残疾人培训项目的专业性、针对性和灵活性；在政策上鼓励和支持残疾人自主创业，不断创新地区残疾人的就业途径。什刹海街道的残疾人就业形势比较严峻，为全面改善地区残疾人的就业状况，街道结合地区发展优势和特点，深入挖掘残疾人就业的资源和机会。如什刹海地区旅游服务行业发展势头良好，街道就大力帮助残疾人参与地区旅游服务行业及周边行业，开展相关行业培训、宣传和教育工作。

2. 依托第三方机构，打造特色职业培训项目

残疾人就业培训是残疾人就业服务工作的核心环节，面对当前严峻的就业形势，提高残疾人就业培训质量，使残疾人具备过硬的就业素质和技能，是推动残疾人就业服务工作扎实落地的重要保障。政府在开展残疾人职业培训方面缺乏专业性和市场针对性，在政府资源和能力有限的背景下，为了改善残疾人的就业环境，提高残疾人的就业水平，需要积极引入适宜的社会第三方机构参与和开展残疾人职业培训工作。政府引入社会第三方机构的力量，不仅可以充分利用社会专业机构的服务资源，还可以依托这些机构提高残疾人的就业能力，打造特色职业培训项目，拓宽残疾人就业渠道。2016年什刹海街道在残联的支持下，推出了"什刹海街道残疾人就业培训项目"，该项目属于政府购买服务项目，中标单位为北京国安社区服务促进中心。政府为该残疾人就业培训项目注入20万元资金，在为期一年的项目运行过程中，国安社区为本地区100名残疾人士提供多元化的职业教育培训课程，如烹调、家政服务、计算机、网店经营等适合残疾人群体的热门就业项目。国安社区为具有创业意愿的残疾人提供专业的创业指导课程，还特别实施了就业跟踪服务。这是什刹海街道依靠社会专业组织的力量打造的针对地区残疾人的特色职业培训项目，取得了积极的效果。

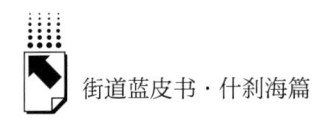

三 什刹海街道残疾人就业服务工作带来的启示

什刹海地区残疾人就业的整体情况较差，面临的问题和挑战也比较多，街道为改善地区残疾人的生活水平，提升残疾人群体的幸福感，在推动地区残疾人就业服务工作方面进行了深入的探索和实践，因此，对什刹海地区就业服务工作的成功经验和特色做法进行研究和总结，可以为其他地方的残疾人就业服务工作提供有益借鉴。

（一）推动残疾人就业服务理念的创新发展

1. 创新残疾人就业服务理念，实现残疾人就业服务工作的可持续发展

残疾人就业工作是一项系统工程，要保障残疾人就业工作的各项措施能够取得良好的实施效果，就要树立可持续发展的理念，不断探索创新工作方法和工作内容，找到推动和支撑残疾人就业工作持续有效发展的动力机制，从根本上解决残疾人就业困难。一方面要加强对残疾人就业工作的统筹规划和科学管理，摒弃唯数字论成绩的工作思想，积极转变传统的粗放式就业安置方式和福利性就业安置方式，结合当时当地的具体情况，提供适合什刹海街道残疾人群体就业特点的就业服务，将综合服务和个性化服务相结合，研究和推广能够提高残疾人群体综合就业素质和竞争力的精准扶持方案，提高辖区残疾人就业质量。另一方面，不同地区要结合发展实际，综合考虑就业市场的发展需求与残疾人自身就业需求的匹配度，真正把残疾人群体的切身利益作为推动残疾人就业工作的出发点和立足点，不断推动残疾人就业工作的可持续发展。

2. 牢固树立政府领导、社会力量广泛参与的残疾人就业服务理念

随着就业环境的变化和残疾人需求的变化，以往单纯依靠政府购买岗位的安置方式和依靠就业补贴的方式难以满足当前残疾人群体的就业需求，而且也不适应当前的市场就业形势。解决残疾人就业面临的各种困难和问题，离不开开放多元的社会化资源和力量。政府要牢固树立政府领导下的社会多

元主体力量共同参与残疾人就业服务的理念,通过政府购买和 PPP 等模式引入社会参与力量弥补自身在资源和专业方面的不足,为各种社会资源提供参与社会公共服务的机会,拓展残疾人就业服务工作的发展空间;积极动员社会力量参与,培养和发展出一批服务残疾人就业的优秀社会组织和专业社会机构,此举不仅可以优化整合服务残疾人就业的各类资源,而且可以扩大的社会影响力和宣传效果,让社会更多地关注和支持残疾人的就业工作。要在全社会形成政府主导、社会参与、统筹兼顾、分类指导的残疾人就业服务总体理念,进一步加强社会动员,优化资源整合,实现残疾人就业服务工作的全面发展。

(二)推动残疾人就业服务工作不断创新

1. 搭建社会组织参与平台,拓宽残疾人就业渠道

残疾人的就业情况直接关系其生活水平。当前,我国处于改革和转型的关键时期,残疾人就业服务工作也面临着许多新情况和新挑战,政府要不断解放思想,改变传统的政府作为单一主体的工作模式,要积极引导和鼓励社会力量参与残疾人就业服务工作,不断激发社会活力,拓宽残疾人的就业渠道。随着越来越多的社会组织有能力有意愿为残疾人就业服务工作做贡献,各级政府和有关部门要积极培育和扶持一批有能力、有资质的社会组织和机构为残疾人提供多样化的就业服务项目,主动为社会组织参与搭建平台,创造机会,为它们发挥作用提供广阔的空间。如什刹海通过政府购买方式或联合筹建方式引入社会第三方专业机构参与项目合作,以及依托社区服务中心的资源和温馨家园平台等做法都可以借鉴。

2. 采取项目制管理的方式,推动残疾人就业服务项目的创新

项目制管理的方式是整合资源、创新内容和手段的有效方式,它通过竞争的方式优化资源配置,并确立明确的责任机制。这种管理方式包括项目的申请、审核、执行、评估、反馈等一系列具体环节,可以有效地保证工作的效率和效果。在残疾人就业服务工作中采取项目制管理的方式,不仅可以充分发挥社会资源在支援和协助残疾人就业工作中的积极作用,提高残疾人就业服务项目的专业性和针对性,还可以创新残疾人职业培训项目的形式和内

容，使就业服务更加贴近和符合残疾人就业的实际需求，拓宽残疾人就业渠道。什刹海街道在项目制管理方面取得了显著的成效，在残联的支持下，街道委托北京国安社区服务促进中心开展残疾人就业培训项目，如采用线上、线下授课方式，提供烹调、家政、计算机、网店经营等多样化的职业培训和创业指导项目，通过创新残疾人就业服务项目推动地区残疾人就业服务工作的持续开展。

（三）进一步完善残疾人就业服务的各项保障工作

1. 建立健全残疾人就业服务信息系统，营造有利于残疾人就业的公平社会环境

在互联网科技高速发展的今天，信息资源是社会发展的宝贵资源。残疾人就业服务工作离不开基本的信息建设和保障工作，要建立健全残疾人就业服务信息系统。当前残疾人就业信息方面的数据更新滞后，信息流动渠道狭窄，不能有效地覆盖辖区残疾人的整体需求面。街道要加强和重视针对残疾人的基础信息统计工作，深入基层了解残疾人群体的真实就业数据状况和就业需求状况，从而提供就业信息。残疾人就业服务机构要在政府和劳动保障部门的指导下依法依规为残疾人提供专门的职业技能鉴定服务，搭建信息化服务综合平台，为残疾人提供相关的就业服务信息、职业培训信息等，并为残疾人自主择业和用人单位安排残疾人就业提供必要的信息帮助和支持。什刹海街道通过建立健全残疾人就业服务信息系统，实现对辖区残疾人基本数据的掌握，为改进完善残疾人就业服务提供数据支持。

2. 打造一批优秀专业的残疾人就业服务机构和队伍，提高地区残疾人群体的就业比重

落实残疾人就业服务的各项政策和工作举措要依靠从事残疾人就业服务的工作人员，工作人员的工作能力和个人素质直接关系着工作质量和效果。残疾人就业服务机构和队伍承担着帮助和辅助残疾人就业、服务残疾人的重要职责，残疾人就业服务机构和队伍的工作水平对残疾人事业的发展起着至关重要的作用。政府要对残疾人就业机构和队伍的资质、能力进行评定，建

立一套完善的监督和评价标准体系；针对残疾人反映的重点、难点问题，开展深入调研，提出合理的解决办法，打造一支全心全意为残疾人服务的专业化和职业化队伍。就业机构要加强与社区的联系，联合社区开展残疾人就业服务，推动就业服务进社区，拓宽残疾人就业服务的覆盖面，丰富服务项目，努力打造融康复、培训、文娱活动于一体的综合服务体系。什刹海街道积极引入的西城区悦群社工事务所和朝阳区立德社工事务所都是资质较高和口碑较好的专业性服务机构，街道联合或依托这些机构开展了一系列有利于残疾人实现就业的康复活动和培训活动，助力当地残疾人就业。

3. 大力开展残疾人就业的宣传教育工作，培养正确的残疾人就业意识

《中共中央、国务院关于促进残疾人事业发展的意见》明确提出了"深入贯彻科学发展观，紧紧围绕全面建设小康社会奋斗目标，着眼于解决残疾人最关心、最直接、最现实的利益问题"的重要论述。残疾人就业需要政府和社会的帮扶，在社会主义物质文明和精神文明的建设过程中，只有解决好残疾人就业问题，才能促进社会和谐进步。因此，要在全社会大力开展残疾人就业的宣传和教育工作，帮助残疾人树立正确的就业意识和就业信心，让他们有机会发挥自己的创造力，能够参与社会主义建设的宏伟事业。要积极引导全社会树立正确的残疾观，消除人们对残疾人的偏见和排斥，使人们认识到残疾人就业中的不平等和问题，呼吁社会给予残疾人更多的关怀和关注，为残疾人就业提供更加宽松的社会环境。

参考文献

杜宇：《让残疾人享受生活的美好——访广西壮族自治区政府副主席、区残工委主任陈章良》，《中国残疾人》2010年第6期。

任孟山：《促进残疾人事业发展的重大战略部署》，《华夏时报》2008年第4期。

石晓玉：《论残疾人就业存在的问题及对策》，《工会论坛》2008年第2期。

西城区人民政府什刹海街道办事处：《什刹海街道社会综合救助工作方案》，西什办发〔2014〕16号。

B.8
什刹海街道以"互联网+"提升社会治理能力的调研报告

摘　要： 互联网时代，人们的生产方式、生活方式和思维方式都与信息技术紧密联系，以大数据和云计算为代表的新一代信息技术已经成为推动社会发展进步的重要力量。以"互联网+"创新社会治理模式，提升社会治理能力，已经成为各级政府面临的重要任务和课题。什刹海街道高度重视互联网在社会治理方面的运用，围绕推进全响应网格化社会服务管理工作，贯彻和落实"统筹集约、条专块统、突出特色"的街道社区信息化建设理念，大力支持和推动"互联网+"与地区社会治理的融合发展，有效地整合了信息资源，扩展了服务渠道，在以"互联网+"提升社会治理能力方面积累了宝贵经验，取得了积极成果。本报告通过对什刹海街道以"互联网+"创新社会治理实践进行梳理，总结其成功经验和做法，剖析其存在的问题并提出改善建议，可为进一步提升街道社会治理水平提供借鉴和参考。

关键词： 互联网+　社会治理能力　基层治理　全响应指挥调度系统

随着信息化的发展，移动互联网、云计算、大数据、物联网等先进技术的广泛应用已经越来越成为我国经济发展和产业转型的新动力，"互联网+"概念也就应运而生。2015年的政府工作报告中，李克强总理提出制定中国"互联网+"行动计划，即通过信息化与现代产业的融合发展，推动中国经济迈上中高端，实现跨越式发展。"互联网+"概念是对互联网概念的升级，更加强调融合发展的理念，其本质是通过创新实现效能最大化。将"互联网+"概念引入社会治理领域，就是用先进的互联网技术和互联网思维去变革传统的社会治理格局，改变传统的社会治理方式，破除那些不适应当前社会发展和人民需求的体制机制障碍，实现资源优化重组，全面提升社会治理水平。

一 关于什刹海街道以"互联网+"提升社会治理能力的调研背景和目的

在"互联网+"时代背景下，什刹海街道根据国家治理体系和治理能力的现代化的要求，结合地区发展实际，以"互联网+"提升社会治理能力，深入推动地区社会治理的信息化建设。什刹海街道在以"互联网+"提升社会治理能力领域积极探索和实践，取得了阶段性的成果，有效地改善了地区社会服务况状，提升了地区社会治理水平，为基层社会治理体系和治理能力的现代化做出了贡献并提供了有价值的研究案例。

（一）关于什刹海街道以"互联网+"提升社会治理能力的调研背景

1. 以"互联网+"提升社会治理能力是时代发展的必然要求

在"互联网+"时代，信息得到充分流动，资源得到广泛分享，其信息化和数字化特征在推动社会发展的同时，也给社会治理带来了新的挑战。面对新时期的新情况和新问题，各级政府要主动转变思维，顺应时代发展潮流，积极抓住和利用"互联网+"时代孕育的改革创新机遇，努力提升社会治理能力和水平。随着互联网技术的深入发展，以大数据和云计算等为代表的新技术在社会治理方面得到了广泛应用，政府社会治理的信息化水平和对数据资源的把握程度直接反映了政府的管理水平和服务效能。2015年国务院颁布了《关于促进云计算创新发展培育信息产业新业态的意见》，其中提出到2017年我国云计算要在探索电子政务新模式方面取得积极成效。以"互联网+"提升社会治理能力，促进政府发展转型，提高政府办事效率，提升群众对政府的满意度，为政府创新社会治理模式注入了新活力（见表1）。政府要深刻地认识和把握以"互联网+"提升社会治理能力的核心内涵,其不是简单的技术变革和创新,也不是政府管理和公共服务的电子化和虚拟化,而是思想和方法的创新,强调通过有效运用现代信息技术对政府的组织结构进行重塑,对政府的业务流程进行优化,最终不断提高政府的社会治理能力。

表1 传统社会治理模式和互联网+社会治理模式的比较

对比要素	传统政府治理模式	"互联网+"社会治理模式
社会治理主体	政府单一主体	政府主导下的多元主体
社会治理理念	被动管理为主	主动服务意识
社会治理方式	条块分割、专群分割、社群分割	闭环式监督流程,无缝隙的社会治理新模式,扁平化模式
社会治理工具	政策引导、程序管理	互联网信息平台、大数据、云计算
社会治理性质	定性管理	定量管理
信息利用情况	信息孤岛、信息垄断	信息共享与联通

2.以"互联网+"提升社会治理能力符合什刹海街道的发展要求

以"互联网+"提升社会治理能力符合什刹海街道的发展要求。首都"四个中心"建设的战略目标和努力建成国际一流和谐宜居之都的愿景对首都各地区的社会治理提出了更高的要求。什刹海街道作为首都的核心功能区,在推动和实现社会治理体系和治理能力现代化方面要坚持首善标准,积极做出表率。为了在"互联网+"时代大幅提升社会治理能力,推动地区治理转型,提升地区发展品质,什刹海街道高度重视社会治理的信息化建设工作,把信息化建设作为社会治理能力创新的重要途径和手段。什刹海街道"四区合一"的特点,决定了其社会治理问题的复杂性。历史文化街区、居住区、风景区、商业区的结合给地区治理带来了巨大挑战,而互联网技术的应用和信息化建设的发展可以有效地整合街区管理资源,提升办事效率。促进"互联网+"模式与社会治理融合发展,符合什刹海街道的情况的特点。什刹海街道在区委、区政府的领导下,在区科信委、区社工委的大力支持下,积极利用"互联网+"时代的技术和资源优势,立足街区发展特点,坚持群众需求导向,不断加快信息化建设步伐,围绕着推进全响应网格化社会服务管理工作，努力提升辖区的管理和服务品质，加强地区社会治理能力的建设，从而推动地区可持续发展。

（二）关于什刹海街道以"互联网+"提升社会治理能力的调研目的

在"互联网+"时代背景下，什刹海街道十分重视加强地区社会治理能力建设，街道不断强化现代信息技术在提升地区社会治理能力中的重要功能价值，通过深入开展信息化建设，全面落实全响应网格化社会服务管理工作，大力推进地区信息化建设特色项目，在提升社会治理能力方面取得了阶段性的经验和成果，具有重要的调研价值和研究意义。本课题组围绕什刹海街道以"互联网+"提升社会治理能力的实践工作展开调研，对其通过"互联网+"模式推动信息化建设与地区社会治理融合发展的具体实践进行详细考察，对其成功做法进行系统总结，对其工作实践中存在的问题进行分类分析，并就这些问题提出有针对性的改进建议或解决方案，最后形成一份完整的调研报告，为什刹海街道进一步推动下一步的工作提供有益参考，同时也为其他地区以"互联网+"提升社会治理能力的实践提供具体研究案例。

二　什刹海街道以"互联网+"提升社会治理能力的工作思路与实践创新

"互联网+"时代带来了社会治理方式的变革，我们进入了一个技术、信息、数据与个人、社会、政府紧密融合发展的社会治理新时代。为加快地区资源整合速度，推动社会治理体制机制创新，使地区社会治理朝着更加有序、科学、高效、开放、可持续的方向发展，什刹海街道主动融入"互联网+"的时代大潮，在统筹考虑地区社会治理需求的基础上，确立了"统筹集约、条专块统、突出特色"的建设思路，依托市、区现有的信息化共享平台资源，结合地区特色需求项目，在实现地区决策科学化、管理精细化、服务智慧化，切实提升地区社会治理能力等方面做了很多创新探索和实践（见表2）。

表2　什刹海街道以"互联网+"提升社会治理能力的框架体系

建设思路	统筹集约、条专块统、突出特色
依托和基础	市、区信息化现有共享平台资源和数据中心
指挥中枢	全响应指挥调度系统
以地区特色需求开发的应用项目	安全生产经营单位监督和隐患自查系统、什刹海街道社区资源共享服务平台、家福—服务零距离管理系统、以社会化服务为支撑的居家养老服务体系、景区智能应急疏散系统、网上三维公共服务大厅
实施效果	改进街区社会治理方式,提升街区社会治理能力 实现科学化决策、精细化管理、智慧化服务

（一）什刹海街道以"互联网+"提升社会治理能力的工作思路

1.以"互联网+"提升社会治理能力,需要"统筹集约"的建设思路

以"互联网+"提升社会治理能力主要体现在地区社会治理的信息化建设方面。当前我国基层社会治理的信息化建设水平还处在初级阶段,在"互联网+"时代背景下,要加强和提高基层街道社区的社会治理能力,离不开政府的统筹规划和科学指引。

什刹海街道确立了统筹集约的工作思路,从而保障街道社区的信息化建设工作统筹推进,高效集约发展。以"互联网+"提升社会治理能力的重要基础就是先进的信息化建设水平,街道在通盘考虑辖区整体管理需求的前提下对工作进行了总体统筹和布局。针对地区街道社区社会治理信息化建设程度还不够高,信息化基础设施还不够完善的情况,一方面借助和依托市、区更高层次的共享平台和资源,以区域资源的共联共享实现集约发展；另一方面围绕全响应网格化社会服务管理工作,建设了以数据中心为基础,以全响应指挥调度系统为指挥中枢的统一的网络平台建设框架体系（见表2）。为保证以"互联网+"提升社会治理能力的各项建设工作的顺利有序开展,什刹海街道在建设初期就对总体工作进行了科学部署,明确了信息化建设的正确方向,既紧密地结合了地区发展实际情况,又统筹了地区各类管理和服务力量。在互联网信息技术的辅助下,实现各类资源的合理配置和优化布

局，可以提高政府部门的工作效率。

2. 以"互联网＋"提升社会治理能力，需要"条专块统"的建设思路

在互联网技术发展日新月异的现代社会，手机等移动网络终端在基层群众中的普及率和覆盖率极高，这使得信息的传播渠道和群众的发声渠道得到了拓展，但也对政府的社会治理能力提出了巨大的挑战，如对"两新组织"的管理能力和对群体性事件的应急和反应能力。这些都需要政府不断适应互联网时代的社会发展特点，主动把握机遇，积极融入"互联网＋"的时代潮流，充分挖掘和发挥"条专块统"工作思路的优势，利用政府现有各层级部门所掌握的信息资源和系统平台，吸纳多元社会力量参与，为政府的社会治理注入新活力。

什刹海借助现代化信息技术，加强了政府各职能部门之间的协调和配合，使它们在履行好自身专业管理职责的同时，更加重视和关注街道社区的基层管理和服务工作，对街道办事处管辖的地区性、社会性、群众性工作给予更多指导和协助，在服务社区发展方面形成合力，提高政府对基层社会的管理效能，提升群众对政府工作的满意度，实现政府管理和服务工作在基层社会的全落实和全覆盖。想要更好地实现条块结合，共同致力于以"互联网＋"提升地区社会治理能力，最关键的是建立起一个统一的数据环境和使用标准。街道应依托市、区信息化管理和服务平台和资源，加快完善地区信息化管理和服务平台，提高区域性资源的使用效率，降低社区工作的重复率，利用互联网等信息技术采集、汇总信息和数据资源，提升信息化与社会治理的融合度，使政府的管理和服务工作在基层实现全覆盖。

3. 以"互联网＋"提升社会治理能力，需要"突出特色"的建设思路

以"互联网＋"提升社会治理并不是简单地实现社会治理流程的电子化和社会管理基础设施的科技化。虽然硬件方面的互联网化在一定程度上反映了政府的现代化水平，但要真正提升政府的社会治理能力需要在管理和应用上下功夫。

什刹海街道立足地区实际情况，因地制宜，在以"互联网＋"提升社会治理能力的工作推进过程中，贯穿了"突出特色"的建设思路，在加强地区信息化基础设施、工作流程、工作手段的互联网化和电子化的同时，还

通过建设一些地区重点业务系统，搭建了符合地区需求特色的系统性的信息化建设框架体系，推出了一些地区特色的信息化建设项目。如建立了信息门户、安全生产平台、社会资源共享服务平台、家福—服务零距离管理系统、绩效督查管理系统、网上三维公共服务大厅等多个业务系统，将街道社区的各项基础性工作通过互联网技术和手段落到实处。什刹海街道结合这些特色需求项目，加快了互联网技术与地区社会治理的深度融合，紧密地结合了地区全响应网格化社会服务管理工作，有效地对接了地区社会发展需要和人民群众的生活需求，大大提升了基层群众的获得感和幸福感。

（二）什刹海街道以"互联网+"提升社会治理能力的实践与创新

1. 围绕全响应网格化社会服务管理工作，不断提高"互联网+"社会治理的应用水平

要提高"互联网+"社会治理的应用水平，就需要推动其在基层发挥作用，基层有其广泛应用的巨大空间。全响应网格化社会服务管理工作体系是把社会治理各项工作落实到基层的有效路径，什刹海街道围绕全响应网格化社会服务管理工作，不断提升地区"互联网+"社会治理的应用水平，为实现地区科学决策、精准管理和品质服务提供有效渠道和方法。

在硬件设备上，街道不断完善全响应指挥中心建设，配齐和更新地区图像监控设备、区街社区视频会议设备、景区应急广播设备、景区人群预警系统等，以硬件系统的完备化来确保指挥分中心服务于街道的指挥调度作用正常发挥。街道还进一步为机关干部和网格员配备移动终端配备，以不断提升网格治理工作的精细化水平，不断强化网格服务的覆盖能力；进一步完善了全响应平台模块的建设，建立了绩效督查管理系统；完成街道协同平台和社区平台的搭建工作，推进了街道3D服务大厅建设；结合地区街巷、胡同多的特点，制作了摄像头点位的平面地图。街道全响应办公室还力推非紧急救助系统和全响应指挥调度系统两网联动，全力推动"数字什刹海"社会服务管理平台建设，不断推进社会服务管理工作模式的信息化建设。

在软件方面，街道注重系统的改进和创新，开发建设了安全生产经营单位监督和隐患自查系统、安全生产业务数据库。为了加强基层工作人员应用指挥调度系统的意识和能力，街道还专门制定了考核奖惩办法，开展了相关的培训项目。为进一步促进政务公开，街道按照国务院政府网站的要求，制定了《什刹海街道互联网门户网站管理办法》；深入街道相关业务科室进行调研，推动"区街居"办事服务平台业务系统在街道和社区的广泛应用。

2. 以信息化建设特色项目为抓手，促进"互联网+"社会治理与地区发展相融合

什刹海街道结合辖区需求和特点，由区进行试点建设或由街道自行申请经费建设开发信息化建设特色项目，以这些项目为抓手，促进"互联网+"社会治理与地区发展的不断融合。在地区全响应办的领导下，街道陆续开展了全响应指挥调度系统、数据中心、三维公共服务大厅、公共服务大厅办事服务系统、社会资源整合服务平台、安全生产经营单位监督和隐患自查系统、智慧社区项目、督查考核信息系统和街道内部即时通信系统等9个系统项目的建设。这些系统的建成和使用，进一步提高了街道各方面工作的数字化办公水平，提高了工作效率，方便了群众生活，有效落实了街道全响应工作。这些项目紧密对接地区居民的生活需求，如街道针对地区养老服务工作，开发建设了家福—服务零距离管理系统，从地区老年人的实际需求出发，依托社区、养老服务机构和服务队伍，为老年人提供方便、快捷、高质量、人性化的养老服务；针对什刹海开放式景区带来的安全隐患，开发建设了景区智能应急疏散系统，实时监控景区的人流量和车流量，有效管控景区安全风险。街道还建设了网上三维公共服务大厅，在网上提供场景式向导服务，为居民提供便利化的自助服务，提高办公效率；在政务办公方面开发了什刹海街道绩效督查管理系统，加强了对政务办公各项流程的监管和考核，有效地提升了政府工作管理水平。什刹海街道立足街区发展特点，通过这些与地区实际需求相匹配的信息化建设特色项目，不断将互联网信息技术的优势应用到基层社会治理中，让其在推动社会治理模式创新方面发挥积极作用，全面提升地区社会治理水平。

表3 什刹海街道围绕特色需求开发的部分信息化项目

信息化特色需求项目	运作思路	应用效果
什刹海街道社区资源共享服务平台	将区域内各类企事业单位、社会组织乃至个人的服务资源、服务信息整合,打造为市民和法人提供资源发布、申请、使用、反馈、监督、考核的一站式平台	创新了区域资源开发利用格局,实现区域社会资源的合理配置和充分利用,引入多方力量,更多、更好、更智能地服务驻区居民和企事业单位
家福—服务零距离管理系统	系统功能包括:对老年人健康状况的在线监控、入户巡视、家政服务、健身娱乐、配送服务、医疗服务、家庭安保、档案查询、信息公告、系统分析等	提供方便、快捷、高质量、人性化的服务,整合社会资源,共同营造老年人居家养老服务的社会环境,实现服务零距离
景区智能应急疏散系统	能够通过视频分析,实时监控景区的人流量和车流量,在达到预警值时启动安全预案	有效管控景区安全风险,防范因大人流造成的安全事故发生
网上三维公共服务大厅	在网上提供场景式向导服务,居民在来办事前,可以通过访问网上大厅充分了解所办事项的受理窗口、具体办事流程及所需提交的材料等信息	实现了街道工作的电子化、信息化,全面提高办公效率,让居民少跑路,树立了良好的政府服务形象
什刹海街道绩效督查管理系统	用于对街道各项工作任务自发起、下达、跟踪落实到办理反馈的全过程管理,确保任务按时保质完成的同时进行相应的绩效考核	增强了各科室之间工作的协调性和衔接性,提高了街道各方面事务的执行力,促进各部门更积极主动地完成任务,有效地改进了工作的管理水平

3. 打造供需对接平台,发挥"互联网+"社会治理对社会服务的优化功能

在互联网技术得到普遍应用的社会,人们获取信息和资源的渠道更加便捷,各类社会群体的思想观念和利益需求发生了很大的变化。而传统的社会治理模式要想继续发挥效能,就要跟上时代发展的步伐,为适应这些新变化进行必要的调整,特别是要重视和运用"互联网+"提升社会治理能力,搭建各类社会服务平台,有效对接资源和需求,让更多的社会资源流动起来,参与到社会治理中来。

什刹海街道积极利用网络信息技术,打造服务社区居民的有效平台,将辖区内的各类企事业单位、社会组织乃至个人的服务资源、服务信息进行整

合，充分调动社会力量参与社会治理的积极性，以多元化的参与主体提供多元化的服务，以多元化的服务满足多元化的需求，使公共服务朝着更加精细化、更加全面化、更加智能化的方向发展。街道专门开发建设了什刹海街道社区资源共享服务平台，打造为市民和法人提供资源发布、申请、使用、反馈、监督、考核多种服务的一站式平台。街道以社区居民需求为导向，不断创新区域资源的开发利用格局，创建了"社区生活服务中心＋便利终端＋社区电子商务"相结合的服务模式，加快了生活服务类电子商务进社区的步伐。为了使街道与社区之间实现更好的沟通与交流，什刹海街道还不断完善街道协同平台的建设，为街道的25个社区注册协同平台登录账户，完成了街道和社区平台的搭建工作，此举方便了社区民众查看公共信息，促进了政务公开。什刹海街道利用互联网技术打造供需对接平台，为各类社会主体参与社会治理，提供社会服务渠道，促进了公共信息、公共资源乃至私人闲置资源的优化配置和实时共享，最大限度地发挥了资源价值，满足了居民日益多元化的社会服务需求。

三 什刹海街道以"互联网＋"提升社会治理能力工作面临的问题与挑战

什刹海街道在以"互联网＋"提升社会治理能力建设工作方面进行了广泛而深入的实践，并且已经取得了阶段性的成果。但"互联网＋"时代是一个不断创新发展的时代，社会治理能力建设不仅体现为街道社区的信息化建设，更体现为硬软件的协调发展。当前什刹海街道在探索以"互联网＋"提升社会治理能力方面仍然处于初级阶段，在深化认识、运行机制、保障体系和工作效能等方面还存在许多不足之处，需要在具体实践中不断总结经验，寻找规律和方法，以改革和创新的勇气和智慧去解决发展中面临的问题，从而推动社会治理能力的不断提升。

（一）在思想认识方面不够全面和深入

当前各级政府虽然都十分重视开展以"互联网＋"提升社会治理能力

的建设工作，但因为在思想认识方面缺乏深入而全面的理解，在整体布局上缺乏科学指导和统筹规划，所以难以保障工作的可持续性发展。首先，一些领导在社会治理方面的思想观念转变滞后，没能及时跟上时代创新的步伐，没有从根本上把握"互联网＋"社会治理的实质和内涵，没有对"互联网＋"时代背景下提升社会治理能力的工作和基层社会治理的信息化建设工作给予足够的重视，以互联网技术创新社会治理工作的思维模式尚未形成。其次，一些政府的行政部门简单地把"互联网＋"社会治理等同于政府行政系统的电子化办公。虽然各个职能部门在信息化建设方面取得了很大进步，但各部门沟通协同和联合办公能力不强，对转型期政府的责任定位和服务意识缺乏清晰的认识。最后，基层社会治理的工作人员对"互联网＋"时代背景下社会治理面临的形势缺乏足够的判断，缺乏对"互联网＋"社会治理的认识和理解，利用互联网信息技术提升社会治理能力和改善社会服务品质的自觉性和紧迫性不强，对以"互联网＋"提升社会治理能力、改变传统的社会治理模式的实践动力不足。

（二）工作运行机制不够顺畅

当前，什刹海街道以"互联网＋"提升社会治理能力的工作运行机制还不够顺畅，从而在具体政策制定和工作落实推进过程中仍然存在许多问题，难以促进互联网技术与社会治理的深度融合，没有充分发挥"互联网＋"服务社会的巨大潜能。这种体制机制障碍主要体现为政府各个部门之间条块分割现象仍然存在，相互之间的沟通协调性差。在什刹海推动信息化建设的过程中，各个部门虽然已经建立起了现代化的管理运行平台和系统，有效地促进了各职能部门的工作模式创新，但由于存在体制壁垒，各部门缺乏协同合作意识，各自为政的现象仍然存在，政府的服务职能和服务意识没有得到充分体现。各级政府及其相关部门之间的信息化建设标准、数据管理及应用标准不统一，带来了工作对接效率低下，资源共享率和利用率不高，缺乏统一的规范和标准的问题，即使具备了先进的信息沟通技术和渠道，还是存在"信息孤岛"。什刹海街道在以社会治理信息化建设推动地区全响应网格化社会服务管理工作中,存在街道与辖区专业部门站、队、所网络不通,各站、队、所的数据无法接入街道全响应指挥调度系统当中,只能通过例会或者电话联系的问题。在具体工作落实过程中存在权责不清、管理服务链条过长的问题,阻碍了基层社会治理的创新。如街道全响应网格化社会服务管理工作虽然已经确立了四级管理的服务运行体系,制定了"小事不出社区、大事不出街道、难事区内统筹、条块各司其职"的工作原则,但不同层级的功能和责任定位还不够明确,在实际运行中就会影响基层管理水平和服务效率的提高。

(三)相关的保障体系不够健全

"互联网+社会治理"是能够引领社会治理创新发展的重要实践模式,充分发挥其在提升基层社会治理能力中的重要功能离不开配套的保障体系。什刹海街道关于推动"互联网+社会治理"工作深入发展和有效落实的各项保障工作还不够完善。首先,社会治理的信息化建设的关键和核心离不开网络等各种技术前提。在"互联网+"时代提升社会治理能力的前提条件就是完备的网络信息技术装备,如地区图像监控设备、区街社区视频会议设备、景区人群预警系统、道路监控系统、电子眼以及各类移动办公设备,设备保障是工作运行和开展的重要基础和支撑。此外,地区网络的覆盖率和宽带速度直接限制了街道和社区之间的有效沟通和联合办公能力,不利于基层街区社会治理模式的创新应用。多样化的资金来源和长效的资金保障体系是支持"互联网+"提升社会治理工作可持续运行的可靠保障。什刹海当前的信息化建设工作主要以政府财政支持和政府购买服务为主要资金来源方式,资金来源单一,企业、组织、个人等社会力量的参与和投资较少。以"互联网+"提升社会治理工作的基础是技术,而技术的应用、管理、更新和维护依靠的是专业的技术人才。什刹海街道在推动基层社会治理与"互联网+"融合发展的层面,还缺乏专业的人才队伍,还没有形成针对基层工作人员的规范的常态化的技能培训机制。"互联网+"时代在带来信息和数据资源共享的同时,也带来了诸多信息安全隐患,什刹海街道的信息安全保障工作还不够完善，在信息获取和使用方面还未形成统一的规范和标准，对居民信息安全和隐私保护的重视程度不够，对侵犯居民信息权利行为的法律监管制度还不够严格。

（四）工作效能有待进一步提高

以"互联网+"提升社会治理能力实践的广阔空间在基层，要深入基层社会开展调研，结合基层实际情况充分发挥"互联网+社会治理"模式的工作效能。在"互联网+"时代，什刹海地区通过加快街区的信息化建设，推出了一批具有地方特色的信息化建设项目，不断促进互联网信息技术与地区社会治理的融合发展，有效地提升了地区的社会治理能力，但街道以"互联网+"提升社会治理能力的基层应用还不够广泛，其服务功能和社会价值还没有得到充分开发和利用。这主要体现在街道辖区内的信息化建设水平发展不均衡，不同社区对互联网信息技术的主动应用意识和应用能力存在明显差异，互联网信息技术在不同的社会治理领域渗透的程度不同，如在景区治理、养老服务、区域化党建、学校教育、医疗服务和社会征信体系等不同领域的发展应用不均衡，在基层社会治理领域的覆盖面还比较狭窄。此外，以"互联网+"提升社会治理能力工作在基层的宣传力度不足，广大人民群众对该工作的认识还不够深刻。虽然以"互联网+"提升社会治理能力的关键是依托先进的信息技术和数据技术，但其根本立足点还是基层广大人民群众的利益，其工作的顺利开展和长远发展离不开基层群众的理解和支持。

四 什刹海街道以"互联网+"提升社会治理能力的建议

什刹海街道为提升地区发展品质，牢牢把握"互联网+"时代的发展趋势，按照"统筹集约、条专块统、突出特色"的工作理念，围绕全响应网格化社会服务管理工作，在"互联网+"提升社会治理能力领域不断深入探索，摸索出一些适合街区发展特点的工作经验和方法。但由于信息技术的更新速度快，基层社会治理的情况复杂，要推动工作的可持续发展仍然任重道远。

（一）进一步加强"互联网+"推动社会治理工作的顶层设计

现阶段，我国正处在社会转型发展的加速期，社会利益分配格局发生了改变，尤其是在互联网背景下，有关人、财、物、事等的信息和数据数量巨大，传播速度快，给社会治理带来了许多困难和挑战。因此，各级政府作为社会治理的主导力量，要主动把握互联网时代的发展机遇，把互联网力量转化为推动政府治理能力现代化的先导力量。什刹海街道在"互联网+"社会治理方面已经开展了大量的实践工作，积极走在了前列，新时期街道要进一步深化对"互联网+"社会治理工作的系统认识，要在市、区党委和政府的指导下，加强对工作的统筹协调和顶层设计，明确责任部署，设置专门管理部门，加强各个相关职能部门的统筹协调。街道要积极顺应时代发展的趋势，深刻认识以"互联网+"推进基层社会治理的重要意义，在社会治理理念中不断融入"互联网+"思维，对街区层面的信息化建设进行统一规划和部署，重视和加强信息技术和数据应用，让其在疏解人口、保障安全、整治"七小"业态等地区工作方面发挥积极作用。只有不断深化对"互联网+"社会治理工作的认识，把握其规律和特点，对工作进行科学合理的规划和统筹，才能保障各个阶段工作的落实和持续推进。

（二）不断破解"互联网+"社会治理工作的体制机制障碍

什刹海街道以"互联网+"提升社会治理能力，就是在"统筹集约、条专块统、突出特色"的思路引导下，通过构建"信息化支撑、网格化管理、社会化服务、多元化参与"的社会治理新模式，着力提升地区发展品质。但要突破传统的条块限制，实现资源的共享和工作流程的优化重置，还需要街道用变化发展的眼光和改革创新的精神，不断破解"互联网+"社会治理工作中存在的体制机制障碍，把工作的推进与深化体制机制改革紧密结合，为创新社会治理模式扫清道路。一方面要根据政府职能转变和信息化建设的要求做好相应的配套制度建设，明确各个政府职能部门的职责和任务，促进各个部门之间的信息流通和资源共享，增进相互之间的协调配合，最大限度地避免或减少部门壁垒对社会治理创新造成的影响，不断提高为民办事效率和为民服务水平。另一方面要理顺各个社会治理参与主体的关系，为其提供可靠有效的社会多元参与机制，通过明确政府的职权范围，建立多元社会参与机制，鼓励和引导普通民众、社会组织等参与到社会治理的各个方面，提高社会各类主体参与"互联网+"社会治理工作的积极性和主动性，从而使政府相关决策更加科学化和民主化。

（三）进一步完善"互联网+"社会治理工作的保障体系

什刹海街道需要进一步完善"互联网+"社会治理工作的各项保障工作，只有扎实落实各项保障工作，建立健全各项保障体系，才能真正实现社会管理的精细化和社会服务的智能化。街道要立足辖区当前社会治理信息化建设的现状和问题短板，建立起响应的配套保障体系。在网络基础设施方面，要进一步做好设备更新和技术升级工作，加大对物联网、云计算、大数据等新兴技术的管理和应用，将这些先进的信息处理技术与地区社会治理紧密结合，为政府提供智能化的社会信息管理和服务平台。在经费投入方面，要加大对"互联网+"社会治理工作的资金支持，在巩固以政府直接财政支持和政府购买服务为主的经费保障机制的同时，拓展资金来源渠道，建立多元化的资金保障体系，减少因经费不足导致的工作滞后。在人才队伍建设方面，要加大对信息化专业技术人才的培养和引进力度，灵活拓展人才引进渠道，建立规范的人才培训制度和人才激励制度，为利用信息技术和数据系统推动社会治理的有效运行提供有力的人才保证。在监督管理方面，要加强对各部门工作的监督管理，进一步完善监督考评制度，提升行政人员社会治理信息化应用的能力和水平。此外，在利用互联网信息技术为居民提供服务的同时要注重居民的个人信息安全和隐私保护，要制定严格的数据采集、储存、处理、推送和应用制度，建立信息公开、等级保护、风险评估、应急防范等安全制度，要加强法律监管，严厉打击非法泄露信息和窃取信息利益的行为。

（四）以特色项目为抓手提升"互联网＋"社会治理工作效能

什刹海以"互联网＋"提升社会治理能力，就是要最大限度地发挥信息化建设服务于基层社会治理的功能价值，切实提升地区发展品质和人民生活水平。为进一步深化和放大"互联网＋"社会治理工作的功能和价值，为地区居民提供质量更高的公共产品和服务，街道要不断推动信息化建设与社会治理各个方面的融合发展，可以把政府反腐败工作、参与制协商、区域化党建、社会征信体系、产业发展、教育服务、就业保障、疾病防控等工作纳入"互联网＋"社会治理中。街道要结合自身特点，以特色项目为抓手，将"互联网＋"社会治理工作的优势渗透和覆盖到基层社会治理的方方面面。街道可以建立统一的信息发布服务系统，通过电视、电脑、社区电子显示屏、智能终端应用等向社区居民发布各类政务、服务及预警信息，为地区营造安定和谐的社会环境；针对街道平房较多的特点，可以开发有害气体监测系统，通过物联网等现代高科技手段，建立一氧化碳中毒及火灾的防控系统，用"技防"提升居民的安全感。街道还将开发领导决策辅助系统，通过该系统可以对各个业务系统的数据进行深度的开发与分析，为领导科学决策提供参考。

参考文献

《加强社区信息化建设，服务社会治理创新》，《德州日报》2016年6月第3版。
鲍宗豪、宋贵伦：《重视大数据时代的社会治理创新》，《红旗文稿》2014年第11期。
程小飞：《安徽省社区信息化建设对策研究》，硕士学位论文，安徽财经大学，2015。
崔伟：《智慧治理：大数据时代政府社会治理之创新》，《知与行》2016年第4期。
贾炜：《上海市社区信息化建设的困境与出路研究——以上海市江苏路街道为例》，硕士学位论文，华东师范大学，2006。
李振、鲍宗豪：《"云治理"：大数据时代社会治理的新模式》，《天津社会科学》

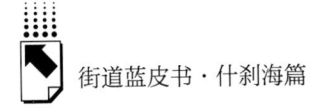

2015 年第 3 期。

刘佳:《大数据时代的社会治理困境与创新发展路径》,《学术探索》2015 年第 4 期。

齐峰:《张家港市社区信息化建设研究》,硕士学位论文,西北农林科技大学,2016。

钱俊伟:《大数据时代下的基层社会治理——以大连市港湾街道为例》,硕士学位论文,东北财经大学,2016。

沈亚平、许博雅:《"大数据"时代政府数据开放制度建设路径研究》,《四川大学学报(哲学社会科学版)》,2014 年第 5 期。

张树俊:《社会治理创新与社区信息化建设——以泰州市海陵区社区信息化建设与实践为例》,《中共泰州市委党校江苏省社会科学界联合会专题资料汇编》。

邹雅婷:《以"互联网+"推进社会治理现代化》,《人民网》2017 年 2 月海外版。

B.9
什刹海智慧景区建设的现状研究

摘　要： 什刹海历史文化旅游风景区是北京市25片历史文化保护区中面积最大的一处。作为开放式历史文化旅游风景区，什刹海景区具有居民居住区、历史文化保护区、商业街区和旅游风景区"四区合一"的特点，这一特点给景区的开发、利用、保护和管理工作带来了许多问题和挑战。在首都功能优化调整的背景下，什刹海地区按照西城区大力推进和谐宜居示范区建设及重点地区专项整治行动的要求，积极开展智慧景区建设，以全面提升景区的管理服务水平和发展品质，更好地服务首都文化功能建设。本报告通过对什刹海智慧景区建设的现状进行分析和研究，梳理和总结其先进的经验和成果，同时针对进一步丰富国内智慧景区建设提出了思考和建议，以期为其他地区智慧景区建设提供参考和借鉴。

关键词： 智慧景区　"互联网+新技术"　免费WiFi　什刹海景区

智慧景区的概念内涵有两层，一是硬件层面，即将先进的信息通信技术引进景区，通过智能网络整合景区资源，实现对景区地、物、人、事等的智能化、高效化、科学化管理；二是软件层面，主要是景区内在管理和服务理念上的智慧化，即坚持以人为本的理念，推动技术与管理服务相融合，打造生态人文和谐发展的景区，实现景区的全面、协调、可持续发展。

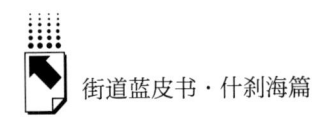

一 什刹海智慧景区建设的背景研究

无论是从景区自身特点和建设现状来看，还是从首都核心功能区建设方面来看，传统的景区建设路径已经难以满足景区发展的多样化需求。面对新时期的新任务，什刹海景区大胆探索景区管理和发展的新模式、新路径，以智慧景区建设带动地区转型发展。可以说，什刹海景区走智慧景区建设道路是顺应时代潮流的择优发展。

（一）什刹海景区的特点与主要问题

什刹海景区是北京25片历史文化保护区中面积最大的一片，这里文物古迹多、胡同院落多、酒吧商铺多，传统风貌与现代生活的融合是景区的独特魅力。同时什刹海也是全国为数不多的开放式景区之一，采取开放式景区管理模式的什刹海是一个集居住区、文保区、商业区、旅游区于一体的景区。景区旅游资源的特有吸引力和开放性质为其带来了巨大的客流量和商业机会，旅游产业也成为支撑地区经济发展的主要支柱。但是，这给景区的发展和管理带来了许多问题和挑战，如客流量大、交通拥挤、停车位不足、噪声污染、水质污染、治安隐患、商业秩序混乱等。这些问题直接影响景区的旅游品质和游客的旅游体验质量，不利于景区的长远发展。作为国家4A级景区，什刹海景区在旅游交通、游览设施和服务、旅游安全、卫生环境、通信服务、旅游购物、经营管理、资源和环境保护、旅游资源吸引力、市场吸引力、接待游客数量、游客满意度等方面都要符合一定的标准和要求。面对什刹海景区存在的主要问题，传统的景区管理和建设方式难以起到良好的效果，什刹海需要不断适应新形势、新情况，积极创新景区的建设和管理方式，引入和推动景区的智慧化建设，使景区更符合国家4A级景区的建设标准，从而提高景区的发展品质。

（二）什刹海景区基础设施的现状

什刹海地区的基础设施在北京城区相对比较完善，地区周边 2 千米半径内的交通枢纽、商业中心和休闲游憩等各类公共服务设施齐全。什刹海景区十分重视旅游基础设施的改造和升级，做出了许多方面的努力，包括对旧有的不适合景区风貌、破坏景区整体和谐的基础设施进行美化和改造，增添景区欠缺又符合景区传统风貌的基础设施等。在景观优化美化方面，什刹海景区实施了前海广场牌楼修缮工程、北官房胡同景观提升工程和前海河湖栏杆改造工程，并对后海南沿环路和酒吧步行街进行重新设计和改造，使其既方便地区通行，又与景区传统风貌相融合。在交通设施方面，什刹海景区除了修建前海停车场，还进一步建立了景区的慢行交通系统和短途旅游公交体系，增添了绿色轻便的电瓶车，以实现景区内多种交通方式的运行和谐。在信息化设备方面，什刹海景区推进景区视频系统设备更换及客流系统提升建设项目，更换前端摄像头 306 个，进一步完善了景区的监控系统。在旅游服务方面，什刹海景区为地区内的 52 个街巷、胡同、景点配备了介绍铭牌，还开发了什刹海随身游手机导览系统，成立了什刹海旅游休闲服务中心。随着首都功能的重新调整，什刹海被归入了首都功能核心区，在服务首都发展、疏解非首都功能、助力首都文化发展等方面承担着重要责任。新时期什刹海地区要深入贯彻北京市及西城区"十三五"规划的内容和精神，围绕"一片、两态、三环、四区"的地区建设新思路，持续推进和深化智慧景区建设，充分发挥已有基础设施的功能，优化景区管理和服务，以智慧景区建设引领和带动地区发展品质的全面提升。

（三）建设智慧景区的作用和标准

智慧景区建设的目的是通过有效应用现代信息技术，提高景区的旅游品质和游客的旅游体验，实现景区的科学管理和可持续发展。建设智慧景区可以改变景区的传统运营方式，从景区管理者、景区服务商、景区旅游者三个方面产生积极作用。从景区的管理者角度来讲，智慧景区可以推动景区管理端口前移，实现景区管理方式从传统的被动处理、事后管理向过程管理、实时管理和前期预判转变，不断提高景区的管理效能。智慧景区通过互联网技术及配套监控系统，可以有效地整合景区的管理资源，提高景区基础设施的利用率，如可以与公安、交通、工商、卫生、质检等部门实现信息共享和协调联动；通过大数据和云技术的运用，可以及时掌握景区各方面的运行数据，实现科学决策和管理，如以景区的旅游信息数据为资源，完善景区预测预警机制，提高应急管理能力，保障景区的旅游安全，维护景区秩序。

从景区的服务商来讲，在智慧景区中，企业和商户借助信息技术可以有效改善经营流程，提升产品和服务竞争力。引入第三方APP，可以增强与游客的双向互动，通过数据记录和分析系统，及时获取游客的需求变化、反馈建议等信息，实现智慧营销，从而延长旅游产业链，扩大经济效益，实现从供给侧推动景区业态的优化和产业结构的调整。从游客使用者的角度来讲，智慧景区可以在旅游全过程为游客提供快捷、实时、实地、多元、可视化的智能服务。游客通过自己的手机和笔记本电脑连接景区无线网络就可以体验自助导览、导游、导览和导购等服务，极大地缩短了游客用于消费的时间成本，促进了游客消费方式的转变。智慧景区建设依托大量的先进技术和设备，对景区的基础设施条件和资金条件具有一定的要求，建设智慧景区必须按照相关标准来进行。目前，北京市关于智慧景区的建设标准和评分细则主要包括以下八个方面：通信网络、景区综合管理、电子门票和电子门禁、门户网站和电子商务、数字虚拟景区和虚拟旅游、游客服务和互动体验、智慧景区建设规划和旅游故事、游戏软件和创新项目，什刹海智慧景区建设要结合景区实际情况，根据上述标准开展建设和评估，加强智慧景区建设的规范性。

（四）智慧景区建设是什刹海景区实现可持续发展的必然要求

智慧景区建设是什刹海景区实现可持续发展的必然要求，智慧景区建设符合什刹海开放式景区的管理要求，可以很好地适应什刹海景区"四区合一"的特殊区情，可以有效提升什刹海景区的管理和服务水平，改善地区发展品质,为推动景区的可持续发展提供可行路径。首先,什刹海景区的独特魅力吸引了大量的游客,这在给景区带来巨大商业利益的同时,也给景区的资源和生态环境保护工作带来了巨大压力。智慧景区建设可以帮助收集景区资源和环境的基础信息,搭建各类数据平台,为景区发展制定科学方案,有效协调景区旅游资源开发与保护之间的关系。其次,智慧景区建设是什刹海景区顺应时代发展潮流的必然选择,随着互联网、手机移动通信技术和新媒体技术的发展,传统的景区建设和管理模式已经难以满足游客的多样化需求和景区的现代化发展要求。智慧景区建设可以为游客自助游提供快捷服务,如以开发景区导览APP、建设覆盖景区的WiFi网络等方式不断优化景区的供给侧结构,从而不断满足游客日益增长的多样化需求。最后,什刹海景区的开放式管理模式给景区带来诸如交通压力上升、服务设施紧张、资源环境破坏、安全隐患增加等问题。要治理和改善这些问题,单纯靠基础设施的改造和升级效果不明显,需要依托更加先进的智能化管理手段,将基础设施的规划使用与现代科学技术相结合,不断增强景区的科学化管理水平和预警能力,如在客流量高峰期的疏导能力,从而保障景区安全有序发展。

表1 北京市智慧景区建设的内容和要求

建设内容	建设要求
通信网络	1. 公用电话网:应建有供游客使用的公用电话,数量充足,设置合理;部署有电话报警点,电话旁公示景区救援电话、咨询电话、投诉电话,游客可拨打报警点电话向接警处系统的值班人员求助 2. 无线通信网:能接收手提电话信号,移动通信方便,线路顺畅 3. 无线宽带网(WLAN):应覆盖有无线宽带网络,游客在游览过程中可以方便地将手机、电脑等终端以无线方式连接上网
景区综合管理	1. 视频监控:视频监控应能全面覆盖景区,同时对重点景区、客流集中地段、事故多发地段进行重点监控;监视界面图像能在各种显示设备上显示,并能进行各种操作。视频监控应具备闯入告警等功能;视频监控控制面板能控制画面缩放和镜头转动等,能实现图像的实时远程观看以及3G物联网视频监控等;能支持录像的检索和调看,可自定义录像条件,录像数据存储保留时间应超过15天 2. 人流监控:应包含和实现入口人流计数管理、出口人流计数管理、游客总量实时统计、游客滞留热点地区统计与监控、流量超限自动报警等

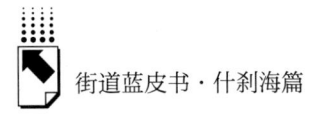

续表

建设内容	建设要求
景区综合管理	3. 景观资源管理：能对自然资源环境进行监测或监控，主要包括气象监测、空气质量监测、水质监测、生物监控等；能对景区内的各类遗产资源，如文物资源、建筑景观、博物馆收藏等景观资源运用现代化科学管理手段进行信息化与数字化监测、记录、保存、修缮等，从而使景观建筑文物的数据便于查询检索以及面向公众展示 4. 财务管理：应使用专业的财务管理软件，并包含资产管理、筹资管理、投资管理、营业收入管理、税金管理、利润管理、成本费用管理等财务管理内容以及财务预测、财务决策、财务预算、财务控制、财务分析、财务审计等财务管理方法 5. 办公自动化：应包含流程管理、电子邮件、文档管理、公文流转、审批管理、工作日历、人员动态展示、财务结算管理、公告、新闻、通知、个人信息维护、会议管理、考勤管理等内容 6. 经营资源管理：能应用现代化的科学手段形成一套规范的体系，并包含商业资源部署、商铺经营、经营监管、合同管理、物业规范等内容 7. 应急广播：应覆盖全景区，并且声音清晰。广播应由景区控制中心和指挥调度中心统一控制，遇灾害或紧急情况时，可立刻转换为紧急广播 8. 应急处置响应系统：能够根据应急处理预案，对旅游突发事件进行综合指挥调度和协调救援服务；能够利用现代通信和呼叫系统，实现对旅游咨询和投诉事件的及时受理 9. 指挥调度中心：应具备对人员、车辆的指挥调度以及对应急资源的组织、协调、管理和控制等功能；能对监控终端进行控制，获取旅游综合信息和发布旅游资讯信息
电子门票电子门禁	应采用电子门票形式；售、验票信息能够联网，并实现远程查询；应实现售票计算机化；应配有手持移动终端设备或立式电子门禁，实现对门票的自动识别检票；电子票的购买应支持手机支付或者网上金融支付等方式
门户网站和电子商务	1. 应建有以服务游客为核心内容的门户网站，且上线正常运营 2. 门户网站应包含景区基本信息浏览、景区信息查询、旅游线路推荐和行程规划、景区推介服务、交通导航、下载服务等功能；建有官方微博并有链接，提供多语言信息服务 3. 电子商务：景区门票应能实现网上预订、电话预订和网上支付、网上交易；景区旅游产品、旅游纪念品应能实现网上预订和网上交易
数字虚拟景区和虚拟旅游	运用三维全景实景混杂现实技术、三维建模仿真技术、360°实景照片或视频等技术建成数字虚拟景区，实现虚拟旅游，增强景区的公共属性；数字虚拟景区应占游客真实游览全部景区面积的较大比重；数字虚拟景区和虚拟旅游平台能在互联网、景区门户网站、景区触摸屏导览机、智能手机等终端设备上应用
旅客服务和互动体验	1. 自助导游：应为游客提供建立在无线通信、全球定位、移动互联网、物联网等技术基础之上的现代自助导游系统；自助导游硬件设备能显示景区导游图，支持无线上网，支持全球定位系统，完成自助导游讲解；能提供手机自助导游软件下载，通过智能手机等设备完成景区地图查询搜索、游览线路规划和线路选择、景点自助讲解等功能；可提供运用基本射频识别、红外、录音播放等技术的自助导游设备

续表

建设内容	建设要求
旅客服务和互动体验	2. 旅游资讯信息发布：应设有广告栏或多媒体服务终端机发布旅游资讯，且布放合理、显示醒目；应能在自助导游终端发布旅游资讯；能以短信、彩信等形式向旅客发送信息 旅游资讯发布内容应包含景区基本情况介绍、景区内实时状态感知信息（温度、湿度、光照、紫外线、空气质量、水温、水质等）、景区内智能参考信息（景区景点内游客流量、车流拥挤程度、停车场空余位置等）、景区管理部门发布的旅游即时相关信息等内容 3. 游客互动及投诉联动服务平台：景区内应设有触摸屏多媒体终端机，可实现查询旅游相关信息、下载软件、打印路条信息、在线留言投诉以及虚拟旅游等功能；完善电话投诉、网络投诉处置系统 4. 呼叫服务中心：应能与12301旅游热线平台对接，能提供旅游产品查询、景点介绍、票务预订、旅游资讯查询、旅游线路查询、交通线路查询等服务 5. 多媒体展示：应建有多媒体展示系统，主要借助地理信息系统、虚拟现实和现代多媒体等多种技术，以及声、光、电来展示景区景观、自然文化遗产、生物多样性、古文物等
智慧景区建设规划和旅游故事及游戏软件	1. 自身有详尽、专业的智慧景区（景区信息化、数字景区）建设规划 2. 编写与北京城市、旅游景区有关的旅游故事，并与旅游营销结合起来形成商业化运作模式 3. 编写与北京城市、旅游景区有关的游戏软件，并与旅游营销结合起来形成商业化运作模式
创新项目	在建设、管理、服务游客等方面运用各种创新技术、手段和方法，从而提升景区服务质量、环境质量、景观质量和服务游客的综合满意度等

二 什刹海智慧景区建设的基本思路与建设成效

智慧景区建设是当前推动和实现什刹海景区科学和谐发展的可行路径。景区紧紧围绕首都发展大局、地区民生改善、景区品质提升三个主攻目标，在充分结合地区发展实际和考察景区建设状况的基础上，在智慧景区建设领域不断深入实践并取得了阶段性的成果，进一步充实了我国智慧景区建设的内容。

（一）什刹海智慧景区建设的主要思路

1. 处理好自身发展与大局的关系

什刹海智慧景区建设要平衡四大功能区建设，服务好首都建设与发展。

什刹海地区根据北京市和西城区的发展定位，结合特殊区情，进一步明确了四区的功能定位，其三年行动计划确立了以"有韵味的历史文化保护区、有特色的风景旅游区、有品质的老北京居住区和有内涵的高端商务区"为内容的"四大功能区"建设目标。四区并不是泾渭分明的独立区域，而是呈现出一种"你中有我，我中有你"的分布形态。其中文保区是地区发展的根本资源要素；旅游风情景区是带动地区经济发展和民生改善的重要支撑；商业区的发展则依托于文保区和旅游区；居民区的发展与其他三区的发展息息相关，既是其他三区发展的意义所在，也是其他三区发展的力量源泉。四区是相辅相成、紧密联系的整体。因此，在推动智慧景区建设过程中要平衡好四区的发展关系，不能就智慧景区建设智慧景区，而要树立整体发展的理念，注重四区的协调发展，保证智慧景区建设的可持续性，提升智慧景区建设的系统性和科学性。

在首都大力建设国际一流和谐宜居之都的背景下，什刹海智慧景区建设要积极响应首都建设的新要求和首都功能的新定位，紧紧围绕首都四大功能区建设的目标，结合具体区情，通过智慧景区建设不断提升什刹海景区自身的价值，不断优化各区的功能，在服务首都建设和发展方面积极走在前列，为加强首都作为历史文化名城的国际文化交流中心的功能做贡献。

2. 处理好社会效益与经济效益的关系

什刹海智慧景区建设要以地区经济发展和民生改善为出发点，推进景区生态和业态的和谐发展。智慧景区建设的初级阶段主要进行景区的信息化和智能化建设，但智慧景区建设不应该简单地体现为智能化技术和数字化管理，更应该体现为一种先进的管理和服务理念，其最终目的是为了实现人与自然的和谐相处。因此，要持续深化智慧景区的建设目标，需要在吸收和借鉴国内外经验基础上，充分结合景区实际，坚持以人为本的发展理念，注重加强智慧景区建设与地区民生发展之间的紧密结合。什刹海景区通过智慧景区建设不断提高景区基础设施资源的使用率，加强对景区文物资源和生态环境的保护，优化景区的业态管理和商业环境，推动景区内的人、物、事、地、环境之间的和谐友好发展。

智慧景区建设可以为地区管理提供技术和数据支撑，提高决策的科学性，如为国家安全局、西城公安分局、派出所、交通支队、综合整治办、旅游等相关部门提供监控资料和技术支持，协助其开展工作；建立什刹海景区商户管理系统平台和企业数据库，通过动态监管，掌握景区重点商业街和特色商业街的业态分布情况，为地区决策提供科学依据。可以提高地区的应急能力和预警能力，做好景区的各项保障工作，对景区重点地段、重大节日实施全方位 24 小时监控及人员流动的记录，配合景区瞬时客流监测完善景区的人流预警系统，开展什刹海安全风险管控建设项目，加强重点防控区域监测和预测预警，利用视频图像监控系统对景区生态和资源进行监控和保护。智慧景区建设与地区经济发展、民生改善、品质提升之间并不冲突，通过智慧景区建设不仅可以给游客带来更高品质的旅游体验，提升游客的好评度和满意度，促进地区旅游产业和服务业的发展，而且可以改善景区的综合治理环境，营造良好有序的景区环境和居民生活环境。

3. 处理好标准化与特色化的关系

什刹海智慧景区建设要提升景区发展品质，打造什刹海特色旅游品牌。智慧景区建设的核心和关键部分是景区的智能化建设，其主要体现为科学技术和物联网技术在景区的推广和应用程度。将先进的科学技术融入景区的管理和服务流程中，实现景区的数字化管理，可以为游客提供实时化、优质化、便利化、多样化的服务。智慧景区建设，不仅可以使景区的资源优势得到充分发挥，特色得到彰显，还可以相对提高景区的旅游承载力，有力地提升景区的旅游品质。如电子导览系统和智能监控系统可以为自助游客提供最优的景点和路线选择方案，WiFi 网络的覆盖和手机 APP 的应用可以延长景区的旅游产业链，为游客提供旅游、餐饮、交通、住宿、购物、娱乐等服务信息。

什刹海景区在智慧景区建设的过程中十分重视对景区发展品质的提升，通过开发什刹海景区自助语音导览系统和智能终端自助导览系统，不断扩大景区的无线网络覆盖，为游客提供更加全面的景区信息，以满足游客日益多元化的旅游服务需求；通过更新和完善什刹海官方网站，积极做好景区的宣传工作，让游客更多地了解景区的文化魅力和旅游特色；通过建立和推广三轮车语音导览系统和游船视频导览系统，进一步突出什刹海景区的旅游特色，如胡同游和水上娱乐项目提升了景区特色旅游项目的服务水平，打造了什刹海景区的特色旅游品牌。智慧景区可以为游客提供更加人性化的服务。什刹海景区通过各种技术手段的运用，改善了景区的管理，优化了景区的服务，从而大大提升了景区的吸引力，提高了游客的旅游体验质量和满意度。

（二）什刹海智慧景区建设的主要做法与成果

1.构建智慧景区建设的管理体系，加强景区管理的系统化

什刹海在建设智慧景区的实践中，注重景区整体科学规划和后期可持续发展的统一，着力构建一套完整的智慧景区建设管理体系，不断加强景区的系统化管理。景区依托互联网、物联网和大数据等先进技术，逐渐建立起了以智慧管理中心为核心的管理体系，主要围绕管理服务、营销、生态保护三大板块，初步建立了景区的资源管理系统、电子自助导览系统、监控管理系统、门禁与安防系统、电子巡更系统五大系统，比较全面地覆盖了景区的管理工作。鉴于什刹海是开放式景区，存在旅游管理资源交叉的问题，景区通过建立景区综合数据中心，加强了景区各类管理资源的整合力度，强化各部门之间的协调联动机制，实现景区与地区其他管理机构之间的信息共享，构建和完善了景区的综合管理系统。这些系统覆盖了包括客流管理、景区安防监控、应急管理及紧急救助、物业管理、设施维护、环境保护、后勤管理、停车场管理、文物保护、内部办公等景区多个工作领域，进一步推动景区管理朝着精细化方向发展（见图1）。智慧景区建设为什刹海景区的管理和服务创新提供了思路和方法，为优化景区的管理流程提供了方案和工具，要充分发挥和挖掘智慧景区建设带来的资源优势，使景区管理走向更加规范化和系统化。

2.建立配套的信息化基础设施，塑造服务一体化的智慧景区

智慧景区建设的核心部分就是先进的信息化基础设施，投入和配置配套的电子化和智能化基础设施，是景区管理实现智能化的重要物质基础和技术

什刹海智慧景区建设的现状研究

```
┌─────────────────────────┐
│    景区综合管理系统      │
│ 客流管理、景区安防监     │
│ 控、应急管理及紧急救     │
│ 助、物业管理、设施维     │
│ 护、环境保护、后勤管     │
│ 理、停车场管理、文物     │
│ 保护、内部办公           │
│                         │
│ 什刹海特色的电子         │
│ 导览、导购系统、手机     │
│ APP应用系统、景区智     │
│ 能语音播报系统、景区     │
│ 旅游资讯数字化信息发     │
│ 布系统                   │
│                         │
│ 信息技术和智能化手段     │
└─────────────────────────┘
```
线下什刹海 ← → 线上什刹海

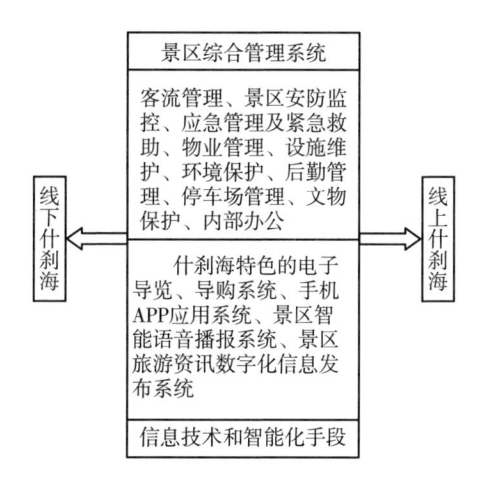

图1　什刹海智慧景区规划和建设示意

条件，也是打造集多元服务于一体的高品质景区的重要前提。什刹海景区建立了以智能化设备和网络技术为载体的信息化管控模式，充分发挥视频监控、巡控定位、远程指挥、处置跟踪等技术在景区管理中的应用，并对这些跟踪数据和信息记录进行分析和处理，为景区的指挥调度和统筹管理提供科学依据，提高景区"及时发现问题、及时处理问题、及时解决问题"的能力，加快转变景区传统的管理理念，不断强化景区的服务理念，完善景区的服务职能。景区通过进一步强化智能手段的应用，可以深入挖掘什刹海景区丰富的旅游资源，为游客提供更加个性化和特色化的服务。互联网与智能设备的有机结合能够实现景区的智慧服务和智慧营销。如为景区配备什刹海特色的电子导览系统，进一步拓展景区门户网站的信息服务功能，为游客更好地了解景区提供渠道；建立景区统一的电子商务平台，开发什刹海随身游手机导览系统，为游客提供景点订票、酒店预订、线路订制、景区展示、网上购物、旅游体验等线上线下相结合的一体化服务。

3. 有效运用"互联网+"，推动景区管理的智能化

信息化和网络化是智慧景区最突出的特点，智慧景区建设通过不断融合新技术和新设备，发挥"互联网+"的应用模式，持续推动景区管理的智能化。什刹海在智慧景区建设中注重加强和扩大"互联网+"技术

在景区管理中的应用，依托PDA智能终端等技术加强对景区各类数据的采集力度，建立了以数字信息化服务为支撑、以流程精细化管理为基础的景区服务与管理新模式。景区对原有的基础设施进行改造升级，进一步加强和完善了景区监控与调度指挥系统，并将这些硬件设施与互联网、云数据等新技术相结合，使景区的管理更加科学化和智能化。如将什刹海将景区的监控视频系统与大数据平台相连接，实现对游客流量的实时监测和重要节点信息的发布，以更好地应对突发应急事件，做好疏解预案，最大限度保障游客安全，稳定景区秩序。加大"互联网+"在景区的广泛应用是智慧景区建设的必要内容，以此来推动景区管理模式向智慧化、扁平化、精细化的方向发展，可以实现景区的资源保护智慧化、经营管理智能化、产业整合网络化，从而大幅度提高游客的旅游体验质量，提升游客对景区的满意度。

三　关于什刹海智慧景区建设实践的思考

智慧景区建设工作已经使什刹海旅游进入一个智能化发展时期，什刹海立足首都发展大局和自身发展实际，持续推进和深化智慧景区建设，已取得了阶段性的成果，景区的管理水平和服务品质得到了很大的提高。因此，以什刹海智慧景区建设为例，对其建设现状和成果进行研究和思考，可以为我国智慧景区建设的实践与发展提供更加丰富的内容和更有意义的启示。

（一）智慧景区建设要加强顶层设计，确保景区的可持续发展

智慧景区建设不能简单等同于信息化建设，它包含着硬件和软件两个方面的建设内容。因此，在建设初期就要树立正确的建设理念，利用顶层设计加强对建设的规划和引导，以确保景区建设的正确方向，实现景区的可持续发展。首先，要明确划分政府和市场在智慧景区建设中的职责和功能，把握和平衡好二者之间的关系。其次，要注重建设的科学性和阶段性，在建设的起步阶段要做好研究和评估工作，对智慧景区的建设规模、范围、目标客

源、市场等进行科学设定，以保证建设规划具备一定的前瞻性，并根据阶段性总结，适时调整建设规划。再次，随着智慧景区建设已经取得阶段性成果，要突出和加强建设项目的后期落实与监督工作，包括前期投入使用的各类系统和设备的维护管理问题，确保智慧景区建设工作的良性循环。什刹海景区紧紧围绕游客服务平台、社区服务平台和资源保护平台三大核心平台规划和建设智慧景区，力促形成以什刹海景区管理处为主导，统筹规划、科学管理、加强保护、统筹民生的全新景区管理格局（见图2）。智慧景区建设要在深刻把握建设标准和内涵的前提下，加强顶层设计，对建设规划、项目审议、实施阶段、后期维护等各个环节都进行科学合理的规划、论证和审议，促进景区资源、环境、经济、社会的协调发展，以保证智慧景区建设的完整性和可持续性。

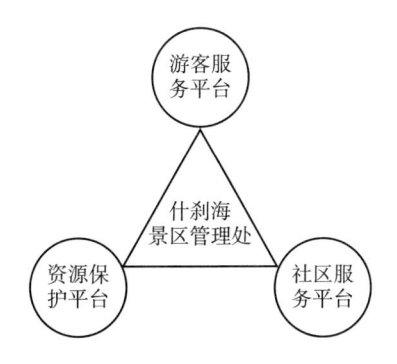

图2 什刹海以景区管理处为主导的智慧景区管理格局

（二）智慧景区建设要因地制宜，紧密结合景区发展特点

智慧景区虽然具有统一的建设标准和严格的考核要求，但在具体实施过程中，由于不同景区的基础情况和资源特点不尽相同，需要贯彻因地制宜的建设原则，紧密结合景区发展特点，避免雷同。

什刹海景区是一个典型的开放式景区，又带有四区功能交叉的区情特点，为推动智慧旅游，实现转型升级和长远发展，什刹海景区选择智慧景区建设的道路,将智慧景区建设与景区实际相结合,探索出了符合什刹海景区特点的智慧景区建设路子。什刹海景区文化底蕴深厚和文化资源多样的魅力使其受到国内外大批游客的青睐,景区胡同街巷密布,名人故居云集,王府宫殿众多,结合景区的这些资源特色和优势,什刹海景区开发了自助语音导览系统,推动了覆盖景区的免费WiFi建设,为广大自助游旅客提供便捷化和个性化的服务。鉴于胡同游在北京旅游中的同质化较严重,什刹海景区为服务于胡同游的三轮车配备了语音导览系统,为游客提供旅游讲解服务,让游客更多地了解什刹海的胡同文化和特色。针对什刹海景区水上娱乐项目比较丰富优势,景区为游船配置了专门的视频导览系统。智慧景区不仅要建出科学、建出规范,还要建出特色、建出亮点。不同地区在建设智慧景区过程中要因地制宜,充分结合景区特点探索差异化建设,从而给游客带来不一样的旅游体验,提升景区的旅游魅力和品牌吸引力。

(三)智慧景区建设要善用新一代信息技术,不断提高智能化水平

虽然智慧景区建设不等于简单的信息化建设,但信息化建设是其核心部分,也是智慧景区建设见效最快的部分,智慧景区的信息化建设主要是依托信息、网络、数据、物联网等技术和设备推动景区的智慧管理、智慧服务、智慧营销,给游客带来智慧旅游的体验。信息化建设需要的专业性技术强,且信息技术和设备更新换代快。我国智慧景区建设仍然处在初级阶段,大多数景区在智慧景区建设方面缺乏经验和技术,因此,需要政府在建设方面给予积极扶持。政府可以通过引入专业力量,以项目制管理的方式推动智慧景区的信息化建设,对一些专业性、基础性、周期短、见效快的建设项目,以及可提升景区经营管理水平的项目要优先建设。但是政府干预也存在一些弊端,处理好政府和市场关系的关键是做好相应的监管工作,如严格项目审批、加强流程监管等,以项目为突破口,真抓实干出成效。什刹海景区在信息化建设方面注重加强项目的开发和管理,与巅峰美景专业旅游规划公司签约合作,由该公司为其智慧景区建设提供智力支持,并由其编制了《北京什刹海智慧旅游总体规划》,以帮助提升什刹海景区的智慧化管理水平。在

项目的监督和审查方面，西城区副区长孙硕主持召开什刹海智慧景区建设专题会，针对什刹海景区智能终端自助导览系统、什刹海官方网站、什刹海景区标识导览系统等智慧景区项目建设方案的可行性、必要性进行了研究和审议。①

参考文献

陈丽军：《黄冈市智慧景区建设现状及对策初探》，《黄冈师范学院学报》2016年第2期。

金波：《浅谈智慧景区标准化建设》，《中国标准化》2014年第3期。

唐黎：《智慧景区建设对策及模式研究——以厦门鼓浪屿风景名胜区为例》，《中南林业科技大学学报（社会科学版）》2016年第6期。

王琳琳、梁留科、张孟梦：《基于服务角度的智慧景区建设思考》，《商》2016年第32期。

王露瑶、程金龙、周瑞雪：《我国智慧景区建设的现状及思考》，《四川旅游学院学报》2014年第4期。

颜敏：《基于物联网的南京智慧景区建设研究》，《江苏第二师范学院学报》2014年第8期。

杨新：《江西省智慧景区建设现状与对策研究》，《质量探索》2016年第7期。

---

① 周懿：《西城区推进什刹海智慧景区建设》，http://www.bjta.gov.cn/xwzx/qxlyxw/xcqyw/347253.htm，最后访问时期：2017年12月23日。

B.10
关于什刹海街道社区社会组织参与社区治理的研究

摘　要： 随着我国社会改革的深入推进和社会的全面转型发展，基层的社区需求得到广泛释放，社区治理的多元参与格局正在逐渐形成。越来越多的社区社会组织成为社区治理的参与主体，为社区治理注入了新活力，在推动社区治理创新和转型方面发挥着积极作用。在西城区大力实施发展和管理双转型的背景下，什刹海街道从提升地区发展品质出发，重视培育社区社会组织，加强探索创新，走出了一条具有什刹海特色的社区社会组织发展道路。本报告对什刹海街道推动社区社会组织参与社区治理的背景、实践、创新及问题进行总结和研究，可为其他城市探索社区社会组织参与社区治理提供有益参考和借鉴。

关键词： 基层社会治理　社区社会组织　参与式协商　"三社联动"

社区治理的主体是多元的。社区治理要遵循法治原则和民主原则，开展社区治理是基层民主自治的重要体现，其不但可以改善社区居民的生活品质，而且可以有效促进社区精神文明建设，提高社区凝聚力。在社区治理主体多元化发展的趋势下，社区社会组织在社区公共管理和服务中发挥着越来越重要的作用。本报告涉及的社区社会组织是指活动于城市社区范围内，由个人或组织通过单独或联合的形式组建，旨在满足社区居民多样化需求的民间志愿性和自发性组织，其成员构成主要是本社区居民。

一 什刹海街道社区社会组织参与社区治理的背景研究

什刹海街道的社区社会组织发展迅速，2016年在街道备案的社区社会组织的数量位列西城区15个街道之首，社区社会组织是什刹海基层社会治理的重要力量。[①] 研究和探讨什刹海街道社区社会组织参与社区治理工作，有必要对什刹海地区社区社会组织的政策背景、基础情况和发展问题进行梳理，以便我们更好地把握什刹海街道在推进社区社会组织参与社区治理工作中的具体切入点和创新路径。

（一）关于社区社会组织参与社区治理的政策背景

党的十八大报告指出："加强基层社会管理和服务体系建设，增强城乡社会服务功能，强化企事业单位、人民团体在社会管理和服务中的职责，引导社会组织健康有序发展，充分发挥群众参与社会管理的基础作用。"党的十八届三中全会强调要创新社会治理体制，改进社会治理方式，激发社会组织活力。习近平总书记在基层社会治理方面提出："基层是一切工作的落脚点，社会治理的重心必须落实到城乡、社区。"习总书记对北京工作做出重要指示，以"十三五"规划为引领，引导地区多元主体依法参与社区治理，构建"一核多元"的治理架构。民政部、中组部印发了《关于进一步开展社区减负工作的通知》。这些都为鼓励和支持社区社会组织参与社区治理工作指明了政策方向。西城区围绕首都功能新定位、加强和优化首都核心区功能、建设国际一流和谐宜居之都的目标，提出要"提升城市品质，建设美好家园"，实施发展转型和管理转型，深入推进科学治理，全面提升发展品质。据此，什刹海街道着眼于功能叠加的区情实际，大力统筹推进地区社

---

① 什刹海街道：《关于社会组织参与基层社会治理的探索——陈璐2015年调研课题报告》，内部资料。

治理工作，提升地区基层管理服务水平。街道还专门成立了以街道党工委书记、办事处主任为组长的什刹海街道社会治理工作领导小组，为协调市场、社会及居民的利益关系，整合基层治理力量，引导和发展社区社会组织参与社区治理奠定了政策基础。

（二）社区社会组织参与社区治理的路径

1. 推动社区社会组织参与基层社区治理的基本思路

社区作为基层治理的基础单位，是基层社会治理体制改革和创新的重要平台，街道党工委作为社区领导责任主体，要引导好社区社会组织参与基层治理，在此基础上要充分认识社会组织的优势，把合作和激励作为推动社区社会组织参与基层社区治理的基本思路。政府要树立"小政府、大社会"的目标，加快转变政府职能。随着社区居民生活水平的提高，传统的社区治理模式已经难以满足居民多样化的生活需求，政府要采取激励和引导政策，鼓励社区社会组织发展，调动它们参与基层治理工作的积极性、主动性和创造性，让它们在发扬社区民主、化解居民矛盾、提供公共服务等方面多做贡献。

2. 社区社会组织参与基层社区治理的模式与机制

越来越多的社会组织在政府的支持和引导下通过合作方式参与社区治理。政府采用购买服务的方式，授权或委托社区社会组织承接部分社区公共服务项目，通过实施项目制管理，不断丰富社区社会组织参与基层社会治理的内容和手段。加强政策扶持机制，政府要从加强顶层设计出发，为社区社会组织的发展提供系统支持，制定和出台相关的优抚政策；完善资金保障机制，拓展资金来源，设立专项经费，为社区社会组织的发展提供充足的资金；建立孵化培训机制，积极创建社区社会组织孵化基地，重视和加强社区社会组织的建设能力和专业能力，致力于培养专业化的人才队伍；强化监管机制，建立和完善信息公开制度，让社区社会组织在阳光下运行，接受群众的监督，组建专业的社区社会组织评估机构，对其参与行为进行动态评估，提高社区社会组织的地区公信力和认可度；健全法律机制，明确社区社会组织的职能规范。

表1 传统社会治理模式的发展趋势

社会治理理念	从"管控"向"服务"转变	群众由被动接受变为主动参与,政府决策和行动中要充分考虑群众意见,不能由政府单方面决定甚至强制性实施
社会治理主体	从"政府单一"向"社会多元"转变	由自上而下地指挥、命令变为自下而上地参与、监督,强调主体多元化。提高社会治理水平离不开党组织、各级政府、企事业单位、社会组织、社区、人民群众、新闻媒体等多个主体的合力
社会治理方式	由"粗放"向"精细"转变	加强和创新社会治理需要重视法治建设、改进行政管理、强化综合治理、做好群众工作、加强社区自治,多措并举,共同规范社会行为、协调利益关系、化解社会矛盾、解决社会问题
社会治理重心	从"治标"向"治本"转变	变事后处置为事前预防,变治标为治本,在源头治理上下功夫。将社会治理的关口前移,只有从源头上预防、减少和化解社会矛盾,才能掌握工作的前瞻性和主动性,最大限度减少不和谐因素,最大限度增进社会和谐

（三）什刹海街道社区社会组织的发展概况

1. 什刹海街道社区社会组织的发展现状

什刹海街道十分重视发展和培育社区社会组织,为充分发挥好利用好非政府组织在社区建设和社区治理中的积极作用,有必要对本地区的社区社会组织基本情况进行摸底调查,掌握其资源情况、发展问题、人员构成等基础数据。什刹海街道的社区社会组织发展较快,截至2016年11月底,街道已备案的社区社会组织共有216个,在西城区15个街道中位居前列。其中,西城区共建发展类组织有16个,服务福利类组织有50个,环境物业类组织有12个,文体科教类组织有106个,医疗计生类组织有9个,治安民调类组织有23个,此外,还有地区特色的文化类社会组织和公共服务类社会组织,如什刹海社区服务管理协会等。[①] 社区社会组织参与社区治理,不仅承担了公共责任,还在增强社区居民归属感和幸福感等方面发挥了重要作用。

---

① 什刹海街道：《关于社会组织参与基层社会治理的探索——陈璐2015年调研课题报告》，内部资料。

表2　什刹海街道社区社会组织发展状况

主要类别	数量	社会组织的具体信息情况
街道层级社区社会组织	4个	什刹海街道民间组织服务中心 什刹海街道民俗协会 什刹海社区服务管理协会 什刹海绿色生活馆
社区层级社区社会组织	216个	共建发展类16个 服务福利类50个 环境物业类12个 文体科教类106个 医疗计生类9个 治安民调类23个

2.什刹海街道社区社会组织发展面临的问题

什刹海街道的社区社会组织虽然数量多、发展蓬勃，但其仍处在发展的初级阶段，要进一步加强和管理好社区社会组织参与社区治理工作还面临着一些亟须解决的问题。一是总体数量较多，但发展结构不合理。文体科教类组织占一半左右，而公益服务性质的组织较少，服务类型不均衡，组织覆盖面较窄。二是自身能力不足。大多数社区社会组织是在街道、社区推动下建立的，其自主开展活动的能力欠缺，服务内容单一，各组织之间的发展程度差异较大，在服务水平、能力、团队建设方面多有不足，影响着组织的可持续发展。三是政府的培育和扶持力度不够。当前街道的社区社会组织基本上处于自发发展的状态，没有明确的科学规划和引领，在资金来源、场地提供、活动支持、监督管理、评估年检等方面还缺乏具体规范和政府的有力支持。

二　什刹海街道社区社会组织参与社区治理的实践探索和创新研究

在我国大力推进国家治理体系和治理能力现代化的背景下，什刹海街道结合街道实情，紧紧围绕改善民生和提升地区发展品质的主要目标，在推动社区社会组织参与社区治理方面不断实践创新，着重转变和优化基层社区治理模式，切实提高地区群众的获得感，打造新形势下升级版的什刹海社区治理模式，大大提升了社区的社会动员能力和社区自治能力。

（一）坚持党的领导，明确社区社会组织参与社区治理的方向

党的十八大提出了"加快形成党委领导、政府负责、社会协同、公众参与、法治保障的社会管理体制"的政策要求，把党的领导放在了推动社会管理体制改革和创新工作的首位，突出强调了党在统筹和引领基层社会治理中的核心作用。社区社会组织参与基层社区治理是基层社会治理理念和治理模式创新的重要抓手，街道和社区党组织作为地区治理的责任主体，在地区社会治理结构中处于领导地位，发挥着统筹规划和政策引领作用。为保证社区社会组织能够健康有序地参与社区治理，发挥其资源优势地位，什刹海街道始终坚持和明确党委的领导核心地位，引导社区社会组织参与基层治理。鼓励社会组织多向社区为民服务的公益性和福利性事业投入资源和力量，在西城推动"区域化"党建的大格局下，街道、社区应重视和加强基层党建工作在支持和推动基层社区治理工作中的统领作用，大力推进社区社会组织的党建工作，充分发挥基层党组织和党员力量在社区社会组组建设中的积极作用。什刹海街道社区通过街道党工委不断加强与社区内各类社会组织的交流与合作，鼓励和支持信誉好、资质优的社区社会组织为社区治理注入新鲜力量。

（二）立足地区发展实际和居民需求，大力培育地区特色的社区社会组织

推进基层社会治理体制转型和创新要有的放矢，即工作落脚点必须是民生。发展和培育社区社会组织参与基层社区治理，是改善民生的重要举措，因此，必须立足地区发展实际，对接本地居民实际需求，必须把人民群众的利益放在第一位。什刹海街道通过搭建多元平台，促进社区社会组

织服务与社区需求有效对接。目前，街道内两百多家社区社会组织，在共建发展、服务福利、文体科教、环境物业等方面提供了基础性的公共服务和丰富多彩的社区活动，基本满足了社区居民的日常需求。如什刹海街道环湖文明劝导队发挥着文明引领和综合服务的作用，为营造地区文明共治的劝导文化积极发力。柳荫街社区党员连心便民服务队持续发扬社区内老党员的公益服务精神，打造了包括"小拆洗、小家电、小水暖、小土木"等服务内容的社区服务品牌项目，方便社区居民生活。街道还发起"社区社会组织'1+1'助推工程"项目，将来自8个社区的8支公益服务类社区社会组织吸纳进来，配以西城区项目资金和街道配套资金，并组织它们与西城区睦友社会工作事务所对接，规范其建设和运营，为社区打造了一批具有相当水平的社区社会组织，极大地提升了其服务社区居民的能力。

（三）探索建立"居站分设、多居一站、服务外包"的社区组织管理体系

什刹海街道结合社区减负和社区居委会职能，在对辖区居民类型、人口规模、辖区面积、服务需求、地域完整性等各类因素进行通盘考虑的基础上，探索建立"居站分设、多居一站"的社区组织管理体系，着手开展"居站分设、多居一站"试点工作。什刹海的这一实践是对原有"一居一站"社区组织体系的创新，即在"一居一站"社区组织体系的基础上，将地域上邻近的社区服务站进行合理规划整合，构建"居站分设、多居一站"社区管理架构。这一举措可以使社区服务站与居委会的责任更加明晰，职能更加细化，有利于强化社区服务站的公共服务职能，提升社区居委会的自治能力。专业的社会组织机构具有健全的组织机制、明确的服务范围和专业的社工队伍，通过政府购买服务等服务外包形式引进专业社会服务是提升社会治理水平的一条捷径。鉴于社区服务资源的有限性，政府职能部门难以为社区居民提供多样化的延伸服务，什刹海街道采取服务外包的方式，将专业社工机构引入社区，把社区居委会和工作站的部分职能转移给社工机构等专业

的社会组织来完成，可以为社区居民提供菜单式服务，使服务质量更高，内容更全面，形式更多元。什刹海街道建立的"居站分设、多居一站、服务外包"的社区组织管理体系，是探索和创建社区公共服务供给新机制的有益尝试。

（四）创新社会组织参与社区"参与式协商"模式，拓展社区"微自治"路径

党的十八届五中全会提出："要加强和创新社会治理，推进社会治理精细化，构建全民共建共享的社会治理格局"，其中一个重要的方面就是要扩大居民参与，提高社区治理民主化和科学化水平。社区协商治理模式是推动社区治理民主化和科学化，凝聚社区共识，发挥治理合力的有效模式。《西城区关于推进社区协商工作的实施意见（试行）》为各街道推动社区协商工作奠定了基础。什刹海街道以参与式协商为抓手，在社区党组织的指导下，制定了科学规范的社区参与式协商规则及流程，明确参与式协商各项环节的工作要求，为社区社会组织通过参与式协商的方式为社区治理做贡献提供具体指导。"社区议事厅"制度为社区社会组织参与社区民主协商提供常态化的机制和平台，使治理目标更加贴合群众需求，决策更加民主，是完善社区协商议事机制的重要内容。街道还积极尝试拓展专家咨询会、大讨论、网络论坛等多种协商形式，营造了良好的参与式协商民主管理风气。2016年6月22日，什刹海街道组织开展了"提升城市品质 共建美丽家园"的大讨论活动，召集什刹海研究会、什刹海商会、什刹海民俗协会等社区社会组织共商地区发展大计，为破解地区发展困境，实现科学发展出谋划策，积极营造地区共建共商共享的多元社区治理格局。

（五）建立健全"三社联动"服务机制，盘活地区服务资源

"三社联动"的关键是社区、社会工作人才和社会组织。通过加强社区与社会组织之间的协调联动，整合地区服务资源，共同解决社区治理问题，推动社区治理从政府机构一元化模式向政府主导、社会组织共同参与的多元化模式发展。社区社会组织参与社区治理可以有效弥补政府在社区治理中存

在的资源和创新不足的问题，"三社联动"机制为社区社会组织参与基层治理提供了平台。社区社会组织着眼于社区发展和自身组织优势，积极协同与配合社区各项工作，充分调动居民自治力量；社区积极为社区组织参与社区治理工作提供有效平台。

什刹海街道严格按照西城区创建全国社区治理和服务创新实验区的任务要求，深入推进地区"三社联动"社区服务机制建设，进一步完善了以社区为平台、社会组织为载体、社会工作人才为支撑的联动服务机制，有效地盘活了地区服务资源。如什刹海街道通过成立学区理事会和学区办，有效整合辖区内社会教育资源，有效地改善了地区的教育状况。街道社区办还与北京红丹丹视障文化服务中心取得联系，以"假如给我一天黑暗——视障人士关爱与体验活动"为主题，联合开展视障体验活动，通过让普通人感受视力障碍人群的日常生活，激发和培养民众的同理心，培养大家的社会责任感，提升社区残疾人服务工作水平。

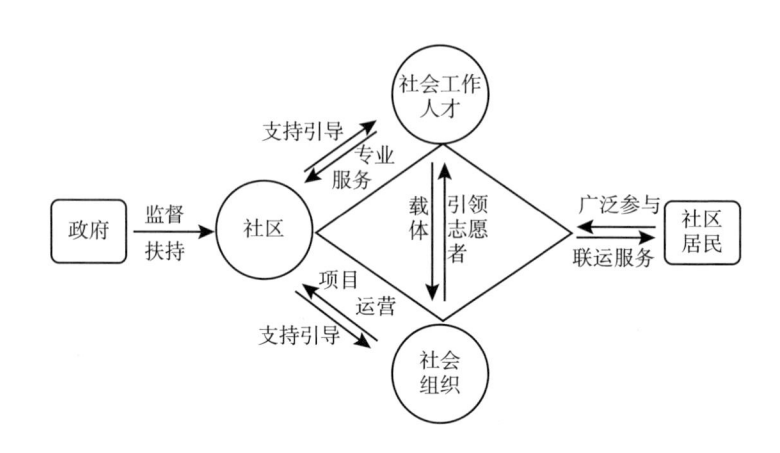

图1 "三社联动"示意

三 什刹海街道社区社会组织参与社区治理的启示

什刹海街道十分注重发挥社区社会组织在创新社区治理体制中的积极作

用，积极培育和扶持社区社会组织。通过引入社区社会组织力量，提升社区治理与服务的能力。

（一）加快转变社区治理理念，提高对社区社会组织参与社区治理的认识

社区社会组织的发展是社区治理科学化和民主化的体现。为推动基层社会治理体制的发展创新，党的十八大提出把培育扶持和有序发展社区社会组织作为当前加强社会和社区建设的重点之一。基层政府要进一步推动社区职能的优化和细化，将动员社区社会组织参与社区治理的能力作为衡量地区党和政府部门业绩的重要标准。要推动社区社会组织成为补充政府公共服务资源和能力不足、完善社区公共服务体系、加强社区管理的重要力量。政府要有与社区社会组织主动合作的意识，引导它们依法依规参与社区治理和为民服务工作，减轻社区承担公共服务事务的压力。另外，还要提高社会和民众对社区社会组织的正确认识，通过对一些典型社区社会组织参与社区治理的成功经验和活动项目进行广泛宣传，形成有利环境。

（二）完善社区社会组织发展框架，提高社区社会组织参与社区治理的能力

当前，我国社区社会组织的发展仍然处于初级阶段，没有形成完善的发展框架。首先，要强化党对社区社会组织的领导，积极推动社区社会组织的党建工作。坚持以党委领导为核心、以居民需求为导向、以专业机构为引领、以枢纽组织为骨干、以社区团队为基础、以社会资源为补充、以购买服务为渠道的社区社会组织发展体系。从党群建设、为老服务、特殊人群支持、社工人才培养、传统文化传承等方面加强社区社会组织建设，扩大服务的覆盖面，提升其在社区居民中的影响力和认可度。其次，按照"三化一社"的工作方针，[①]

[①] "三化"指日常管理规范化、孵化培育科学化、团队建设人文化，"一社"指构建自主向上、开拓乐观的社团组织的管理理念。

规范好、培育好、发展好社区社会组织，不断提高社区社会组织的创新和发展活力。完善"三社联动"机制，提高社区居民参与社区公共管理事务和公共服务事务的积极性和主动性，努力构建共建共享的社区治理格局。再次，推动政府职能转变，加快政府向社会组织转移职能的步伐，优化政府购买服务工作机制，通过"项目制"管理的方式，由政府部门授权或委托社区社会组织承担部分社区公益性、专业性、技术性公共服务项目，并完善与之相应的公共财政制度。最后，建立社区社会组织的孵化器，完善社区社会组织的备案审核工作，发展出一批能力强、资质优的社区社会组织，不断提升社区服务管理水平。

（三）积极搭建社区社会组织发展平台，推动社区社会组织健康有序参与社区治理

街道和社区要继续加强与社区社会组织合作的广度和深度，搭建多样化的平台，拓展多元化的参与渠道。从社区发展需求和居民发展需求出发，为社区、社会组织和居民搭建一个资源共享、社区共建、社会共治的平台。通过平台建设吸引社区社会组织，引导社区社会组织更多地向为老助残、矛盾化解、环境保护、社区自治等公益服务类方向发展，不断调整和优化社区社会组织的结构和功能；利用平台资源帮助社区社会组织解决工作困难，在资金、场地、人才队伍建设等方面提供支持和保障，提升社区社会组织的服务能力；借助平台的交流和展示功能，培育和扶持一批能够服务于社区建设和治理重点领域的社区社会组织，着力推出一批具有地区特色的精品服务项目，解决辖区内居民切实关心的问题。什刹海街道促成了前海北沿社区与睦友社会工作事务所的合作，针对社区高龄老人的身体需求，联合打造了"不倒翁"防跌倒专业服务工程，对部分老人的家进行无障碍改造，为辖区单位的志愿者举办了4轮为老服务专业培训等，在发挥社区社会组织服务社区功能的同时，大大提高了社区的为民服务水平，提高了社区的凝聚力。

参考文献

高飞：《"三社联动"创新社会管理的方向——以佛山市南海区为例》，《中国社会工作》2013年第28期。

郭坤：《社区社会组织参与社区治理研究——以北京市东城区为例》，硕士学位论文，南京大学，2012。

何欣峰：《社区社会组织有效参与基层社会治理的途径分析》，《中国行政管理》，2014年第12期。

夏建中：《社区社会组织发展模式研究》，中国社会出版社，2011。

周吉：《社区治理视野下社区社会组织发展研究》，硕士学位论文，上海交通大学，2011。

B.11
关于什刹海街道推进学区制改革的调研报告

摘　要： "学区制"是义务教育均衡发展体制机制创新的实践模式之一，是中小学实行分片划区管理的制度。十八届三中全会通过的《中共中央关于全面深化改革若干重大问题的决定》明确提出："义务教育免试就近入学，试行学区制和九年一贯对口招生。推行初高中学业水平考试和综合素质评价。"2014年教育部在《关于进一步做好小学升入初中免试就近入学工作的实施意见》中也提出："试行学区化办学，要因地制宜，按照地理位置相对就近、办学水平大致均衡的原则，将初中和小学结合成片进行统筹管理，提倡多校协同、资源整合、九年一贯。"在这一背景下，北京加大力度探索学区制改革，以此作为解决"择校"现象与资源分布严重不均问题的突破口。西城区更是率先发力，推出《关于推进义务教育重点领域综合改革的实施意见》。作为西城区学区制改革的重要组成部分，本报告对什刹海街道的学区制改革展开调研，总结其实践经验、存在问题，并对未来发展进行了初步思考。

关键词： 学区制改革　教育机会均等　优质资源均衡　学区理事会

一　北京市学区制改革的现状与主要类型

（一）西城区：多种入学方式，提升学区水平

西城区是全市率先推行学区制改革的两大城区之一，15个街道划分为

11个学区。截至2016年，西城区小升初有九年一贯制直升、小学对口直升、有条件派位入学、特长生入学、就近登记入学、学区派位入学等九种入学方式。另外，14所教学质量中上水平的中学与区内实力顶尖中学合并，强强联手整体提升区内中学办学水平，使优质资源更加均衡。

表1　西城区11个学区及15个教育集团学校名单

所属学区	集团数量	教育集团名称	学校名单
德胜门学区	1	育翔小学教育集团	育翔小学（合并德外二小，成立育翔小学南校区）、鸦儿小学
	2	西师附小教育集团	西师附小、新街口东街小学、雷锋小学
新街口学区	3	师大二附中教育集团	师大二附中、三帆中学、西城实验学校、裕中中学、一五四中学、裕中小学（三帆附属小学）
展览路学区	4	西城外国语教育集团	西城外国语学校、宣武外国语学校、月坛中学、北礼士路一小（西城外国语附属小学）
金融街学区	5	八中教育集团	八中、七中、八中分校、四十四中、鲁迅中学、福州馆小学（八中附属小学）
西长安街学区	6	黄城根小学教育集团	黄城根小学（合并官园小学，成立黄城根小学官园校区）、西什库小学、北长街小学、三义里小学
	7	四中教育集团	四中、三十九中、五十六中、一五六中
	8	师大实验中学教育集团	师大实验中学、师大实验中学分校、二龙路中学、华夏女中、一五九中、红庙小学、西单小学
	9	一六一中教育集团	一六一中、四十一中、二一四中、宣武分院附中、实验一小前门分校（一六一中附属小学）
广安门内牛街学区	10	育民小学教育集团	育民小学（合并青龙桥小学，成立育民小学青龙桥校区）、四根柏小学、中华路小学、进步小学
陶然亭白纸坊学区	11	宣师一附小教育集团	宣师一附小（合并右安门二小，成立右安门校区）、白纸坊小学、椿树馆小学、青年湖小学
什刹海学区	12	十三中教育集团	十三中、十三中分校、柳荫街小学（十三中附属小学）

续表

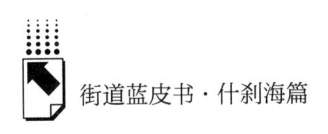

所属学区	集团数量	教育集团名称	学校名单
大栅栏椿树天桥学区	13	师大附中教育集团	师大附中、四十三中、六十二中、六十三中、一四〇中
	14	育才学校教育集团	育才学校（包括太平街校区）、新世纪实验小学、香厂路小学
	15	实验一小教育集团	实验一小（成立广外分校，合并琉璃厂小学、后孙公园小学，成立琉璃厂校区、后孙公园校区）、炭儿胡同小学

其他说明：1. 实验二小教育集团：合并涭水河小学、长安小学、玉桃园小学、白云路小学、民族团结小学、广外一小，成立涭水河校区、长安学部及玉桃园小学、德外校区、广外校区。

2. 北京小学教育集团：合并北京小学走读部、北京小学广外校区、北京小学红山分校、天宁寺小学，成立天宁寺校区。

（二）东城区：两次派位、学区内"多对多"

2004年起，东城区已启动学区化改革。在十年的时间里，东城区不断完善"多元综合治理""管理一体化"等现代理念。2014年，在国家政策推动下，东城区在全市率先实现由"学区化"到"学区制"的转变。东城区17个街道被划分为8个学区，取消"推优"，进行两次电脑派位。第一次派位是全区全体学生参与的"综合量化评定派位"。全区优质校拿出10%的比例招生。学生最多可填报8个志愿，依据学生德智体综合量化水平依次按志愿来安排入学。不过，此次派位仍然遵循就近原则。第二次派位是全区大派位。以学区为片，一个学区就是一个片，实行片内"多对多"升学，即一个学生可以选择学区内几所学校，如龙潭体育路学区有6所小学、4所中学。同时，为了使各学区间的教育资源更平衡，仍然会有一些跨学区调整分配的优质入学指标。而之前，划片升学实际上多为"单对单"，一个学区内一个小学对一个中学。东城区学区制改革的特点是实行"多校划片"升学，且没有执行锁区。

（三）海淀区：注重资源统筹，跨学区派位

海淀区的学区概念有别于东城区、西城区。海淀的学区划分与学校派位

的关系并不十分紧密，与小升初无直接关联。海淀区教委对本地区的学区制改革进行了详细解读："学区制改革旨在创新治理体制、机制，完善教育内部治理结构，搭建统筹整合地区内各级各类教育资源的平台，加强学区范围内各类教育资源的整合利用，促进学区内设施、课程和师资等各类资源的共建共享。"也就是说，海淀的学区重在资源统筹，如整合学区的课程、活动、资源单位以及师资队伍等，其功能定位为"教委的助手"和"学校的帮手"，而并非为了对口派位。截至2017年，海淀区22个街道7个镇被划为17个学区。海淀教育资源充沛，但分布不均，因此各学区间不会进行"锁区"，优质中学的教育资源仍然会辐射到周边学区，跨学区大派位仍是常态。未来，海淀区每个学区的中小学数量将趋于均衡，也就是说在海淀区范围内，学生的可选择机会将实现基本均等。

二 西城区及什刹海地区教育资源概况

（一）西城区：优势与问题同在

教育领域发展不断优化。2015年，西城区常住人口超130万人，共有幼儿园69所，小学59所，中学41所。西城区教育教学质量继续保持全市前列。学生不仅是学业水平，综合素质更是得到了普遍提高。文明礼仪、体育体能、科技艺术等都在全市名列前茅。西城区注重教育领域发展，加大投入。"十二五"期间，教育经费拨款增长高于财政经常性收入增长，生均支出、教职工收入等都有增长。西城区教育资源相对丰富、集中。西城区优质中小学数量居全市前列，且调整学区后优质资源更加均衡。

教育资源丰富但依然存在短板。一是部分小学校未达到学校标准规模的要求。由于多种原因，西城区小学校的用地面积普遍偏小，活动场地严重不足，部分小学规划用地不达标。个别学校低于"千人指标"提出的最低用地标准。专业教室明显不足，普通教室面积过于狭小，需要占专业教室保证正常上课。也就是说，小学的教室在质量和数量上均显不足，要逐步、逐年加强标准化建设。二是中学学校数量需要增加。西城区的中学与小学状况相似，存在班级空间不够、教室数量不足、教育资源不均等问题。同时，西城区还面临未来五年中学入学新生人数增加的问题。"十三五"期间，预计初中入学新生将逐年递增，据推测至2020年，净增加11000人左右。

（二）什刹海：资源相对平衡，力争提升片区整体水平

优质教育资源丰富，在西城区11个学区中优势明显：有北海幼儿园等8所幼儿园、黄城根小学等8所小学、北京四中等7所中学及1所大学（北京师范大学继续教育学院）。同时，西城区拥有恭王府、宋庆龄故居、什刹海体校、北海公园、郭沫若故居、科学电影制片厂等诸多历史文化资源。

表2 什刹海学区教育资源

幼儿园8所	北京市北海幼儿园(教委园)
	北京市西城区棉花幼儿园(教委园)
	北京市第六幼儿园(教委园)
	中部战区空军蓝天宇锋幼儿园(部队园)
	北京市公安局幼儿园(机关园)
	北京卫戍区机关幼儿园(部队园)
	北京市西城区大拐棒幼儿园(街道园)
	北京市西城区果子市幼儿园(新街口街道园)
小学8所	北京市西城区黄城根小学
	北京市西城区厂桥小学
	北京市西城区鸦儿胡同小学
	北京雷锋小学
	北京市西城区新街口东街小学
	北京市西城区西什库小学
	北京市西城区柳荫街小学
	北京市西城区什刹海小学

续表

中学8所	北京市第三中学(初中部) 北京市第四中学 北京市第十三中学 北京市第十三中学初中部 北京市第十三中学分校 北京市第三十九中学 北京市第一五六中学
社区学校	北京市西城区什刹海地区社区教育学校
直属单位	西城区教委房管基建处

近年来，街道把教育工作放在更加重要的位置，给予教育工作更多重视和关注，秉承"大教育"理念，不断完善以学习型创建为统领的相关教育工作制度，积极探索创新，推进"学区制"管理试点工作实施，同时依托"疏解调整促提升"行动，不断提升地区教学环境及条件，全方位服务地区教育发展，为推进学区制管理试点落实提供坚实保障。

三 什刹海学区制改革的实践与面临的问题

（一）什刹海成立学区理事会、学区办公室推动学区制改革

1. 切实加强顶层设计，全面推进"大教育"理念落实

一是制定《什刹海街道关于推进区域化教育改革的实施方案》。近年来，在街道主要领导的关注下，社区教育等相关工作机制不断完善，明确提出了什刹海地区教育工作"四个统筹发展"目标，即实现区域内各中小学、幼儿园教学管理、招生组织、督导评价等教育工作重大事项的统筹发展，实现区域内学校教育资源与地区社会教育资源、文化资源间交流、沟通、共享、共建的统筹发展，实现区域内未成年人"社会大教育"建设的统筹发展，实现区域内各类教育资源、文化资源保障服务的统筹发展，切实推进学区制管理的实施落实，切实实现同向同心，共同推进学习型家庭、学习型社

区创建工作开展。

二是树立教育优先理念，建立街道领导对接学校的工作模式。2012年，制定《什刹海街道处级领导联系学校制度》，2015年对该制度进行更新完善，以学习型创建为统领的相关教育工作制度不断完善，有效推动了"大教育"理念的树立及落实。2014年以来，坚持每年六一儿童节前，向地区8所小学、8所幼儿园赠送价值一万元的图书。实行处级领导与地区学校"一对一"工作对接机制，热情参加各中小学校开学典礼及其他活动。主动加强与各中小学校的日常沟通，定期邀请地区中小学、幼儿园领导，共商共谋地区教育发展前景，促进学区内教育文化资源共享共建，为推进区域社会教育、社会服务、文化建设共同发展不懈努力。

三是突出区域特色，营造合作共生的发展环境。近年来，街道主动作为，创新思路，充分发挥统筹协调作用，开展了大量文化交流活动。2012年，街道成功举办前海湖心岛"浓情厚意颂师德 三海邀月度金秋——暨什刹海街道庆祝第28个教师节联谊会"，学校及社会反响热烈。2013年，与恭王府管理中心联合举办"春风细雨育桃李 三海齐奏颂师恩暨什刹海街道庆祝第29个教师节联谊会"；2014年，联合民建西城区委在北京四中举办了"共谱三海情 唱响中国梦——民建西城区委情系什刹海街道助残助学慈善公益演出"，共祝第30个教师节；2016年，邀请地区各学校、幼儿园领导参加"恭王府中秋赏月文化活动"，为老师们送上节日祝福。街道在密切与地区学校、幼儿园共建协作方面做出积极努力，为地区教育工作营造优良发展环境做出贡献，工作获得辖区全体学校的积极肯定。

2. 率先试点探索，打造学区制建设多赢局面

一是着眼于区域发展，形成"大学区制"机制雏形。积极统筹辖区社会资源、教育资源，于2016年1月成功举办"人人为教育 教育为人人——什刹海地区学区理事会揭牌仪式"，正式成立什刹海学区理事会、什刹海学区办。建立完善工作机制，构建"1+1+N+X"工作模式，搭建教育与社会互通互联、共建共享的平台。积极征求区教委意见，制定并完善《什刹海街道关于推进区域化教育改革的实施方案》。由主要领导牵头推进，成立

什刹海街道学区制建设工作领导小组,指定主要领导负责学区制建设工作,并将学区制建设工作纳入年度督导和绩效考核。

二是形成育人合力,什刹海文化认同感增强。遵循"理念共识、资源共享、优势互补、品牌共建"的宗旨,地区学区理事会和学区办成立后,充分发挥"1+1+N+X"组织架构多元力量,先后召开举办专题座谈会3期,就教育方法、教育理念和教育经验进行交流,探索教师队伍交流与共享路径,推动实现义务教育全面均衡、整体优质、特色引领的目标。巩固和发挥"什刹海文化教育资源大联盟"的作用,积极协调学区理事会内各成员单位资源开放共享,为学区内师生、居民、单位服务,促进区域社会教育建设和多元文化建设。及时对接教育新理念,依托西城区"城宫计划"平台,整合利用地区社会力量,开展多种形式的教育教学活动,为地区学区制管理发展注入新鲜活力,积累丰富的成功做法和有益经验,学区制管理模式和运行机制不断完善。

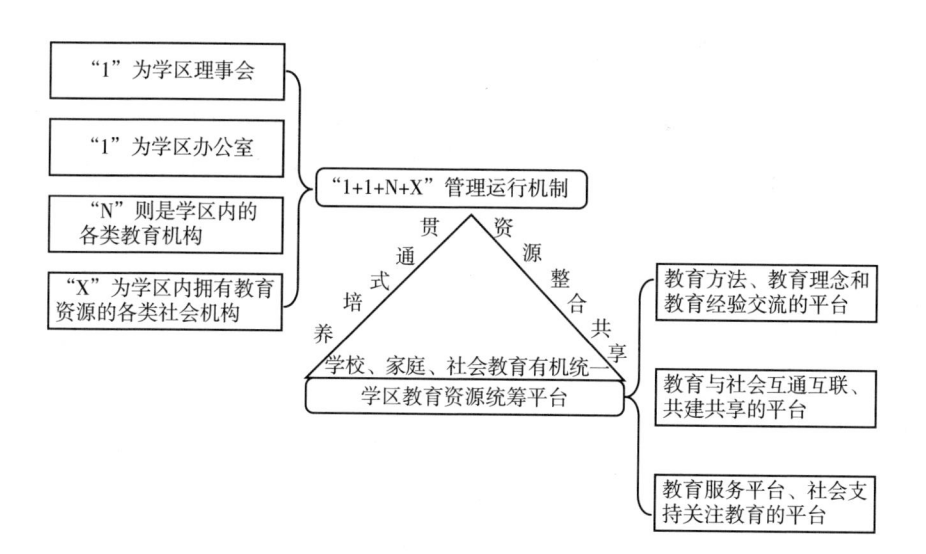

图1 什刹海学区管理模式

三是对接民众需求,推动区域文教资源统筹利用。近年来,街道围绕满足人民群众的精神文化需求的宗旨,统筹传统民俗文化等什刹海特色资源,开展了"我的童年在北京""漫品什刹海""你所不知道的什刹海"等各类主题教育活动，彰显什刹海融合与传承的特性，内容涵盖脸谱、风筝、毛猴、皮影等多项内容，提升青少年综合素质。打造互惠互益共赢局面。2012年，与棉花幼儿园合作创设"0~3岁幼儿早教实践基地"，拓展街道教育工作覆盖面。2013年以来，邀请北京守一三丰文化传播有限公司（北京武道馆）举办面向街道辖区各幼儿园、学校教师，以及社区的公益性"中华功夫进校园"武当太极习授活动，帮助教师们在紧张的教学工作之余学会身心调整和放松。打造"名师"服务教育品牌。连续3年开展"名师进社区"家庭教育系列讲座（内容涉及身心健康、习惯养成、课程辅导、家庭教育、成长规划等）30余期，优秀教师们积累多年的教学实践成果、先进教育理念让居民及家长们深受其益，社会反响热烈。目前，"名师进社区"已发展成为什刹海地区各学校、幼儿园及社会组织互动交流的优质平台。

3. 注重服务实效，提升校园周边环境秩序品质

积极落实属地管理职责，结合学校需求，认真办实事，结合街道"疏解调整促提升"工作，加强地区学校、幼儿园等校园周边环境秩序治理，提升校园周边环境品质，努力创造更加安全、健康的校园周边环境。

一是提升城市品质，改善校园周边环境面貌。2016年以来，街道紧紧围绕"提升城市品质，建设美好家园"大讨论，推进重点地区环境建设，通过规范"七小"门店、治理"开墙打洞"、整治清理"群租房"地下空间等多种有力措施，切实改善学校周边街巷环境面貌。发挥"大手拉小手"效应，通过开展"小手拉大手·携手立家风""学雷锋""邻里守望"等道德主题实践活动，强化全民社会责任意识，增强辖区居民及学校师生参与社会治理和城市品质提升的主动性和归属感。充分发挥名校、名园的示范引领作用，在校园周边采取"定人、定时、定路段"方式落实"门前三包"责任。同时通过封堵后及时绿化边角地、投放花箱等措施，以绿治乱，清理、整治、绿化一条龙，全面提升校园周边生态文明水平。

二是实施"校安工程"，提高校园周边安全系数。实施常态综合治理。联合属地公安、城管、工商、交通、食卫等部门及社区力量，开展校园周边

综合整治，对四环胡同、棉花胡同等地区开展综合治理，坚决取缔无照经营、占道经营，改善棉花幼儿园周边环境秩序。加强校门口保安巡视，确保校门口安全万无一失，杜绝安全隐患。协助砍伐柳荫街小学校门口危树，协助厂桥小学做好学生交通意外善后工作，迁移学校门前影响师生出行的电箱，设立机动车禁停禁行区域。优化未成年人健康成长环境，抓好《北京市控制吸烟条例》末端落实，以"幼儿园、中小学校百米内无烟草销售点"为工作目标，多次组织开展针对各中小学周边小卖部、商店的联合检查，受到师生及家长肯定。

三是实施环境工程，改善校园办学条件。积极配合推进雷锋小学操场西侧西绦南巷腾退工程，做好前期摸底工作，拆除雷锋小学教学楼南侧违法建设，清理堆料垃圾，改善学校办学条件。做好考试期间秩序维护工作。每年中考、高考前，全力做好十三中、四中、一五六中学等考场周边的安全稳定、环境卫生、噪声减控、交通顺畅等工作，确保安全有序，营造良好社会环境。主动提供服务，协助完成棉花幼儿园、大拐棒幼儿园的抗震加固改造工程，支持北海幼儿园白米北巷5号分园建设工程施工顺利完成，为老师、幼儿及家长创造安心的教学环境。

（二）什刹海学区制改革面临的问题

1. 缺少实体部门难以推动改革落实

目前，什刹海街道地区学区理事会和学区办已建立，但存在实体部门空白问题。缺少实体单位牵头统筹学区理事会、落实学区办职责，不利于学区制及学区理事会可持续发展，对扩大地区教育规模、拓宽教育领域、丰富教育内容、营造学区良好发展环境也将产生影响。国外如美国、法国所实行的学区制，学区多为一级实权管理机构，且学区规模与范围也有大小之分。美国学区一般分为基层学区和中间学区，前者有办学、督学的职能，可设立学区教育委员会，管理学校；后者是州与基层学区之间的一级教育行政管理单位。法国的学区是国家层面的片区划分，一个大学区分管几个省的教育行政管理工作。全国96个省，共分成30个学区。学区是在省的行政建制之上的单列教育职能机构。另外，区域教育文化资源良性互动、互为补充的资源共享机制仍需进一步完善。

2. 对学区制理解有待深入，创新不足

学区制改革，从政策文件来看强调的是"试行"，重在探索；从现阶段北京市各城区推行的实际情况来看，各城区对学区制的理解、做法也不完全一致，都处于摸索阶段。虽然学区制在国外有长期实践，但是在我国仍算新鲜事物，如何基于我国国情和各区区情推动这项工作，还需深入研究和大胆创新。西城区自2014年起推行学区制改革，学区制改革已逐渐步入正轨，成效初现，但总体来看魄力略显不足。特别是2016年划分的学区与2014年之前自发形成的学区并无明显区别，其调整多为合并，划分依据主要是街道范围和小学位置。改革所设立的学区理事会、学区办公室是一大突破，但目前还未实际开展工作。而从学区理事会、学区办公室的人员构成来看，发挥力量的还是党政机关代表、教委代表等，社会上普遍为双职工家庭，家长代表是否有时间和能力公正公平地履行职责是一个重要问题，其作用发挥较为有限。同时，在"多校协同、资源整合"目标的带动下，学校间教育教学质量差距在缩小，但也确实面临着"千校一面"的问题。

3. 优质教育资源不充沛

就西城区而言，学区制改革主要有两个目标："初步试行学区制，推进教育机会均等"和"全面实施学区制，促进教育优质均衡"。其实，这也是西城区推行学区制改革的两个阶段，初期保证教育机会均等，而后实现优质资源均衡。什刹海地区的教育资源基本均衡，无论是幼、小、初都不存在严重短缺的问题。因此，什刹海地区无须像西城区其他片区那样在教育机会均等上花更多精力，而是要把重点放在"优质教育"均衡上。推进教育机会均等可以通过办校、扩招、改建等方式实现，然而使优质教育均衡却是个难事。首先，达成优质标准不易，优质资源本身就不多。什刹海地区小学有8所，但多为二流二类学校，仅有黄城根小学为一流一类；中学虽然有4所市重点学校，但与新街口学区完全重合、与德胜学区部分重合，区重点2所，非重点2所。因此，综合小、初学校情况来看，什刹海地区缺少优质教育资源。从2016年西城区学校合并调整方案看，什刹海地区的中学一般学校没有得到改善，小学校没有变化。也就是说，地区有待扩充优质资源的情况尚未扭转。

四　对什刹海学区制改革的思考

（一）站位全区，拓宽思路

以区为单位试行是良好的开端，有利于地区资源的统筹和协调。西城区推行的学区制改革是以区教委、街道组成的学区办公室为主执行部门的管理架构。街道作为学区管理的主要力量，不能仅站在街道层面或是片区层面思考问题，必须打开视野，综观全区。虽然是局部力量在推动改革，但要站在整体立场去看待问题，绝不能"就局部改局部"，否则改革就改不到位、改不到点。具体来说，什刹海学区的优质资源有限，短期内也不能再通过与优质中小学合并等方式提升教育教学质量，因此，什刹海学区必须依靠自身力量提升整体水平。什刹海学区办公室可以推动学区内一般小学去黄城根小学及片区外的优质小学进行考察学习、联谊活动等；可以组织学区内一般中学向学区外的顶尖中学借鉴等。这种跨学区行为的本质是学区内优质资源不足，是问题倒逼改革。另外，鉴于西城区存在学前教育严重不足的问题，什刹海地区可以在满足片区儿童、学生的基础上，接收片区外儿童、学生，从而形成"友好"片区，相互助力、共同协作。

（二）紧跟大事，推动改革

学区改革不仅是学区划分、对口派位等，还有参与组织学区内教育机构的文化建设、文化活动、体育活动、学生校内外活动等工作，充实提升学区内校外教育，做好校园周边环境维护等任务。学区理事会、学区办要紧跟大事、时事推动改革。一是推广冬季体育活动。2020年北京与张家口将举办第24届冬季奥运会，在这一盛事召开前，学区理事会、学区办要鼓励、督促学区内学校开展冬季体育活动的普及工作。二是借助"疏解整治促提升"专项行动,优化校园周边环境。学校周边是小商小贩聚集之地,学区理事会、学区办可在街道开展"疏解整治促提升"行动,进一步改善校园周边环境,并可加入维护、监督的行列之中。另外,由于部分学校空间不足、教室不够,可以考虑在腾退的建筑空间中,挑选一些位置适宜、空间适宜的建筑作为校园空间的补充。三是引导学生参加地区文化活动。什刹海地区有丰富的文化活动,如"恭王府里过小年""王府元宵享福灯会""同品寒食 踏青寻春""夏至习俗讲座",应鼓励学生和家长参与文化活动。

(三)遵循方案,全面创新

在按照《什刹海街道关于推进区域化教育改革的实施方案》开展工作的同时,不仅要有点的创新、工作方法的创新,还要有进行整体的、全面的创新。街道应围绕学区管理工作问题、学区资源平衡情况、社会反响等进行深入分析,探索有效整合教育资源、提升教育教学质量、均衡优质教育资源的路径。什刹海学区起步较高,要担负起西城区学区制改革领路人的重要责任,必须加快摸索出均衡优质资源的方法,先行先试,为其他学区提供参考。

参考文献

郭元婕:《国外学区制的启示》,《人民教育》2014年第3期。
沙培宁:《从"学区化"走向"学区制"》,《中小学管理》2014年第6期。
毕军东(什刹海街道办事处主任):《关于什刹海学区制管理的探索》,2016。
陶西平:《对试行学区制的几点思考》,《中小学管理》2014年第4期。

案例报告

Case Reports

B.12 什刹海街道社区综合减灾能力建设的实践经验

摘　要： 街道社区的防灾减灾能力直接关系着辖区内群众的生命和财产安全，提升城市综合减灾能力是城市建设的"里子"工程，是提升城市发展品质的重要内容。什刹海是首都综合减灾能力建设的代表性街区，为了大力提升地区发展品质，实现可持续发展，什刹海在街道社区综合减灾能力建设方面积极探索、深入实践，摸索出了一系列符合地区特点的防灾减灾工作经验。本报告在回顾什刹海街道社区综合减灾能力的基本实践历程的基础上，对其成功经验和创新做法进行总结和提炼，并就如何建设好街道社区的综合减灾能力提出了几点思考。本报告认为，什刹海社区应牢牢把握"以人为本"的建设理念，建立健全各项保障机制，鼓励社会多元力量共同参与，加强综合减灾能力建设中的科技应用。

关键词： 综合减灾　组织构建　多元参与　科技防灾

城市综合减灾能力是指一个城市对各种灾害的防灾、备灾、救灾和恢复重建等各环节统筹协调的综合能力，综合即"灾种""过程""资源""手段"的综合。因此，该能力的建设是一项系统工程，[1]包含防灾减灾的基础设施建设和综合防控能力建设（监测预警预报、应急处置与救援救助、工程防御、灾害管理），涉及健全组织体系、运行机制、保障制度、社会参与等多个环节和多项措施的能力建设，反映了一个城市防御和应对各类灾害以及在灾害各个阶段的敏感性和脆弱性。[2]综合减灾能力是城市必须具备的重要能力，是城市可持续发展的必备功能。城市是构建国家机体的重要细胞，具备人口密度高、经济发展快等特点，一旦发生灾害将会造成巨大的人员伤亡和经济损失，因此，建好建强城市综合减灾能力是各级政府必须肩负的重要义务，也是各级政府履行社会管理和公共服务职能的重要体现。作为世界上最大的发展中国家，我国的城市化进程正在以前所未有的速度和规模推进，但与西方发达国家相比，我国城市在综合减灾能力建设方面经验不足，社会公共减灾防灾意识淡薄，不利于城市和社会的可持续发展。为提升城市整体安全环境和发展品质，最大限度降低或规避各类灾害给城市发展带来的风险，必须重视和加强对城市综合减灾能力的建设。

一 什刹海街道社区综合减灾能力建设的基础背景

（一）国家层面关于综合减灾能力建设的政策要求

2016年年底，国务院办公厅发布了《国家综合防灾减灾规划（2016—2020年）》，该规划肯定了我国"十二五"时期防灾减灾救灾工作的成效，分析了"十三五"时期我国面临的防灾减灾救灾工作形势，指出我国防灾减灾救灾基础依旧薄弱，特别是基层综合减灾能力建设有待加强。该规划提

---

[1] 胡俊锋、杨佩国、吕爱锋、张宝军、李仪：《基于ISM的区域综合减灾能力评价指标体系研究》，《灾害学》2014年第1期，第10页。
[2] 张辉、燕雨生：《我国综合防灾减灾能力建设》，《防灾博览》2009年第2期，第12页。

出要进一步深入推进综合减灾示范社区创建工作，增创5000个全国综合减灾示范社区，开展全国综合减灾示范县（市、区）创建试点工作的目标，部署了加强区域和城乡基层防灾减灾救灾能力建设，加强城市大型综合应急避难场所和多灾易灾县（市、区）应急避难场所建设的主要任务。《中共中央 国务院关于推进防灾减灾救灾体制机制改革的意见》指出要从强化灾害风险防范、完善信息共享机制、提升救灾物资和装备统筹保障能力、提高科技支撑水平、深化国际交流合作等方面全面提升全社会的综合减灾能力。为保障全国综合减灾示范社区创建活动的持续开展，不断提高社区防灾减灾能力和应急管理水平，增强城乡社区居民防灾减灾意识和避灾自救能力，切实保障人民群众生命财产安全，促进社会主义和谐社会建设，国家台了《全国综合减灾示范社区标准》，以此作为各地开展社区综合减灾工作的指导性文件。

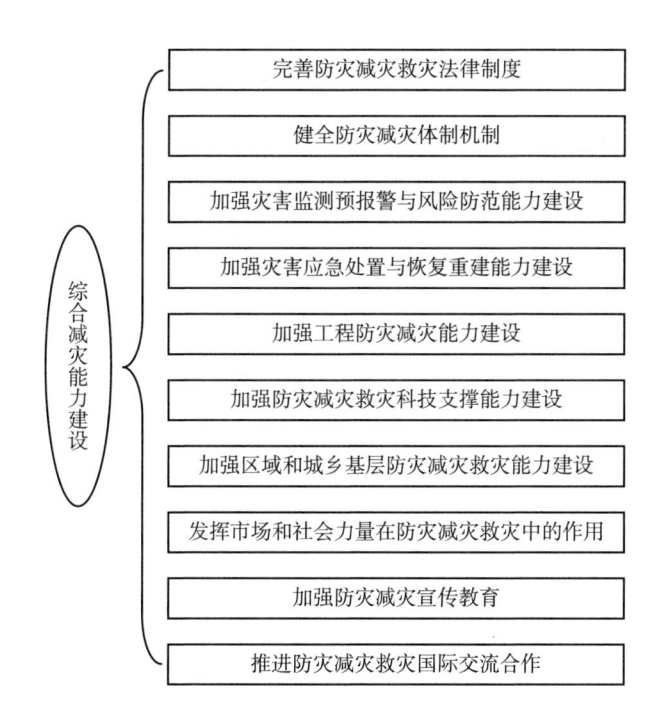

综合减灾能力建设：
- 完善防灾减灾救灾法律制度
- 健全防灾减灾体制机制
- 加强灾害监测预报警与风险防范能力建设
- 加强灾害应急处置与恢复重建能力建设
- 加强工程防灾减灾能力建设
- 加强防灾减灾救灾科技支撑能力建设
- 加强区域和城乡基层防灾减灾救灾能力建设
- 发挥市场和社会力量在防灾减灾救灾中的作用
- 加强防灾减灾宣传教育
- 推进防灾减灾救灾国际交流合作

图1 《国家综合防灾减灾规划（2016~2020年）》关于综合防灾减灾能力建设的主要任务

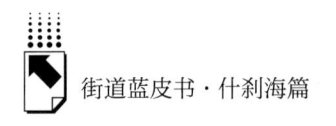

（二）北京市和西城区关于综合减灾能力建设的政策要求

2012年北京市政府发布了《北京市人民政府关于加强本市城乡社区综合防灾减灾工作的指导意见》，强调北京市城乡社区综合防灾减灾工作要在市委、市政府和市应急委的统一领导下，从北京市的实际情况出发，立足当前，着眼中国特色世界城市建设，构建处置有力、反应灵敏、运转高效的综合防灾减灾工作体系，创建与首都国际化大都市相适应的、高标准的综合防灾减灾社区，以满足本市及时应对自然灾害和突发事件的实际需要，促进应急管理体系的不断完善与发展。[1] 2016年北京市民防局和民政局联合发布了《关于加强社区防空和防灾减灾规范化建设的意见》，要求推进防灾减灾救灾体制机制改革，加强社区层面减灾资源和力量的统筹，充分发挥好社区在防空和防灾减灾方面的职能作用，打牢社区防空和防灾减灾工作基础。[2] 北京市在全国综合减灾示范社区创建工作中积极走在前列，2013年25个社区成功创建北京市综合减灾示范社区。"十三五"期间，北京计划再创建500个综合减灾示范社区，使示范社区总数达到2000个。下一阶段还将试点开展综合减灾示范街、乡创建工作。为保障综合减灾示范社区创建工作顺利开展，2014年北京市民政局专门颁布了《北京市综合减灾示范社区标准》，西城区也提出了自己的综合减灾示范区创建的目标并发布了《北京市西城区综合减灾示范街道标准》，这是全国第一个地方性综合减灾示范街道标准。

---

[1] 北京市政府：《北京市人民政府关于加强本市城乡社区综合防灾减灾工作的指导意见》，京政发〔2012〕24号，2016年12月23日。

[2] 北京市民防局：《北京市民防局北京市民政局关于加强社区防空和防灾减灾规范化建设的意见》，京民防发〔2016〕91号，2016年12月22日。

表1　北京市西城区综合减灾示范街道标准

基本条件	街道近三年没有发生因自然灾害造成人员死亡的情况
	街道至少成功创建一个全国性品牌社区或三个北京市品牌社区
基本要素	组织管理
	灾害风险评估
	应急预案
	减灾设施和装备
	防灾减灾志愿者队伍
	宣传教育培训
	社会多元主体参与
	创建特色
主要特点	突出街道服务统筹职能
	强调预案的实用性和可操作性
	注重防灾减灾志愿者队伍建议，将"防灾减灾志愿者队伍"列为示范街道创建的一项独立要素
	突出社会多元主体参与，根据从内到外的层次，对辖区单位在综合减灾示范街道中应充当的角色和发挥的作用予以了明确
	注重街道特色培养，根据辖区特色，将典型示范、宣传教育、社会参与、科技减灾等方面的创新纳入特色培养和示范街道创建加分项目，鼓励以居民实际需求为导向，自主创新，实现防灾减灾的区域化、本土化

（三）新时期什刹海街道加快推进综合减灾能力建设

1. 什刹海提升综合减灾能力是新时期首都发展的新要求

什刹海街道加强综合减灾能力建设是立足街道发展特点，准确把握首都发展新定位的重要工作部署。在北京市提出建设国际一流和谐宜居之都、全面提升城市发展品质总目标的背景下，什刹海街道主动把握机遇，积极响应号召，争创综合减灾示范街道。按照民政部和北京市关于开展社区综合减灾能力建设的相关政策和标准要求，2014年西城区提出了综合减灾示范区创建的目标。什刹海作为西城区选定的综合减灾示范街道和示范社区创建试点，有义务有能力在综合减灾方面做表率。什刹海街道在2013～2016年共创建了西什库社区、米粮库社区、前海北沿社区、景山社区、柳荫街社区等6个全国综合减灾示范社区，为保障地区可持续发展和人民生命财产安全提

供了良好的环境保障，这也符合新时期首都科学发展的新要求。

2. 什刹海街道社区综合减灾能力建设的基本情况

什刹海地区的街区情况特殊而复杂。在自然条件上水域面积广阔，有前海、后海、西海水域约33.6公顷；在地理位置上临近政治核心中南海，并且地铁4号线、6号线、8号线在辖区有交汇点；在人文环境上是北京重要的历史文化保护区和4A级旅游风景区。这种集文保区、居住区、风景名胜区于一体的叠加区情决定了什刹海地区以平房院落、小巷胡同、文物古建居多的人居环境。除了本地居民，每天还有数以万计的人流汇聚于此，复杂的环境和巨大的人流量使得什刹海地区安全隐患突出，如火灾隐患、人为安全隐患、高大树木管理隐患、食品安全隐患、低洼地带洪涝隐患、溺水隐患、拥挤踩踏隐患等。而辖区综合性的特点决定了综合减灾工作的重要性和艰巨性，这对街道综合减灾工作提出了严峻考验，因此，建强综合减灾能力是什刹海地区实现全面发展的客观需求。

二 什刹海街道社区综合减灾能力建设的实践与创新

防灾减灾救灾事关人民生命财产安全，事关社会和谐稳定，是衡量执政党领导力、检验政府执行力、评判国家动员力、体现民族凝聚力的一个重要方面。要全面提高国家综合防灾减灾救灾能力，就要不断从抵御各种自然灾害的实践中总结经验、开拓创新、落实责任、完善体系、整合资源、统筹力量，提高全民防灾抗灾意识，全面提高国家综合防灾减灾救灾能力。

（一）什刹海街道社区综合减灾能力建设的实践历程

1. 探索阶段（2011~2012年）

2011年什刹海街道对地区整体防灾减灾的情况进行了全面的排查摸底，街道相关科室和25个社区共同对什刹海地区进行了防灾减灾初期风险点排查，在实践调研的基础上对地区防灾、抗灾、救灾条件和能力有了准确的把握，认识到什刹海街道综合减灾能力建设的严峻性。2012年街道成立了综合减灾领导小组，建立起了"政府主导、部门联动、社会参与"的综合减灾工作体系，重点从"加强宣传、提升意识、科技防灾、筑牢基础"四个方面提高地区综合减灾能力。

为统筹规划地区综合减灾能力建设，实现科学发展，什刹海街道在专家的指导下对辖区各类风险进行归类，总结出了《什刹海地区突发公共事件应急抢险总体预案》，规定每年选一至两个内容进行实战演练，并根据实战演练的情况和效果对预案进行调整和完善，使其更加具备可操作性。什刹海街道还组织相关业务部门和社区认真学习国家及北京市的防灾减灾政策，并组织他们按照民政部的《全国综合减灾示范社区标准》（见表2）和北京市民政局试行的《北京市综合减灾示范社区标准》研究创建符合什刹海地区综合减灾能力建设的社区标准。什刹海综合减灾能力建设在最初探索阶段就得到地区领导的高度重视，始终立足地区发展大局和街区特色，强调顶层设计，为后期工作的持续推进奠定了良好的基础。

表2　全国综合减灾示范社区标准

基本条件	社区居民对社区综合减灾状况满意率大于70%
	社区近3年内没有发生因灾造成的较大事故
	具有符合社区特点的综合灾害应急救助预案并经常开展演练
基本要素	综合减灾工作组织与管理机制完善
	开展灾害风险评估
	制定综合灾害应急救助预案
	社区防灾减灾基础设施较为齐全
	居民减灾意识与避灾自救技能提升
	广泛开展社区减灾动员与减灾参与活动
	管理考核制度健全
	档案管理规范
	社区综合减灾特色鲜明

2. 前进阶段（2013~2014年）

有了前期的良好开端，什刹海街道的综合减灾能力建设工作开展有序，成效显著。2013年和2014年是其大步前进阶段，该阶段什刹海街道从四个方面全面提升地区综合减灾能力。

第一，组织架构更加完善，责任分工更加明确。2013年组建了全响应网格化社会服务管理工作系统，设立了指挥分中心监控室，通过地区345个高清探头对地区重点区域进行全天候监控，以便发现险情及时做出预案和预警。2014年将既有的综合减灾示范社区创建工作领导小组改建成综合减灾示范街道创建工作领导小组（下设指挥组、联络组、秩序组、抢险组、医疗救护组、后勤保障组、宣传组），由党工委书记和办事处主任担任组长。

第二，形成了系统的实战演习和救援培训制度。针对不同社区、不同群体、不同灾害险情在重点防灾风险点开展针对性的灾害应急演练和救援培训，让广大社区居民参与到减灾防灾的建设中来，在参与中学习和掌握防灾抗灾的基本技能和操作流程。如2013年5月，街道将25个社区分为五组，组织250名居民志愿者进行为期一天的救援培训活动和小型演练；2014年12月，什刹海冰场举行应急演练，冰场工作人员演练了处置游客摔伤及冰面人群疏散等应急项目。

第三，广泛开展宣传工作。2014年5月12日是全国第六个防灾减灾日，什刹海街道在街道办事处、荷花市场、前海小广场成功举办了5·12全国防灾减灾日宣传演练活动；2014年10月10日，什刹海街道成功举办西城区2014年国际减灾日主题宣传活动。

第四，重视经验借鉴和交流学习。2014年2月街道综合减灾领导小组成员同北京市民政局、西城区民政局相关工作人员参加了由联合国开发计划署、英国国际发展部、民政部和亚洲其他发展中国家共同举办的亚洲社区综合减灾合作项目社区经验交流会，围绕人与灾害、如何发动公众参与防灾减灾、针对弱势人群的减灾工作、公众参与制作社区风险图、以人为本的减灾社区建设等专题进行了深入探讨。同年4月，前海北沿社区和街道减灾办公室相关成员参加了亚洲综合减灾示范社区实践经验交流会，从国家、技术、社区三个层面对社区减灾政策、实践和经验进行分享和研讨。

3. 可持续发展阶段（2015年至今）

随着综合减灾能力建设实践的深入推进，什刹海街道已经取得了一些成功的做法和成熟的经验。当前有效落实各个层面的综合减灾政策，大力推广符合地区发展情况的做法和经验，推动地区综合减灾工作的可持续发展成为什刹海地区需要解决的重要课题。根据2016年《中共中央国务院关于推进防灾减灾体制机制改革的意见》，什刹海街道将从以下三个方面努力实现综合减灾工作的科学可持续发展。

第一，大力提升科技防灾水平，不断完善信息共享机制，逐步提高科技支撑水平，充分利用地区防灾减灾电子地图、社区应急广播系统资源，准确记录发现的问题，建立起地区防灾电子档案，将灾害风险点纳入可测可控范围。2015年街道向西城区科委申请了可持续发展项目，完成了米粮库、西什库应急广播系统安装工程，按照社区、楼宇、单元、住户等服务对象的范围，通过群呼、组呼或单呼等寻址控制方式，对用户紧急接收设备开/关机、告警、语音广播等进行操作控制，达到精确服务、精确管理的目的。街道借助微信平台等新媒体手段丰富防灾减灾宣传手段和内容，及时向居民发布防灾减灾信息，提高地区居民的防灾减灾意识。

第二，更加重视综合减灾能力建设的系统研究工作。2015年4月，在区民政局组织下赴江西吉安进行防灾减灾和综合救助情况调研，研究和撰写了《加强宣传提升意识，科技防灾筑牢基础——什刹海街道综合减灾能力建设浅析》的调研报告，次月再次赴江西吉安开展实地调研。街道还曾多次协助市、区民政局开展综合减灾方面的深层次调研，调研内容涵盖示范街道指标体系的研究、社区减灾体系建设等。

第三，强化社会动员能力和资源整合能力。地区综合减灾能力建设事关人民群众的生命财产安全，需要统筹和动员社会各种资源和力量共同参与，从根本上提高地区综合减灾能力水平。什刹海街道积极协调驻街道单位参与和支持地区综合减灾能力建设，积极鼓励社会组织和志愿者团队发挥志愿建设作用，积极邀请市里相关部门和专业团队给予指导，发挥减灾合力。如街道以社区社工、机关单位工作人员、辖区学校教职工作人员、什刹海景区保安、消防队员等为主体组建了什刹海街道社区应急救援队，并邀请市紧急救援协会和市应急志愿者服务总队等社会组织给予防灾减灾知识和技能上的专业指导。

（二）什刹海街道社区综合减灾能力建设的创新研究

1. 强化标准意识，重视综合减灾能力建设的系统性

按照民政部颁发的《全国综合减灾示范社区标准》、北京市民政局试行的《北京市综合减灾示范社区标准》以及《西城区综合减灾示范街道标准》，街道多次组织相关业务部门和社区学习防灾减灾相关政策，研究和创建具有什刹海地区特色的综合减灾示范标准。刹海街道为全面提升地区综合减灾能力，不断强化建设的标准意识，从平安社区创建到全国安全社区创建，从六型社区建设到全面启动综合减灾，不断搭建起综合减灾能力建设的系统。

街道通过加强组织建设和领导班子建设，实现对地区综合减灾能力建设的统筹规划；完善各项基础设施和物资配备以增强防控能力；组织经验交流和学习调研以提升创新能力；推动灾害风险评估、风险排查、实战演练、培训救援等制度的规范化建设，提高地区整体的灾害应急能力；开展多层次多特色的宣传教育工作，使防灾减灾意识深入人心；增强社会动员能力和资源统筹能力，在提高综合减灾工作覆盖率等方面不断努力尝试；不断提高地区综合减灾能力建设的系统性，探索出一套具有什刹海特点的综合减灾发展模式。

2. 提升社会动员能力，构建多元参与的综合减灾能力建设格局

2016年习近平同志在河北唐山考察时谈到全面提高国家综合防灾减灾救灾能力建设的一项重要内容就是要整合资源、统筹力量、引导社会力量的有序参与。什刹海在地区综合减灾能力建设进程中，十分重视发挥社会多元力量的作用，通过搭建各类参与机制和平台，不断增强地区的社会动员能力，形成了社会多元参与的综合减灾建设格局。街道积极发动辖区内的企事业单位、志愿者队伍、社会组织参与综合减灾建设，邀请专业力量

对街道救援队伍进行培训和指导，配专配强减灾力量，根据各类社会组织的专业特点，针对不同群体和对象开展特色宣传教育，充分发挥地区资源优势。

目前街道拥有一支241人的准专业化的救援队伍，取得了民政部和人社部联合颁发的初级救援员证书，还拥有一支具有区域特点且相对专业的胡同消防队和由官兵组成的15支紧急救援抢险队。街道安全生产办协同西城区消防支队、北京师范大学继续教育学院共同举办什刹海消防安全应急演练，不断强化经营单位及群众安全意识。街道妇联邀请了北京市应急救援基金会的专家，在街道社区服务中心开展"关注妇女人身安全 从学习应急救护开始"主题教育培训活动。

3. "人防+技防"，发挥科技精准减灾防灾的重要作用

什刹海街道为提高地区综合减灾能力，在加强传统人防能力建设的基础上，更加重视科技减灾防灾能力的建设。为更好地发挥科学技术在地区综合防灾减灾工作中的作用，街道制定了专门的防灾减灾科技发展规划，建立了科技应急机制，实施了科技项目等措施，将人防与技防结合起来，提高了街道综合减灾防灾工作的精准性和地区全响应系统的反应能力。

2014年街道为前海北沿社区安装了应急广播系统，利用系统及时向公众通报紧急事件和应对措施；2015年街道又相继完成了米粮库、西什库应急广播系统安装工程，按照社区、楼宇、单元、住户等服务对象的范围，采取群呼、组呼或单呼等特定的寻址控制方式，实现对用户精确服务、精确管理的目的，提高了地区防灾减灾建设的智能化水平。通过电子摄像头和地区电子地图对辖区内的各类灾害风险点进行实时跟踪、观测和控制，建立重点区域防灾电子档案，提高灾害防范预警能力。街道还通过网站和微信等信息平台及时更新发布防灾减灾救灾的各类知识和信息，将最新的防灾减灾政策和情况送到群众身边。通过科技手段的应用和科技设备的配备提高人防能力，增强政府对灾害的预警能力和群众的应急反应能力，提早做好相应的应急预案。这对于更好地保护社会公共安全，最大限度地降低灾害风险给公民的生命财产带来的损失，具有十分重要的意义。

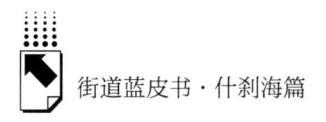

4.以人为本，开展多层次多特色的宣传教育工作

综合减灾能力建设的根本点最终要落实在人，要围绕人民群众的根本利益开展工作，通过广泛的宣传让更多的居民和辖区单位参与到综合减灾活动中来，在活动中提高群众的自我防范意识。什刹海街道开展了多层次多特色的宣传教育工作，向广大基层群众宣传和普及了防灾、抗灾和救灾的知识，在潜移默化中提升了地区居民的自救互救技能，确保了人民群众在灾害面前能够有效应对，切实减少人员伤亡和财产损失。什刹海街道就综合减灾建设工作开展了多层次多特色的宣传教育工作，对不同群体不同灾种分类开展宣传教育和培训。

2016年什刹海街道办事处与北京市应急救援协会在什刹海柳荫街小学共同举办的防灾减灾运动会上展示了第一套防灾减灾广播体操，将防灾减灾意识、知识和技能融入学生的日常运动中，在潜移默化中提升学生的防灾减灾意识。街道综合减灾领导小组结合每年"全国减灾日"和"国际减灾日"等重要时间节点，组织大型防灾宣传活动。街道积极鼓励和调动辖区各个企事业单位根据自身工作特点开展多时段、多层次、多角度的防灾减灾工作。如街道安全生产办与西城区消防支队、北京师范大学继续教育学院共同举办什刹海消防安全应急演练，邀请地区安委会成员、生产经营单位20余家及居民师生300余人参加，不断强化经营单位及群众安全意识。街道综合运用传统宣传手段和新媒体宣传手段，如社区文化活动室、电子宣传屏、宣传栏、报纸和各类网站、微博和微信平台，不断丰富宣传内容和形式，扩大防灾减灾宣传工作的覆盖面。什刹海街道借助《北青社区报》的宣传影响力制作综合防灾减灾专刊，借助手机微信平台开展防灾减灾知识竞赛，进一步在居民群众中普及防灾减灾知识。

三 关于什刹海街道社区综合减灾能力建设的思考

什刹海街道在综合减灾能力建设方面做了许多有益的尝试，从组织建设、队伍建设、设施建设、制度建设、宣传教育、社会动员等多个层次和多个方面着力推进地区综合减灾能力的建设，创建了具有地区特色的综合减灾工作模式，有力地推动了地区综合减灾建设工作的可持续发展。认真总结和思考什刹海地区综合减灾能力建设的实践经验和创新发展模式，不仅可以为西城区综合减灾示范区的创建提供重要参考和借鉴意义，也可以为其他特大型城市开展综合减灾工作提供真实案例和建设样板。

（一）牢牢把握以人为本的建设理念

综合减灾能力建设就是要提高和改善人类与自然灾害相处的能力，做到在自然灾害面前最大限度地保护人类发展利益，其要解决的问题实质上就是人与自然的关系，根本核心是人。在全面提升地区防灾、抗灾、救灾综合能力建设的工作中要牢牢把握以人为本的建设原则和理念，时时刻刻把人民群众的生命财产安全放在第一位。在灾难的预防、期间和后期重建环节，都要以保障群众安全和利益为工作出发点。要注意防范措施、宣传教育、应急演练和救援工作的人性化建设，防灾减灾知识普及，救援培训，逃生技能普及，避难场所和防灾减灾物质储备和基础设施建设，尤其要加强对学校等重点防范单位的减灾宣传工作和演习。街道要深入辖区调研，编制地区灾害隐患的具体分布图，用来指导和部署地区综合减灾防灾工作，并深入群众和单位进行宣传和普及。要熟悉掌握各个社区的居民情况和居住情况，如地区老年人、儿童、孕妇、残疾人等弱势群体的情况，在此基础上制定相应的防灾减灾应急预案。夯实综合减灾能力建设的群众基础，使防灾减灾的各项有效政策和措施扎实落实到基层。

（二）建立健全各项保障机制

要保障综合减灾能力建设各个工作环节的扎实推进和有效落实，必须建立健全保障工作顺利有序运行的各项机制。要进一步完善组织体系，强化领导班子建设和责任落实机制；强化各部门之间的协调配合机制，强化资源统筹，如建立民政、民防、消防、地震、气象、广电、卫生等各个部门的联席

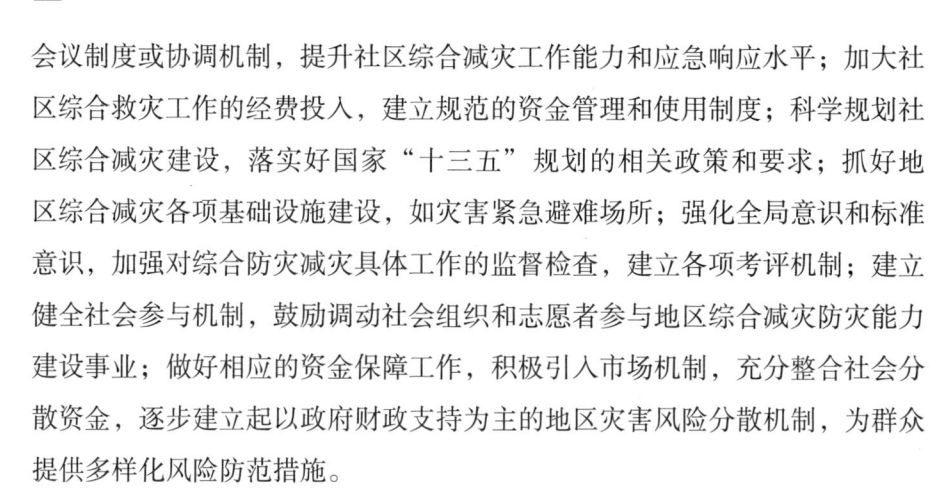

会议制度或协调机制，提升社区综合减灾工作能力和应急响应水平；加大社区综合救灾工作的经费投入，建立规范的资金管理和使用制度；科学规划社区综合减灾建设，落实好国家"十三五"规划的相关政策和要求；抓好地区综合减灾各项基础设施建设，如灾害紧急避难场所；强化全局意识和标准意识，加强对综合防灾减灾具体工作的监督检查，建立各项考评机制；建立健全社会参与机制，鼓励调动社会组织和志愿者参与地区综合减灾防灾能力建设事业；做好相应的资金保障工作，积极引入市场机制，充分整合社会分散资金，逐步建立起以政府财政支持为主的地区灾害风险分散机制，为群众提供多样化风险防范措施。

（三）鼓励社会多元力量共同参与

综合减灾能力建设是一项社会工程，其建设能力直接关系到广大人民群众的切身利益，人民群众的支持和参与是该项工作开展的重要基础。在城市治理越来越深入基层、向精细化发展的背景下，城市街道社区的综合减灾能力建设也越来越需要广大人民群众的参与，形成政府主导下的社会多元建设格局。政府必须在综合减灾能力建设中发挥主导作用。一方面要制定和完善多元社会力量参与地区综合减灾能力建设的政策、法律和相关行业标准，建立起政府与社会力量协同参与的减灾防灾工作联动机制，为企业、社会组织和志愿者团体等提供宽松的发展环境，如优惠的税收政策、专业的业务培训。另一方面要积极鼓励和支持社会力量的有序参与，坚持引导规范、效率优先、自愿自助的原则，并为社会力量参与综合减灾能力建设搭建多样化的平台。街道通过鼓励社会多元力量共同参与，不但夯实了街区综合减灾能力建设的群众基础，而且充实了街道综合减灾工作的可用资源。此外，政府在做好社会力量参与地区综合减灾工作、应急救援工作和相关宣传教育工作的同时，应该建立健全具有针对性的社会力量参与减灾救灾工作的评估和监督体系，保障各项政策方针的扎实落地，最终构建起多方参与的社会化防灾减灾救灾格局。

（四）加强综合减灾能力建设中的科技应用

增强地区综合减灾能力，实现防控并举，需要不断推动科技创新，加大科技减灾设备和技术的投入和应用，加快提高地区防灾减灾的工作效率和智能化水平。第一，要注重对专业人才和团队的培养，综合统筹防灾减灾救灾的科研力量和科技资源，发挥该领域专家、智库决策指导和科学规划的功能。第二，要制定有利于科学技术助推地区综合减灾能力建设的相应政策和法规，以保障科技综合减灾工作开展的正确方向。第三，要不断完善信息共享机制，结合街道全响应工作体系，进一步引入和发挥互联网、大数据、云计算等先进科学技术在地区综合减灾工作中的积极作用，实现防灾、抗灾和救灾的各项政策和工作流程的公开，提高对各类灾害的预报预测、风险评估、应急通信与保障能力。第四，依托各类科技平台，大力开展有特色的宣传教育活动，普及和推广防灾减灾政策和知识，借助互联网搭建多样化的灾害信息综合管理平台，保持灾害信息获取渠道畅通。

参考文献

韩淑云：《"十一五"期间北京城市综合减灾应急体系建设研究课题北京减灾协会一举中标》，《城市与减灾》2004年第3期。
金磊：《北京城市综合减灾与建设思考》，《世界建筑》1992年第5期。
金磊：《中国城市综合减灾对策及其新探索》，《北京建筑工程学院学报》1992年第1期。
李保俊：《提高城市防灾减灾综合协调能力》，《中国减灾》2004年第12期。
李俊华：《保证城市安全 实施综合减灾》，《经济参考报》2003年第3期。
罗奇峰、吴志科：《城市需提高综合防灾减灾能力》，《上海教育》2010年第23期。
王江波：《我国城市综合防灾规划编制方法研究》，《规划师》2007年第1期。
吴光伟、王松华、程俐骢：《城市防灾减灾对策研究》，《灾害学》2006年第2期。

B.13
什刹海街道创新"四步走"模式推动"疏解整治促提升"

摘　要： 为贯彻2014年习近平总书记视察北京时的重要讲话精神，特别是建设国际一流和谐宜居之都的要求，2017年1月，北京市政府发布《北京市人民政府关于组织开展"疏解整治促提升"专项行动（2017~2020年）的实施意见》。西城区作为首都功能核心区，有更大责任、更多义务推动"疏解整治促提升"工作。什刹海街道创新"四步走"模式，从明确工作机制、聚焦工作难点、转变工作方式、把握工作节奏四个方面推动"疏解整治促提升"工作。本报告梳理什刹海街道开展疏解整治促提升工作的背景，总结了经验，以期保证什刹海街道在未来继续有序有效开展"疏解整治促提升"工作，为首都功能疏解和转型发展贡献一己之力。

关键词： 疏解整治促提升　四区叠加　"四步走"模式

一　什刹海街道开展疏解整治促提升的基础

（一）2016年治理"开墙打洞"任务提前超额完成

截至2016年12月31日，什刹海街道共开展九次大规模集中整治行动，封堵132户"开墙打洞"违法建设，共计2919平方米，疏解235人；打造了护仓胡同、航空胡同2条整治试点示范街巷，建立了以西什库大街为主线的"单位产"治理区,初步形成了南北双线同步作战、齐头并进的整治格局。

表1 2016年什刹海街道治理"开墙打洞"的主要工作和推进方法

工作任务	工作方法
强化组织领导 落实职责任务 积极主动推进	联合作战,凝聚合力
	统一思想,靠前指挥
	举旗定向,谋篇布局
强化分户施策 完善工作台账 依法有序推进	宣传造势,凝聚共识
	谈话沟通,争取支持
	快速推进,末端问效
强化执法联动 发挥小组作用 统筹协调推进	拆堵结合,同步实施
	综合治理,整体推进
	依法行政,消除隐患

(二)"1+5+N"联勤联动工作机制初步建立

成立1个专项工作领导小组(街道党工委书记、办事处主任任总指挥),统筹城管、工商、食药、公安、房管5大主力,整合社区、民政、残联、社保、信访等N重保障,抽调骨干人员40名,组建2支现场整治工作组,形成强大合力,建立起常态化工作机制。

(三)城市环境与社会治安综合治理秩序明显改善

将治理"开墙打洞"违法建设作为有力抓手,深入开展"七大战役",拆除私装地锁51个,处理店外经营32起,清理违章广告牌匾81个,清理占道台阶200延米,胡同和街巷的肌理正逐步恢复。从社会治理角度看,关停取缔了一批无证无照经营门店,消除了一些安全隐患、防火隐患、治安隐患,减轻了地区安全生产压力,降低了治安案件、刑事案件发生的概率。

(四)共建、共治、共赢的整治氛围逐渐形成

发放《致居民和商户的一封信》120 份,张贴《关于综合治理开墙打洞违法建设的通知》33 张,悬挂宣传标语、横幅 33 条,约谈产权人、经营者 150 户,与敬业集团等产权单位召开专题座谈会 5 次,赢得了辖区居民的普遍支持,形成了有力的舆论震慑,树立起积极作为、主动担当、依法行政、严格执法的良好形象。

二 什刹海街道做好"疏解整治促提升"工作的必要性

(一)"疏解整治促提升"是国际一流和谐宜居之都建设的重要内容

2014 年 2 月,总书记提出建设国际一流和谐宜居之都重要指示;2017 年 1 月,北京市发布《北京市人民政府关于组织开展"疏解整治促提升"专项行动(2017—2020 年)的实施意见》(以下简称《意见》),并明确"疏解整治促提升"专项行动 2017 年工作计划。该计划包括十项内容,主要有占道经营、无证无照经营和"开墙打洞"整治,城乡接合部整治改造,中心城区老旧小区综合整治,中心城区重点区域整治等(见表2)。正如《意见》所述,"深入推进京津冀协同发展,着力疏解非首都功能,优化提升首都核心功能,加快建设国际一流的和谐宜居之都","疏解整治促提升"行动是有效治理首都北京"大城市病"的重要方法,也是构建国际一流和谐宜居之都的重要内容。

(二)"两转型"是西城区"十三五"时期发展的新理念

从首都北京建设国际一流和谐宜居之都之初,西城区就紧跟步伐,提出构建国际一流和谐宜居之都首善之区的要求。而随着工作深入推进,工作思路逐步清晰,这一要求得到进一步升华、分解和提炼,在《北京市西城区国

表2 "疏解整治促提升"专项行动任务分工

序号	名称		牵头单位
1	拆除违法建设		市规划国土委
2	占道经营、无证无照经营和"开墙打洞"整治	占道经营整治	市城管执法局
		无证无照经营整治	市工商局
		"开墙打洞"整治	
3	城乡接合部整治改造	城乡接合部整治	首都综治办
		城乡接合部改造	市城乡办
4	中心城区老旧小区综合整治		市住房城乡建设委
			市重大项目办
5	中心城区重点区域整治提升		城六区政府
6	疏解一般制造业和"散乱污"企业治理	一般制造业	市经济信息化委
		"散乱污"企业	
7	疏解区域性专业市场		市商务委
8	疏解部分公共服务功能	教育资源、培训机构	市教委
		医疗卫生资源	市卫生计生委
9	地下空间和群租房整治	地下空间清理整治	市民防局
		群租房治理	首都综治办
10	棚户区改造、直管公房及"商改住"清理整治	棚户区改造	市重大项目办 市住房城乡建设委
		直管公房清理整治	市住房城乡建设委
		"商改住"清理整治	市住房城乡建设委 市规划国土委

民经济和社会发展第十三个五年规划纲要》中形成"两转型"的完整且详细的表述："全面实现区域发展转型和管理转型，率先全面建成小康社区，在北京建设国际一流的和谐宜居之都进程中走在前列，在更高水平上共同创造城市美好生活。"在步入"十三五"时期的第二年，西城区贯彻落实《意见》精神，全面部署"疏解整治促提升"专项行动，在2016年超额完成部分疏解任务的基础上，将全区的"疏解整治促提升"向纵深推进。

（三）"四区叠加"的什刹海地区需要疏解整治促提升

什刹海地区文保区、居住区、旅游区、商业区"四区叠加"。文保区是指什刹海地区存在大量历史文物，有价值的传统建筑多；居住区是指什刹海地区仍存在不少原住居民；旅游区是指什刹海地区是一个开放式景区，特色景观多、公园多；商业区是指什刹海特色街区多，且已与南锣鼓巷、簋街、五道营等商业街等组建北京内城特色商业街商会联合会。什刹海地区虽然是文保区，但多数传统院落已成为"大杂院"，违建多、环境乱；虽然是居住区，但受平房区空间限制等多重因素影响，整体环境与标准有一定差距，综治管理难；虽然是旅游区，但旅游市场不够规范，小商小贩多；虽然是商业区，但存在"开墙打洞"、违规违法经营等行为。什刹海地区在兼顾多重功能的同时，也存在多种多样的问题，迫切需要牵住"疏解整治促提升"专项行动这个牛鼻子，全面推进各项整治整改工作。

三 什刹海"四步走"推动疏解整治促提升的实践

（一）明确工作机制，全面推动工作开展

1. 建立整体统筹规划机制与分类先行试点机制

整体统筹规划机制是由规划、国土部门牵头，建立由各职能部门和相关社会组织参加的什刹海地区"疏解整治促提升"规划组织机构，根据什刹海地区建设现状和未来发展目标，按照"统筹兼顾、求同存异、疏提同步、整体优化"的方式，搞好区域性的整体规划，从而防止多门出规划、样式多样化问题，保证规划的唯一性、科学性。分类先行试点机制是按照"试点先行、以点带面、逐步推广"的原则，创新探索街区、院落综合治理新模式，探索运用"资金撬动+政策保障"吸引社会资金参与城市品质提升，分别安排1~2项试点，试点取得成功后全面推开的新模式。整体统筹规划机制与分类先行试点机制相互配合。

2. 建立重大项目推进机制与共商共治参与机制

重大项目推进机制是就地区重点问题（如停车困难等），及时组建项目推进实施团队，专门负责搞好调查论证，实行从项目策划、前期招标到实施的全程责任制，多种渠道协调获得用地，多种渠道对接群众需求，多种渠道

进行项目融资，多种渠道促进项目落地。共商共治参与机制是组建什刹海规划顾问团，充分发挥群众和社会各界在城市品质提升中的主体作用，形成全社会齐抓共管的良好氛围；精心设计参与平台，引导居民单位按照"提需求、拟方案、定制度、能管理、再完善"的流程主动参与"疏解整治促提升"工作，深化社区参与式协商。在推进重大项目时，需要共商共治。

3. 建立综合执法联动机制

建立什刹海地区"疏解整治促提升"联席会制度，协调区属各部门协同联动，加大执法力度；组建街道"疏解整治促提升"专项行动领导小组及办公室。在"疏解整治促提升"专项行动领导小组的统筹和指导下，协调各职能部门共同开展九项综合治理措施（见图1），全面提升区域发展品质和服务水平，让群众有更多的幸福感。

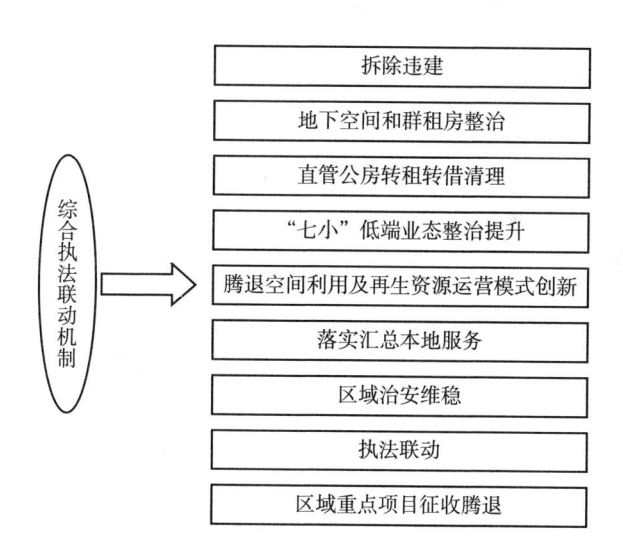

```
综合执法联动机制 →
  拆除违建
  地下空间和群租房整治
  直管公房转租转借清理
  "七小"低端业态整治提升
  腾退空间利用及再生资源运营模式创新
  落实汇总本地服务
  区域治安维稳
  执法联动
  区域重点项目征收腾退
```

图1 什刹海街道综合执法联动机制的九项治理措施

（二）聚焦工作难点，加快排查建立台账

1. 梳理难点工作，找准原因

一是疏解批发市场难。什刹海地区原有6个批发市场，已经完成了3个

市场的疏解和2个市场的规范提升任务。区域内仅存的1处批发市场是平安里电子市场，需要进一步与产权方协调对接。二是拆除违法建设难。拆违与民众切身利益相关，是难点工作。做好动员工作，坚持发动群众举报私搭乱建行为，努力扩大监控网络覆盖范围，形成"拆违治违人人有责"的良好氛围，形成部门协同、群防群治的合力。三是治理"散乱污"难。其原因在于此项工作涵盖内容多、涉及的行业多，需要从市场监管、安全生产、城市管理、市政管理、卫生健康等领域入手，对不规范"七小"门店分类监管、消减提升。四是整治地下空间难，其地下空间主要用于本单位生活性服务保障。

2. 加快摸底排查，建立管理台账

一是加快拆违台账建设、摸清"开墙打洞"情况。保持新增违建"零增长"，梳理出1564处"开墙打洞"违建。2017年完成976户整治任务，2018年实现14条大街和21条胡同全部清零目标。二是排查"散乱污"。已排查出地区不规范"七小"门店556户，已清理完成165户。三是排查地下空间。已排查出地区内在用地下空间共10处，预计每季度协调地区6家单位，加大地下空间整治力度，做好安全防范。2017年，完成普通地下空间整治，力争三年内消除地下空间安全隐患。四是摸底地区直管公房情况。什刹海地区共有直管公房15663户、24325间、349241.61平方米，排查发现有1050户存在违规转租转借情况。三年内争取对地区存在的33栋简易楼，全部实现腾退。五是摸底地区医疗资源。地区共有医疗单位5家。其中，北大第一医院、积水潭医院分别隶属于北京大学和北京市医管局，前海医院、北海医院为民营医院。力争在三年内，配合和支持三甲医院在六环路以外建设分院，规范提升或疏解两家民营医院。

（三）转变工作方式，提升街区整体品质

1. 完善区域整体、专项和片区规划

一是完善什刹海地区发展整体规划。在街道三年行动计划、景区"十三五"规划、区域文化整合报告等区域发展规划的基础上，按照市、区建

设和谐宜居示范区的要求，通盘考虑，整体谋划，完善落实什刹海地区品质提升整体规划，明确区域发展思路、功能定位、文化内涵外延，建立区域城市管理、社会治理、安全保障、民生服务、业态调整、旅游服务、文化引领等工作任务联动机制，制定提升区域整体文化品质、环境品质的工作措施，安排具体项目落地实施。

二是完善城市环境品质专项规划。2017年6月前完成什刹海风景区交通规划，破解景区交通拥堵难题；2017年8月前完成什刹海地区标识导览专项规划，做到清晰准确、方便使用、彰显文化，加快景区微信公众号推广，实现互动功能；2017年12月前完成"什刹海景区旅游发展规划"编制，合理利用旅游资源，优化旅游产品的结构，保护旅游赖以发展的生态环境，提升旅游整体形象；完成并确定银锭桥周边、鼓楼西大街等重点区域广告牌匾专项规划，确保广告牌匾设计设置符合区域文化特质，与周边环境搭配协调。

三是完善区域内片区规划。根据区域"三横两竖"[①]空间结构将地区设为6个功能街区（1个政治安全保障街区、1个旅游环境保障街区、1个休闲娱乐保障街区、3个生活服务保障街区），实现区域人口布局和城市品质优化。重点做好西安门大街（文津街）、鼓西大街、新街口东街、什刹海景区等具体地段和区域规划。

2.提升片区环境、文化和宜居品质

一是提升中南海周边片区环境品质。中南海周边片区包括西四北大街以东、地安门内大街以西、地安门西大街以南、西安门大街—文津街—景山前街以北区域。主要围绕保证中南海以北区域的绝对安全，建立街道、社区两级反恐防恐体系，健全完善安全维稳工作措施，提升安全维稳工作能力；关停所有"七小"门店，调整街区的产业业态，拆除违法建设，努力减少流动人口在街区活动数量；筹建居民停车场所，改善居民生活条件，保证街区

---

① 三横：地安门西大街、新街口东街、鼓楼西大街；两竖：北中轴线什刹海段、德胜门内大街。

的交通便利通畅。

二是提升旅游休闲片区文化品质。旅游休闲片区包括前海、后海环湖和西海环湖区域以、西海环湖区域及特色街。前海、后海环湖区域主要围绕保证居民和游客安全，申报前海、后海环湖步行街和护国寺步行街，限制各种车辆进入环湖区域和步行街区，凸显旅游功能；加大基础设施配套、公共停车场所建设，优化道路交通结构，为景区商户和附近居民提供服务；严格控制酒吧数量，腾退疏解文物保护院落，加大文化场馆建设、植入历史传统文化，使地区历史传统文化同现代文化相互融合。西海环湖区域主要围绕大运河申遗，加强世界遗产"中国大运河"的宣传保护。完善充实环海周边的休闲基础设施，建立湿地公园，引导居民和游客前往休闲娱乐、参观旅游，分解前海和后海区域旅游的大客流压力。

三是提升生活居住片区宜居品质。生活居住片区包括德内大街以东、旧鼓楼大街以西、德胜门东大街以南、鼓楼西大街以北区域；德内大街以东、柳荫街以西、地安门西大街以北、羊房胡同以南区域；新街口南大街以东、德内大街以西、新街口东大街以南、地安门西大街以北区域。三个街区城市品质提升计划主要围绕方便居民群众出行和生活需要，实施准物业管理，强化居民自治管理；拆除违法建设，增设公共基础设施；打造胡同特色文化，留住老北京记忆；优化院落生活家居，实现胡同交通微循环；开展老楼加建电梯试点，方便居民生活。

3. 保证院落疏解腾退与群租房管理

一是文保区院落疏解。在已经完成腾退151个院落、疏解1400余人、改善356户居民居住条件的基础上，继续坚持"政府主导、国企运作、居民自愿、整院疏解"的原则，在什刹海地区特定区域内开展零散户的登记式疏解腾退工作，力争三年内改善2000户、6000人的居住条件。启动兆惠府、护国寺建筑遗存等文物征收、腾退工作，完成护国寺西巷57号腾退；推进地铁6号线北海北站、地安门内大街联勤加油站迁建项目。

二是群租房管理。2016年已经完成全地区10户64间群租房的清退任务，劝退流动人口175人。2017年，按照"属地负责、部门尽责、管理规范、消除隐患"原则，建立健全发现认定和举报受理工作机制，最大限度发现处理违法群租行为。针对房地产经纪机构导致的出租群租房的行为，协调工商、住建（房管）部门对其进行约谈，建立健全"宣传发动、群众监督、信息共享"机制，杜绝地区出现新增群租房。

4. 加快智慧城区建设

加快智慧城区建设，扩大"互联网＋"在城市治理中的广泛应用。依托 PDA 智能终端，加强地区大数据采集力度，将人口与法人库信息、地理信息标识、社会治安综合治理、计划生育管理、城建城管等多项重点工作统一纳入街道信息化管理平台；积极推进"三网"融合，建立以网格化精细管理为基础、数字化信息服务为支撑的社会服务管理新模式，逐步实现对街道、社区、网格和楼院工作的全覆盖。

利用"互联网＋"新技术手段，创新管理理念。2017 年，在烟袋斜街特色街试运行"什刹海风景区商户管理系统"成功后，在什刹海风景区范围内正式推广该项目。通过该系统汇总执法管理记录，对商户经营管理行为综合计分，定期向消费者公开结果，加强公众监督力度，规范商业经营秩序。2017 年 6 月，将建设什刹海风景区微信公众服务号 1 个，并在景区标识导览上安装二维码，向市民和游客提供语音讲解、线路推荐、景区旅游服务、商户评分排行榜等综合服务信息，为游客提供一个值得信赖的信息获取渠道。会同区科信委，推动旅游核心区无线网络覆盖，力争实现核心景区免费 WiFi 全覆盖。

（四）把握工作节奏，持续推动履行责任

1. 持续推进老旧小区及平房院落改造

一是推动老旧小区改造，重点解决停车问题。针对地区现有老旧楼房建设时间早、标准不高、功能不全等问题，重点做好抗震加固、节能改造、电梯加建、停车设施建设等方面的工作。就停车来说，2016 年，地区夜间停车量为 9082 辆，正规停车位供给量为 2474 个，缺口达 6608 个。由指挥部牵头，由相关职能部门、街道、前端公司共同参与，开展停车设施建设试

点，通过市场运作方式，2017年新增车位1300个。搭建停车投资平台，整合现有项目，合作利用地下空间，使用腾退院落，力争三年内建设约6480个地下车位，改善1620户居民居住条件。2017年全面落实区重大办工作任务，同时开展对新影集团科学电影制片厂宿舍老旧小区的改造。

二是推进平房院居住条件境改善。在保护地区胡同肌理、院落格局的前提下，充分发挥产权单位作用，采取资金撬动、项目合作等途径，多种形式改善居民群众生活条件，提升生活品质。对刘海胡同31号院等进行平房院落改造；依托前端公司2017年完成16处院落的改善，建筑面积约为3060平方米。

2. 持续推进三大块重点区域整治

一是推进重点街巷环境整治。2017年全面完成区环境办折子工程；启动柳荫街周边环境品质提升工程，积水潭医院周边（新街口东街）交通导改，持续开展护国寺中医院周边（棉花、罗尔、四环胡同）环境综合整治；协调有关执法部门联合治理鼓西大街、西安门大街、新街口东街、文津街等8条大街和11条胡同。

二是推进什刹海风景区综合治理。建立西城区什刹海景区综合整治管理联席会议制度，统筹协调多部门联动、联合执法，开展专项整治、集中治理。对景区环湖地区及恭王府周边占道经营、店外经营、非法游商、黑电动三轮车非法运营、噪声扰民等影响景区环境秩序的问题进行治理，发现违法违规问题及时予以纠正。采取"反复抓、抓反复"的办法，打好"阵地战"和"攻坚战"，做到整治一处、巩固一处、提高一处，确保问题不聚集、不碍眼、不扰序。

三是推进故宫北门、地安门外等区域接合部的治理。在区有关部门指导下探索与东城区交道口、景山地区建立城区交界地带城市管理联席会议制度，形成协调一致的执法联动机制，定期开展联合整治，重点解决无照商贩和占道经营、不规范街巷广告牌匾、违法建设、环境脏乱等市场秩序和城市环境的突出问题，形成"区域协同、工作联动、齐抓共管、共同提高"的工作格局，努力实现政策一致、工作同步、发展协调。

四 什刹海"四步走"疏解整治促提升的思考与启示

(一)基层"疏解整治促提升"工作需要系统谋划

"疏解整治促提升"工作内容复杂、工作周期较长,是一项系统工程,需要深入思考、分解任务、重点突破、规律推进。另一方面,随着社会结构的日趋多元化,基层政府也面临着复杂的治理问题。例如个体自由得到充分满足但基层社会管控力逐步减少,群众公民意识高涨但缺乏理性等。而"疏解整治促提升"工作中的拆违、治理"开墙打洞"、疏解市场等多项内容,涉及、影响了部分利益格局,在一定程度上容易引起利益矛盾,因此需要更多准备。总之,推进"疏解整治促提升"工作不能再依靠传统的工作方式,不能单打独斗、不能生搬硬套,而需要系统谋划。只有做好前置研究、制定规划方案、总结规律经验,才能有序、有效、有质地推动落实这项工作。

(二)基层疏解整治促提升工作需要整合力量

参照《意见》、北京"疏解整治促提升"行动2017年的工作计划及西城区2017年的部署安排,可以发现"疏解整治促提升"工作的内容相互关联。与疏解非首都功能相关的有疏解市场、依法规范提升不规范"七小"门店、治理占道经营和无证无照经营、疏解部分医疗资源、地下空间整治等与拆违相关的有棚户区改造、老旧小区综合整治、重点区域整治、"开墙打洞"整治等。从工作推动主体看,需要多个主体共同负责,例如疏解部分服务功能需要市教委、市卫生计生委协作,"商改住"清理需要市住房城乡建设委、市规划国土局协作。"疏解整治促提升"工作需要落到基层执行层面,这些内容相互交错。基层推动"疏解整治促提升"工作需要整合部门力量,统筹协调、共同推进。

（三）基层"疏解整治促提升"工作需要深耕细作

推进"疏解整治促提升"工作必须深入领会《意见》的内涵，深刻认识到这项工作对首都北京发展转型、功能调整的重要意义。推进"疏解整治促提升"工作不仅要有方式方法，更要有工作态度。这个态度既表现在坚定执行任务上，也表现在具体工作中对细节的处理上。在基层就要找准大方向，长期关注、长期推动、长期查处，真正把这项工作干实。另外，创新也是态度的表现。创新是在总结规律和经验的基础上，针对现实问题，探索新的解决路径。鉴于疏解整治促提升工作的复杂性，在基层实际推动中一定会出现难以协调、难以解决的问题，这就需要基层迎难而上，加强探索、加强研究、加强创新。

参考文献

方富生：《浅谈淳安旅游业发展中的政府角色定位》，《经济研究导刊》2012年第8期。

汪锦军：《城市"智慧治理"：信息技术、政府职能与社会治理的整合机制——以杭州市上城区的城市治理创新为例》，《观察与思考》2014年第7期。

B.14
全面从严治党背景下什刹海街道党建工作创新实践

摘　要： "全面从严治党"是新时期党的建设的重要战略举措，在"四个全面"的总体布局中发挥着"牵一发而动全身"的作用。十八大报告要求"以改革创新精神全面推进党的建设"，为此，什刹海街道党工委结合自身特色，在完善组织架构、改进组织服务的同时，成立社区纪委，实施三级网格化管理模式，加快推动全面从严治党向基层延伸，走在全区党建工作的前列。本报告重在梳理什刹海街道党建创新的实践经验与做法，以期为基层党建创新提供借鉴。

关键词： 全面从严治党　基层党建创新　社区纪检

一　全面从严治党背景下什刹海街道党建工作创新的必要性

（一）从党情看：全面从严治党与基层创新是新时期党建工作重点

创新基层党建工作是党的十八大提出的新重点。十八大报告明确提出"创新基层党建工作，夯实党执政的组织基础。党的基层组织是团结带领群众贯彻党的理论和路线方针政策、落实党的任务的战斗堡垒"。党的十八届三中全会强调充分发挥基层党组织的战斗堡垒作用，为全面深化改革做出积极贡献。2014 年，中共中央办公厅印发《关于加强基层服务型党组织建设的意见》,为当前基层党建工作指引方向。党的顶层设计已明确要加强基层党建,未来一段时间党建工作的重点将围绕基层展开。

全面从严治党的新趋势。2014年10月8日,习近平总书记在党的群众路线教育实践活动总结大会上首次提出"全面从严治党"重要论述,经过三年的沉淀,全面从严治党不断深入,呈现两个明显的趋势。一是向基层延伸。2016年1月,总书记在十八届中央纪委六次全会上明确提出"推动全面从严治党向基层延伸。对基层贪腐以及执法不公等问题,要认真纠正和严肃查处,维护群众切身利益,让群众更多感受到反腐倡廉的实际成果"。二是向制度化迈进。十八大以来,中央出台了《中国共产党纪律处分条例》《中国共产党廉洁自律准则》《中国共产党巡视工作条例》《中国共产党问责条例》《关于新形势下党内政治生活的若干准则》等一系列政策法规,进一步加强了党的思想作风建设,体现了党把从严治党的政治承诺转化为制度与行动的坚强意志。

(二)从区情看:区情、街情特殊,党领导社会发展的难度加大

就西城区来说,西城区是首都北京的核心区,建设任务很重,要坚持首善标准,要坚持首都意识,要提高治理水平。从具体工作来看,社会治安、民生需求、城市环境、生态保护等都是重点。特别是自2017年北京市"疏解整治促提升"专项行动计划开始,党领导社会治理的任务加重。

就街道来说,什刹海区域文物保护单位多;驻军力量多,总部机关多,有总参、总政、总装等部队机关,团以上部队单位23个;文化教育机构多,有解放军歌剧院、中央文献出版社、北京四中等;医疗资源机构多,拥有解放军305医院、北京大学第一医院、积水潭医院等;特色小商业商户多,拥有著名的烟袋斜街、茶艺酒吧特色街、护国寺小吃街等市级特色商业街。随着改革步入深水区和人口流动的加快,基层社会治理工作的对象、类型日益呈现多元化的特点。多元化的对象在关注点上既涉及社会公共服务、公共政

策、房屋拆迁、环境保护，又涉及分配不公、官场腐败、民族宗教等问题，这导致基层党组织在基层社会管理中发挥领导核心作用的难度明显加大。

二 全面从严治党背景下什刹海街道党建工作的创新

（一）夯实组织基础，改善领导方式和组织架构

1. 强化"大工委"组织架构

街道党工委坚持以提升地区治理、管理和服务工作为中心任务，明确街道党建工作的基本定位，牢固树立"围绕中心抓党建，抓好党建促发展"的理念，着眼地区集政文商旅居于一体的特点，从理顺党组织设置入手，推行落实街道"大工委"和社区"大党委"工作架构，协调地区22个成员单位成立了街道党建协调委员会，协调146个成员单位成立了25个社区党建协调委员会分会，基本形成由街道党工委—社区党委—居民（小区）党支部和非公企业联合党支部—党员责任区—党员责任人—党员个体组成的"链条式"党组织管理教育服务和党员参与地区治理体系。街道坚持抓好"党建促团建""党建促工会""党建促妇联"等工作，建立完善区域化党建资源统筹系统和区域化社会综合治理系统，在地区划分的105个网格中认真落实"党员负责制"，确立街道"大工委"和社区"大党委"在地区建设发展中的核心引领作用，保证区域社会治理全面统筹协调和可持续推进。

2. 扩大党建工作影响力和覆盖面

活用激励机制，完善党建"三级联创"和"三评一考"制度，对30个先进基层党组织和200名优秀共产党员进行表彰，调动党员干部参与组织建设的积极性。成立社区党组织换届选举工作领导小组，安排处级领导任指导员、机关科长任联络员，按照"公推直选"方式组织25个社区选举产生新一届社区党组织班子成员127名，选好了基层带头人。组织机关党组织换届改选，成立街道机关党总支，指导8个机关党支部自主选出了新支部班子，理顺了组织关系。指导非公企业党组织完成换届

改选，举办"相约什刹海，绽放中国梦"酒吧歌手演唱会和"凝聚正能量，共圆百姓梦"社区党委文艺汇演，扩大了组织影响。推进柳荫街基层服务型党组织建设试点工作，不断夯实党建工作根基，创新了党建转型的载体和方法。

3. 健全"系列化"培育机制

街道党工委坚持把打造过硬的党员干部和志愿者队伍摆在重要位置，注重从提高能力素质、优化党员干部队伍结构、强化管理服务意识入手，建立健全"系列化"培育机制，抓好党员骨干队伍建设，引导其在地区建设发展中发挥作用。街道定期按照加强党性学习、增强服务人民的理念和提高城市品质、社会治理创新的思路举办党员干部培训班，不断提升党组织的能力素质和拓展党员干部的思维视野。街道注重在重大任务中检验考核党员干部，坚持在基层党组织和广大党员中持续开展"一个支部一座堡垒，一名党员一面旗帜，一个岗位一份奉献"活动，组织各类优秀党员创建工作，引导党员将担当意识内化为提升城市品质和社会治理工作中的导向与灵魂，自觉发挥先锋模范作用，参与地区建设发展的重大行动。街道根据地区各种社会矛盾突出、群众需求多样的实际，按照"单独组建""联合组建""行业组建""项目组建"的原则，组织发动地区3000余名党员建立志愿服务队伍，按照年龄结构、兴趣爱好和群众需求等，培育分设法律服务队、治安巡逻队、文明劝导队等队伍，分类参与地区社会治理，促进地区健康和谐发展。

（二）统筹推进服务，加快服务型党组织建设

1. 服务发展

通过把党组织功能渗透到治理"城市病"的"六大战役"，平稳有序地关闭了天泰市场和四环市场，撤离商户500余家，新建便民菜站15家，得到了地区居民群众和社会单位的普遍好评。街道联合公安、交通、工商、食药、城管等部门常态化开展联合执法，有效治理环境脏乱、占道经营、摆摊设点等老旧城区痼疾顽症，沿街环境秩序得到净化规范。在疏解地区流动人

口中，利用党政资源统筹这一有效方法开展集中执法，大力整治"群租房"及地下空间，实现了地区人口总量的有效控制。

2. 服务群众

街道党工委与市二检开展共建活动，定期开展"法律服务社区行"。党工委主动做好党务政务信息公开，把涉及群众切身利益的热点问题和"三重一大"管理事项及时向社会予以公布，接受群众监督评议。认真梳理街道各部门行使的职能和权限，分类、归集、整合权力清单，明确部门权力界限，避免权力缺位和越位。与北京社科院合作编制了《什刹海街道社区综合考核指标体系》，保证了街道行政权力在阳光下运行。

另外，以新理念搞好残障服务"兜底工程"，依托温馨家园和康复、辅具及法律服务站点打造"一园四站"残疾人服务基地，组织医院医生定期为居民义诊、举办健康讲座。利用辖区部队多的优势组织"迎新兵送老兵"、"八一"慰问活动，通过统筹社区资源共驻共建，很好地推动了区域化党建工作，促进各项志愿服务形成长效机制。

3. 服务党员

街道积极探索党员学习教育"十小活动"载体，促进党员学习教育和具体实践相融合，真正实现党员教育内容上全覆盖、形式上全方位、方法上多样化，提升了党员自我教育的自觉性和便利性。推进社区党群活动中心建设，形成诸如景山、护国寺、松树街社区的太极拳、阅读机等服务群众"一街一品"党建特色项目。

（三）坚持党要管党，推动全面从严治党下沉

1. 构建网格化组织体系

推行三级网格化管理模式，构建了"横到边、纵到底"的居务监督组织体系。一是建立监督机制，全部社区经过群众推荐、党委把关、民主选举等程序建立了社区纪检组织，其中一名纪委书记、两名纪委委员形成一级网格。二是每一个社区根据实际情况，结合社区党组织工作，聘请社区内的人

大代表、政协委员、社区单位代表，政治觉悟高、乐于奉献的党员或有一定威望的老同志担任党风廉政监督员，定期联系，收集三级网格内的重大事务监督、社情民意、党员干部廉情信息等，加强对社区工作的监督，提升社区工作的透明度。

2. 明确监督管理内容

在街道纪工委的指导下，社区以"人、财、事"为重点，使居务公开运行更具针对性和有效性。

一是突出监督三种"人"，监督社区居委会干部的工作效能和作风建设等情况；监督居住在社区的本街道在职机关干部"八小时以外"遵守廉洁自律规定、自觉维护领导干部形象等情况，并将监督结果作为领导干部任前考察进社区的重要依据；监督社区普通党员遵守党纪、道德等情况。

二是突出监督"财"，财务内部监督检查既有纠正错误、抑制消费的作用，又有防患于未然、弘扬积极因素的作用。如果财务监督机制不健全，跟踪不到位，必然会导致管理环节上的疏漏，造成不应有的损失，甚至出现违纪违法问题。只有做好内部监督检查工作，才能及时发现和纠正出现的问题，避免违法、违纪、违规现象的发生。因此，必须监督社区公益金、专项资金的落实和使用情况，对其进行定期公布，使公益事业性经费和办公经费支出合理，确保经费使用不出问题；监督涉及居民切身利益的特困人员救助确定、救灾、医疗、社保、低保审核、住房保障申请、征兵入伍等情况；监督社区居民委员会的工作性开支，审核各项支出原始凭证是否符合入账要求，对不真实、不合理、内容不完整的支出票据提出改正意见；对社会慈善捐款程序进行监督。

三是突出监督"事"，主要监督重大决策事项，特别是对涉及居民切身利益的重大事项实行"一事一监督"；监督居务公开事项，对公开情况不完整的，要督促社区在一定的时间里予以处理。

3. 规范工作职能要求

25个社区纪委组织统一按照《什刹海街道社区纪委工作制度》依法依规正确履行职责。

一是监督员的工作职责和知情权、质询权、建议权等4项权力要明确，规定其开展工作的行为准则和基本制度，确保监督员开展居务监督工作规范运行。真正做到用制度管权、用制度管事、用制度管人，完善了"三大制度"，即首问负责制、限时办结制、责任追究制（见表1）。

表1 "三大制度"的具体内容

	基本制度内涵	制度落实要求
首问负责制	首问负责制是针对群众对机关内设机构职责分工和办事程序不了解、不熟悉的实际问题，而采取的一项便民工作制度。制度规定群众来访时，机关在岗第一位被询问的工作人员即为首问责任人	首问责任人对群众提出的问题或要求，无论是否是自己职责（权）范围内的事，都要给群众一个满意的答复。对职责（权）范围内的事，若手续完备，首问责任人要在规定的时限内予以办结；若手续不完备，应一次性告之其办事机关的全部办理要求和所需的文书材料，不要让群众多跑或白跑。对非自己职责（权）范围内的事，首问责任人也要热情接待，并根据群众来访事由，负责引导该人到相应部门，让来访群众方便、快捷地找到经办人员并及时办理
限时办结制	限时办结制是指行政机关和具有行政职能的事业单位按照规定的时间、程序和要求处理行政事项的制度。该制度遵循准时、规范、高效、负责的原则。制度适用范围包括各类行政审批和备案事项	1. 对行政审批、行政复议、行政赔偿等行政管理事项，以及对人民群众来信来访、举报和投诉的答复，法律、法规和政策有明确办理时限规定的，应当严格按照规定的时限办理。能够缩短时间、当场办理的，应当及时办理。特殊情况不能在规定时限内办结的，要及时向服务对象说明原因 2. 执行上级各项重大决策，应当及时部署和落实。不需要制定具体政策的，应当在15个工作日内完成。对请示性事项要及时研究处理，做出明确答复，时间不得超过15个工作日。答复时限以收件日作为计算工作日的起始时间 3. 各级行政机关处理行政事项，要将各类行政事项的限时办结时间、办事程序和所需材料等，按照政务公开的有关规定向社会公告 4. 行政机关工作人员要严格遵守工作纪律，坚守工作岗位。业务工作要实行AB角制，能够相互补位。因特殊情况离开工作岗位的，要以留言、启事等方式实行告知
责任追究制	在"加强管理，保护干部，文明行政，严肃党纪政纪"的原则指导下，对没有认真落实首问负责制和限时办结制的机关工作人员，要依法追究其相关责任	对违反法律、法规和有关制度规定的，违反职业道德，工作作风恶劣，服务态度生硬，刁难服务对象的，在无不可抗拒因素的情况下，未能按规定的时限办理有关业务工作的，以权谋私、假公济公、"吃拿卡要报"、乱收费、乱罚款、乱摊派等损害群众利益的，以及其他违纪违规的行为，视情节轻重，给予行政处罚或党纪政纪处分

二是在实际工作中建立了纪委书记居务监督工作记录本制度,及时、认真、如实记录工作情况、参与的重要活动、监督的事项、发现的问题及整改落实情况等,并归入档案备查。

三是社区纪委作为实施监督、协助街道党委加强党风廉政建设和协助政府行使监察的职能部门,在构建社会主义和谐社会中具有十分重要的作用。社区纪委根据构建社会主义和谐社会的要求,从发挥监督、惩处、保护的职能入手,为构建和谐社会提供有力的政治保障。社区开展了以"建设和谐社区"为主题的各类教育活动,通过系列活动引导党员干部切实践行服务社区的思想意识。

4. 健全三大保障机制

建立健全工作保障、培训指导和廉政绩效考核"三项"机制,确保监督员有力、有效开展各项监督工作。

一是健全硬件建设机制。做到有牌子,有办公场所,有工作制度,有工作记录。

二是健全培训指导机制。采取以会代训、以学促训等方式,使理论教育、党课教育、文化教育、党风廉政建设教育逐步从"文件"转向"文化",从"会场"走向"广场",从"领导"走向"大众"。把教育内容转化为居民认同和接受的道德思想,并把这种思想转化为实际行动,体现在做事情、干事业、创实绩上,提高素质,提升居务监督员的履行职能和监督水平。

三是完善绩效考核机制。社区将西城区开展的政务能力建设、政府权力公开透明运行和廉政风险防范管理工作纳入岗位目标责任制管理,与其他工作一起部署、一起检查、一起考核、一起奖惩,形成有效的长效机制。社区开展党风廉政建设工作,每年组织一次考评,召开居民代表会议,听取意见,有效促进党风廉政建设工作的开展。

三 当前什刹海地区党建工作面临的困难

(一)领导基层社会管理能力有待加强

新时期社会管理工作的一系列新变化,客观上对基层党组织提出了新的更高的要求，然而部分基层党组织和党员干部对社会管理工作认识还不到位，存在重建轻管的倾向，做好社会管理工作的方式方法滞后，领导基层社会管理工作的凝聚力、向心力不足，社工流动太快，缺少对基层社会管理工作的研究和思考，处理复杂事务能力弱，大局观念不强，对政策和法律的掌握程度较低。非公企业党组织相对薄弱，个别党员干部的作风和形象较差，使得基层党组织在基层社会管理工作中的影响力低、群众认可度不高，领导核心作用难以充分发挥。

（二）社区纪检组织发挥职能有待提高

具体措施有偏差，影响职能作用发挥。社区的纪检监察工作是社区管理与服务职能的拓展和延伸，只有融入社区管理与服务工作当中，其职能作用才能真正发挥出来。但在实际工作中，由于对纪检监察工作服务大局的重要性、必要性认识不到位，有时只从纪检监察工作的角度去思考，没有同社区的中心工作有机融合，就管理抓管理，就纪检抓纪检。另外，在现行管理体制下，在社区党的建设工作，居委会、服务站工作中，社区纪委真正监督的力度十分有限。社区纪委书记一般都由社区党委副书记兼任，除了自身主抓的业务量大、工作繁重外，实际上真正能参与的居委会和服务站重点工作管理也很有限，无论是在业务工作上还是在监督工作上，所发挥的作用一般化。纪检监察工作有特殊性，工作干得越多越好，得罪人就越多越深，有的纪检监察干部怕影响今后工作的开展，产生了"多一事不如少一事"的心态。

表2 什刹海街道社区纪检委机构基本情况

居民委员会	25个	社区党组织	25个
社区党委	23个	社区党委书记	23个
社区党总支	2个	党总支书记	2人
社区党支部	71个	社区党建协调委员会分会	25个
纪委书记	23人	分支书记	68人

表3　什刹海社区纪检委的实践内容

组织体系网格化	推行三级网格化管理模式,构建了"横到边、纵到底"的居务监督组织体系
监督内容具体化	在街道纪工委的指导下,以社区"人、财、事"为重点,使居务公开运行更具针对性和有效性
履行职能规范化	25个社区纪委组织统一按照《什刹海街道社区纪委工作制度》依法依规正确履行职责
保障措施刚性化	建立健全工作保障、培训指导和廉政绩效考核"三项"机制,确保监督员有力、有效开展各项监督工作

（三）社区党委换届初期带来的不适应

部分新任社区干部业务不熟。本次换届选举产生的社区党委班子成员中,有的同志以前从未涉及社区具体工作。尽管街道党工委在换届结束后组织过培训,但部分同志对自己的工作职责、党委和居委会二者之间的关系还是知之甚少,对《社区居民委员会组织法》《计划生育工作条例》等常用的法律条规不清楚。部分新任社区干部在工作中遇到难题时,又不主动找老同志请教,导致新老班子交替过程中出现了断层、脱节现象,特别是在工作衔接移交方面,出现了许多空白。另外,部分新任社区干部上任后急于想为群众做一番事。但由于对社区里的整体情况不是很熟悉,导致在处理某些事情时,效果不佳甚至是适得其反。

（四）社区党员队伍有待充裕

街道社区工作者中现有党员74人,近三年来共发展社区党员29人。上级要求每个社区要配备专职副书记、专职党务专干,在保证数量到位的情况下必须按质发展党员,但社区人员素质与机关入党积极分子相比往往还有差距,还要对非公还要倾斜,所以社工每年发展党员的数量相对较少。每年招社工时,党员少之又少,在社区的党员又以老党员居多且年龄偏大,想干但无力,在社区挂靠的年轻党员工作又忙,不能也不愿担当。社区工作者党员的数量和质量必须加强,应该制定党员发展三年规划。

四 什刹海地区党建工作创新的启示与思考

（一）注重强化根本，激发基层党组织凝聚力

加强思想政治工作。基层党组织是党执政的根基，必须发挥好政治引领作用。从中央全面从严治党的要求来看，需要进一步强化基础党组织的政治引领作用，这需要什刹海街道工委和社区党委以多种形式宣传贯彻党和路线方针，加强改进思想政治工作，做好政治铺垫。

创新党员管理方式。探索"互联网＋"党建模式，充分利用大数据技术和思维，不断健全信息化党员管理制度，改进党员管理方式。构建街道党建数据库、党建网站，将党员基本资料、党员参加活动信息、党员考核情况等集合到一个系统，街道党工委可以对这些数据信息进行分析和跟踪，及时把握党员动态，从街道层面避免社区党组干部和党员断层。

细化联络协调机制。目前，什刹海街道已形成"大工委"和"大党委"工作架构，成立了党建协调委员会，制定了例会制度、重大事项议事制度、资源共享制度、治安共防制度等。鉴于部分社区党员不足的实际情况，探索建立党员到社区报到的登记制度和"双重管理"制度，鼓励学生党员、在职党员在社区活动。

（二）注重服务功能，激发基层党组织创新力

成立党建品牌孵化基地。构建街道党建服务和活动的主阵地——党建品牌孵化基地。将各社区党组织和辖区内主要20家单位党组织的活动和党建资源统一管起来，推进党建活动和党建服务规范化、制度化、成效化建设。将孵化基地与各党组织、党员的需求对接，在为党组织、党员活动提供教育培训、研究指导以及品牌推广等服务的同时，注重整合区域内资源，给予场地、资金等软硬件设施的支持。孵化基地要发挥好服务党组织活动、培育党建品牌项目以及宣传展示党建品牌的重要功能。

保障服务群众的经费。为更好地服务群众，要进一步规范社区党组织服务群众经费的管理和使用，提升社区党组织直接服务群众的能力水平。根据《西城区社区党组织服务群众经费使用管理办法（试行）》，制定什刹海街道的社区党组织服务群众经费使用管理办法，明确经费使用范围和方式和监督管理方式。

（三）注重纪检工作，激发基层党组织战斗力

强化纪检干部品德。一是要对党忠诚。在政治方向和政治立场这个根本的问题上，必须始终保持清醒的头脑，在任何时候和任何情况下，都要有坚定的理想和信念。做任何一项群众工作，都善于从政治的角度来审视、来分析、来对待。二要执纪为民。坚持党的群众路线，把服务放在首位，认真听取群众意见、了解居民诉求，坚持求真务实、高效便民，树立讲实话、办实事、求实效的工作作风，以赢得群众的理解和支持。三要严格自律。"打铁还需自身硬"。纪检监察干部是监督员，更要以身作则，做廉洁自律的表率。

提升纪检干部工作能力。纪检监察工作政治性、政策性和专业性都很强。随着反腐倡廉建设的深入推进，党风廉政建设和反腐败斗争面临许多新的挑战，对纪检监察干部的素质和能力要求越来越高，这就要求纪检监察干部必须要把加强学习、提高素质、增强本领放在突出位置，牢固树立终身学习的理念。首先要加强政治理论学习，切实提高对政策的理解、把握和运用；其次要坚持业务知识的学习，不断增强纪检监察专业能力，努力提高科学分析、研究判断能力；最后要坚持学以致用，理论联系实际，把学习的体会和收获转化为谋划工作的思路、促进工作的措施、指导工作的本领。

参考文献

什刹海街道工委书记王效农：《坚定理想信念 践行服务宗旨》。

什刹海街道工委资料：《浅谈在社区建立纪检监察组织》。

吴宏林：《论加强基层党组织建设 服务粮食经济工作》，《中小企业管理与科技》2016年上旬刊。

徐安萍：《纪检监察部门的条件及发挥有效作用论述》，《企业导报》2016年第6期。

张红建：《全面从严治党视域下党的自我革命精神探析》，《宁夏党校学报》2016年第6期。

B.15
什刹海街道以广福观文化展示中心提升地区文化品质的案例研究

摘　要： 文化建设是城市发展不可或缺的重要内容，只有重视保护城市的历史传承和文化肌理，才能不断提升城市的发展品质，促进城市的可持续发展。什刹海地区作为北京最大的历史文化保护区和开放式景区，在疏解非首都功能和提升城市发展品质方面发挥了积极的表率作用。什刹海街道十分重视提升地区的文化品质，为不断突出和优化历史文化旅游街区的功能，街道在充分考察和研究地区历史文化资源开发利用情况的基础上，启动了文化展示中心项目，在提升地区文化品质工作方面取得了阶段性的成果。本报告对其建设地区文化展示中心、推动地区文化品质提升的实践经验进行了研究和总结，对其创新路径进行探讨和思考，对什刹海地区进一步开展好地区文化品质提升工作有重要的现实价值，可为其他城市开展文化品质提升工作提供实践参考案例。

关键词： 广福观　文化展示中心　公共文化基础设施　文化游览体系　文化走廊

一　什刹海以广福观文化展示中心提升地区文化品质的背景研究

我国城市发展越来越重视功能提升和品质提升，其中文化品质提升是城市品质提升的重要课题。提升城市的文化品质就是要突出城市发展特色，保护城市发展的历史传承和文化脉络，增添城市发展魅力。什刹海地区具有深厚的历史文化底蕴和丰富的历史文化资源，街道要根据首都功能新定位和西城区发展新要求，立足自身的文化资源优势和特点，大力提升地区文化发展品质，致力于为人民群众提供高品质的文化服务，让地区优秀的传统文化资源发出时代的光芒。

（一）什刹海提升地区文化品质的相关政策背景

什刹海地区是全国著名的开放式景区，拥有大面积开阔的自然景观。什刹海作为北京市面积最大、风貌保存又相对完整的一片历史文化街区，既是王府庙宇、名人故居、胡同四合院等历史建筑的汇聚之地，也是宫廷文化、宗教文化、民俗文化等多样文化的承载之区，因此，什刹海街道在推动地区文化品质提升工作方面具有得天独厚的资源优势。

为保护和利用好地区的历史文化资源，着力提升地区文化发展品质，什刹海地区特别重视对城市品质提升工作的科学规划和政策引导，以规划为先导，发挥规划对地区文化发展的重要基础性作用。什刹海以北京市和西城区的"十三五"规划为基础，制定了《什刹海历史文化保护区保护发展规划（2016—2020）》（见表1），立足北京市和西城区关于首都核心功能区的基础定位，统筹规划文化资源保护利用、人口调控、功能疏解与环境改善等工作，持续推进历史文化资源保护利用与环境整治，努力打造展示古都文化的重要窗口；依据《北京历史文化名城保护规划》《北京历史文化名城保护条例》《北京旧城二十五片历史文化保护区规划》《北京市"十三五"时期历史文化名城保护建设规划》《西城区"十三五"时期历史文化名城保护规划》等规划文件，编制了《什刹海历史文化保护区保护规划》；结合《北京市历史文化保护区控制性规划》，编制了《北中轴线核心保护区·什刹海地区旧城保护示范项目实施方案》《白塔寺起步区鲁迅博物馆以南片区旧城保护示范项目实施方案》《什刹海地区业态调整规划》《地安门外大街道路疏堵工程实施方案》《什刹海荷花市场区域和阜成门内大街区域业态提升实施方案》等40余份具体规划和实施方案；针对什刹海烟袋斜街大小石碑地区的保护修缮试点工作，专门组织编制了《什刹海烟袋斜街地区保护修缮试点规划》（见图1）；依据区委、区政府《关于切实加强规划建设管理工作全面提升城市品质的实施意见》，启动了什刹海文化展示中心项目。

表1 什刹海历史文化资源保护利用与环境整治的重点任务

任务	任务
广福观修缮项目与张之洞故居腾退项目	大运河世界文化遗产档案平台
建设6.7公里文化散步道	6处码头及周边环境综合整治与景观提升
什刹海东片区域环境综合提升项目	鼓西大街（糖房大院）以北区域环境综合整治项目
白米斜街片区环境整治项目	西海周边地区环境整治项目
前海东沿（火神庙周边）旅游景区出入口环境提升项目	龙头井胡同与前海西街旅游景区出入口环境整治项目
"一桥两庙"景观节点项目	"三桥"（金锭桥、银锭桥、万宁桥）周边景观环境提升项目

图1 什刹海环湖景观规划四大主线和功能分区

这些规划、制度、方案有效地增强了什刹海地区文化保护、建设和发展工作中的预见性、指导性、针对性、科学性。什刹海街道按照"整体保护、市政先行、重点带动、循序渐进"的规划策略，以保护地区文化的完整性和协调性为前提和基础，优先进行市政基础设施的改造升级，以解决地区发展的主要问题和突出矛盾为突破口，带动地区文化品质的提升。在具体拆迁和改造过程中遵循小规模循序渐进的方法，如将地区的危房改造、道路建设、环境整治等工作与实现地区历史文化保护区的繁荣发展相关联。在改造升级工作中要平衡保护与发展的关系，注重对区域整体历史文化特色的保存和延续。在环境整治和人口疏解工作中既要保护和修缮好历史文化建筑，也要保障好当地居民的生活需求，打造和谐有序的人居环境。

（二）广福观从最初的道观渐次发展为民宅、酒吧、餐馆、文化展示中心的功能变迁背景

什刹海街道办事处经过实地考察和专家论证，最后选址烟袋斜街37号、51号，大石碑胡同6号、8号的广福观打造什刹海地区文化展示中心。广福观作为地区文化展示中心具有深厚的历史文化背景。广福观是修建于明朝天顺三年（1459年）的一座道观。明代管理道教的"道录司"曾设于此；清雍正年间重修，改名孚佑宫；清光绪九年（1883年）改建山门；民国后又复称广福观，曾设有"安庆水会"。新中国成立后，广福观一度成为民居大杂院，缺乏相应的保护，私搭乱建严重，古建筑风貌丧失。随着我国文物保护意识的加强，广福观得到了相应的修缮和保护。2001年清华大学对烟袋斜街进行了保护规划研究，烟袋斜街的风貌改造也使广福观的面貌焕然一新，道观的部分殿宇开设了一些特色酒吧和餐馆，成为烟袋斜街独具历史特色的商业休闲场所。2005~2007年，西城区采取"小规模、渐进式、微循环"的方式，对广福观进行了文物腾退和利用，逐渐迁出了原有的酒吧和餐馆，恢复了建筑原貌。在2007年腾退修缮后，广福观作为博物馆专门展示西城区的非物质文化遗产项目和什刹海的一些旧时风物。2008年4月起，西城区对广福观进行了一期修缮。2011年,广福观被定为北京市文物保护单位。如今,什刹海街道正在全力推进广福观文化展示中心的建设工作,力图把广福观打造成为带动和辐射整个地区文化发展的中心。

广福观坐北朝南,依次有山门(三个)、前殿(三个)、后殿(五个)及西跨院(即白云仙院)。虽然广福观在历史发展过程中遭到多次破坏,但经过后期的修缮和维护,目前是什刹海地区保存比较完好的宫观。广福观的历史变迁也反映了其功能的不断变化,在封建时代主要是宗教和祭祀活动的场所,后来曾承载了民居、酒吧和餐馆等世俗功能。如今进入新时期,政府对广福观及其周边环境进行腾退修缮和环境整治,以更加突出其文化展示、传播和教育功能,让古老的历史文化资源更好地发挥时代价值。

(三)广福观文化展示中心的文化背景

广福观在建立以来的五个多世纪中,经历了多次历史变迁和功能更迭,在其经历的不同历史阶段也孕育和塑造了不同的历史文化。广福观的历史文化底蕴深厚,它记录了城市历史发展的印记,具有重要的历史文化象征意义。在数百年的历史发展过程中,广福观经历了从古代道观到民居、酒吧、餐馆,再到如今北京市重点保护单位和文化中心展示区的功能演变,这些经历塑造了其悠久、深厚而独特的文化。它是众多世俗文化和民俗文化的承载地,如封建时期的道教文化、祭祀文化、宫廷礼节文化,近现代以来形成的市井文化、酒吧文化、饮食文化、旅游文化等。这种文化与商业相融合、传统文化与现代文化相融合的独特性,使广福观成为什刹海地区的文化典型和特色代表,也是在此构筑地区文化展示中心,汇聚地区文化资源,引领地区文化品质提升的文化基础。虽然,伴随着时代的发展和社会的进步,许多传统的与寺庙相关的文化活动已经渐渐退出了历史舞台,但与之相应的文化却构成了一个城市发展的无形资产和人文根基,是城市居民的精神食粮和灵魂寄托。广福观历史文化底蕴深厚,将其打造为地区文化展示中心,不仅可以挖掘和释放广福观所蕴含的丰富文化,使其重新焕发时代价值,而且可以以其为中心和龙头,辐射地区整体文化发展,让什刹海地区的历史文化遗产活起来，成为丰富城市居民文化生活、活跃城市文化氛围、提升城市文化品质的宝贵资源。

二 什刹海以文化展示中心提升地区文化品质的工作思路和实践创新

什刹海是北京面积最大、风貌保存最完整的一片开放型历史街区，在北京城规划建设发展史上及政治文化史上占有独特的重要地位。为了把该地区打造成为展示首都形象和古都文化的重要窗口，什刹海街道在广福观建立地区文化展示中心，以期更好地保护和利用地区丰富的历史文化资源，提升地区文化发展品质。对其具体工作思路和工作实践进行梳理和总结，有助于更好地理解和剖析什刹海地区的文化，实现地区历史文化资源利用的社会化和教育传播社会效益的最大化，最终破解地区文化底蕴深厚与公共文化基础设施薄弱的不匹配问题。

（一）什刹海广福观文化展示中心建设的推进情况

什刹海街道根据地区文化特点对广福观文化展示中心进行了科学规划和布局，在具体建设工作上已经取得了阶段性成果。该文化展示中心占地面积为1530平方米，在空间布局上有常设展区、文化大讲堂、配套用房三个部分，且这三大板块在功能和内容上是相互联系的紧密整体，可以让参观游览者从感觉、视觉、听觉、文化、体验等方面立体化、全方位地领略什刹海的文化魅力。什刹海文化展示中心项目以建设什刹海历史文化街区为目标，在设计上以"寻踪什刹海，觅迹老北京"为主题，共布置"史说什刹海""视说什刹海""室说什刹海""市说什刹海""仕说什刹海""时说什刹海"六大板块，分别对应运河北端、古都盛景、皇家园囿、市井繁荣、名士云集、改革复兴等内容，进一步展现和突出什刹海历史文化街区的特色。

为保证文化展示中心建设工作的顺利推进，提高工作的科学性和系统性，街道在前期进行了大量的实地考察和基础调研工作，如专门召开什刹海文化展示中心项目专家论证会，邀请设计人员及15位专家、学者、居民代表与街道相关负责人面对面探讨什刹海特色旅游体系的建设和规划。街道还专门成立了什刹海文化展示中心工作领导小组，明确了相关工作职责；针对建设环节中的具体问题，多次组织相关部门及专家学者进行研讨。广福观的修缮方案经专家论证已报北京市文物局并获得批准；此外，与文化展示中心相关的文物、史料及实物的征集工作已经启动；2017年已经取得北京市西城区发改委《关于什刹海文化展示中心工程项目建议书的批复》。

（二）什刹海以文化展示中心提升地区文化品质的工作思路

什刹海街道建立地区文化展示中心、提升地区文化品质的工作实践，是深入贯彻党的十八大和十八届三中、四中、五中全会精神，推动落实区委、区政府《关于切实加强规划建设管理工作 全面提升城市品质的实施意见》的具体体现。街道围绕自身功能定位，在深入基层实地考察和论证的基础上，提出在广福观建立地区文化展示中心，充分挖掘地区深厚的文化底蕴，强化和优化街道的文化旅游功能，充分发挥什刹海作为北京"金名片"的效应。

街道在总体布局上的工作思路是紧扣文化中心的核心定位，实现全面布局。一方面，广福观不但历史底蕴深厚，而且地理位置优越、交通便利、客流量大，将其打造为什刹海地区的文化展示中心，能够有效地辐射周边的历史文化资源。可以将这些历史文化资源汇聚于此展览，利用这个文化平台向广大民众和游客解说什刹海的历史、现在和未来。另一方面，积极采用"互联网+"、微信平台推送、线上线下互动式体验、发放特色文旅"护照"等创新工作载体，以什刹海文化中心为核心和起点，构建一套点、线、面网格化的什刹海特色文化系列游览体系，形成"文脉相连，拾说三海"的地区特色文化环形走廊，切实推进首都全国文化中心建设，抓好展现古都文化窗口工作。从提升地区文化品质的角度看，什刹海广福观文化展示中心的价值不应该局限于作为地区历史文化遗存展陈的博物馆和地区民俗文化的展示窗口，而应该充分认识到其也是什刹海旅游景观的重要组成部分。应该重视挖掘和发挥其文化旅游价值,将其打造成为代表地区特色的旅游景观。

(三)什刹海以文化展示中心提升地区文化品质的实践创新

1. 发挥中心聚合效能,促进地区文化资源整合

什刹海地区历史文化资源丰富,这为提升地区文化品质提供了坚实的物质和精神基础。街道在广福观建设地区文化展示中心,就是要打造一个文化交流展示的平台和场所,发挥文化核心对周边文化的吸引和辐射功能,积极促进地区各类文化资源的整合,提升地区文化凝聚力。什刹海地区的整体文化分布具有水缘性特点,长期历史积淀形成的皇家文化、王府文化、文人士大夫文化、宗教文化、胡同文化、市井文化等建筑遗存延布于前海、后海水域,形成了什刹海地区独具特色的天然文化走廊。从文化象征意义上来描述,广福观文化展示中心即为聚合地区各种文化的龙头,而沿水脉分布的不同文化及其遗存则构成了龙身,文化展示中心所在的烟袋斜街则构成了整个地区环形文化长龙的龙尾部分。街道希望通过建设地区文化展示中心盘活和优化区域整体文化格局。展示中心既可以作为博物馆为各类文化提供展示空间和场所,也可以作为文化交流和创新的平台,实现资源利用的社会化。这在很大程度上解决了什刹海区域文化底蕴深厚而群众公共文化基础设施薄弱的问题,改善了地区公共文化环境,加强了地区的文化凝聚力。

按照中心定位和点线布局的设计理念,广福观文化展示中心在常设展区、文化大讲堂和文创书吧三大板块的功能设计上也突出了文化资源整合功能。常设展区的主体部分分为"水说什刹海""景说什刹海""贵说什刹海""市说什刹海""名说什刹海""时说什刹海"六个部分,相对集中地展示了地区的水文化、园林文化、宗教文化、王府及文人士大夫文化、老字号文化、名人故居文化、酒吧餐饮文化等。在文化大讲堂定期举办什刹海及北京历史民俗传统文化系列讲座,邀请一些知名学者和教授讲解相关历史文化知识,发挥专业文化资源在带动地区文化发展中的积极作用。文创书吧则引入市场资源,将传统文化与现代商业相融合,发展文化创意产业。

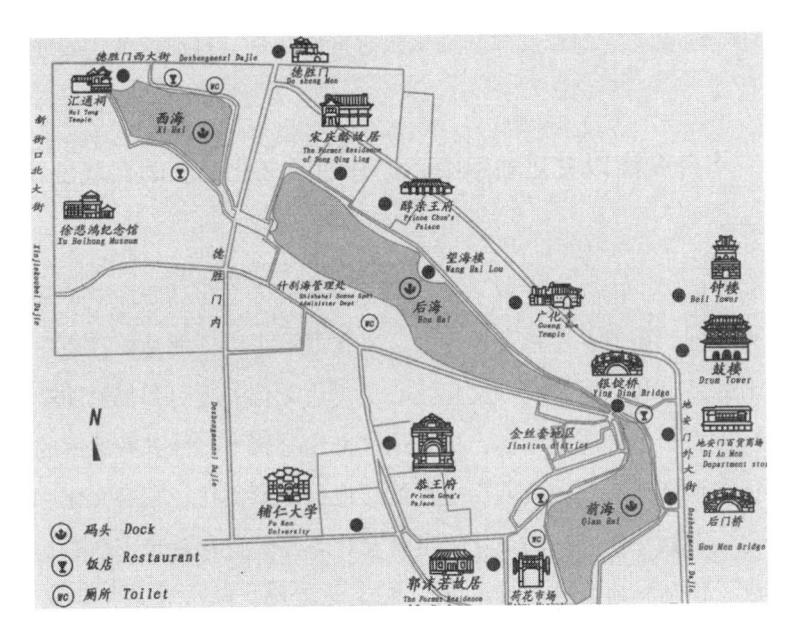

图 2　什刹海地区旅游景区资源

2. 搭建现代化的展示平台，促进传统文化与现代生活的融合

在科学技术日新月异的时代潮流中，人们的思想观念发生了很大的变化，人民群众的文化需求也变得更加多元，传统文化只有适应新时期的新形势，才能得到更好的继承和发扬。什刹海街道为了提升地区文化品质，建立了地区文化展示中心。街道不断打破传统思维模式，积极利用现代科学技术，搭建现代化的展示平台，依托该平台不断创新文化传播形式，不断创新文化活动载体，从而促进传统文化与现代生活的融合发展。什刹海地区的文化展示中心采用了"互联网+"的建设形式，积极利用电脑和手机等现代化通信工具，引入微信平台推送、线上线下互动式体验、特色文旅"护照"等新型传播方式，将分布在什刹海街区的文化遗产串联起来，增加地区内多元文化之间的交流与互动。以"寻踪什刹海，觅迹老北京"为主题，形成一个点、线、面网格化的什刹海特色文化系列游览体系，为游客提供方便快捷的文化旅游服务，让游客们能够更加立体、全面、透彻地了解和认识什刹海的历史文化。这也是什刹海地区深化智慧景区建设和信息化建设的重要体现。

什刹海积极引入"互联网+"技术来推动地区文化展示中心的建设。街道在践行"科技让生活更美好"的理念，推动地区文化建设事业发展中发挥了积极的表率作用。2016年，"文化遗产再设计——百城万匠巡展"活动在什刹海广福观举行，此次展览分为物质文化遗产展览和非物质文化遗产展览两个部分。前者为北京博物馆文创产品交流展，后者为"非遗进清华"创新成果汇报展，通过跨界设计让古老的传统技艺在与现实生活需求的结合中获得新的时代价值。互联网技术在本次展览中的创新应用成为一大特点，如采取O2O的呈现方式使展览内容和过程更加生动和丰富，通过互联网搭建起线上展览和线下展览的链接平台，这不但可以使参展观众获得实体体验、网上游览和消费等服务，而且为非遗传承人提供了展示平台，有利于实现双向沟通和互动，为文化的保护和传承提供了更多的渠道。什刹海把文化展示中心打造成为现代化的文化展示平台，可以有效地促进传统文化与现代生活的融合发展，不断激发传统文化的自身活力。

3. 优化地区文化功能，提供高品质的文化服务

什刹海建设的地区文化展示中心是辐射和引领整个地区文化发展进步的文化中心，它承担着整合地区文化资源和优化地区文化功能，带动地区整体文化服务水平和服务品质提升的责任。什刹海是全国著名的开放式景区，其自然景观和人文景观吸引了国内外众多游客，但最能突出什刹海旅游特色的就是其作为历史文化街区所承载的丰富历史遗存和文化积淀。基于什刹海历史文化旅游街区的功能定位，文化资源是其自身发展的根基所在，文化功能在促进什刹海地区全面发展中占据举足轻重的地位。什刹海街道通过打造地区文化展示中心，不断强化和优化地区文化功能，从而为地区民众提供更高品质的文化服务。

文化功能是什刹海地区的优势功能，什刹海文化功能的延伸和拓展具有深厚的历史文化根基和资源基础。什刹海从地区发展大局出发，依托地区文化展示中心，在科学合理地利用地区文化资源的基础上，不断优化地区的文化功能，突出文化展示中心的资源整合效果。2015年，在什刹海街道办事处的大力支持下，著名漫画家李滨声先生在广福观举办了"温故老北

京——李滨声寻踪、民俗、京剧系列画展"。这些画作不仅展示了李先生的艺术水平,而且扩大了老北京文化的影响力。同年8月,什刹海街道在广福观举办"红心向党,纪念抗战胜利70周年书画展",并面向全国知名优秀艺术工作者征集"纪念抗战胜利70周年"书画艺术作品,依托广福观的资源和平台,推动地区传统文化与党建文化共同发展,为地区群众提供更加具有品质的文化服务和更加丰富多彩的文化生活。

4. 打造特色旅游体系,提升地区文化品质

什刹海地区文化展示中心的建设不仅可以聚集整合地区特色文化资源,还可以发挥出各类资源的优势,重点打造什刹海特色的旅游体系,助力地区文化品质的提升。什刹海地区文化发展历史悠久,文化资源丰富多彩,文化底蕴深厚,是典型的京味儿文化和古都风貌展示区。

什刹海地区丰富多彩的文化为地区发展特色旅游业提供了基础和素材,如民俗文化、胡同文化、道观文化、酒吧文化等。这些特色文化都是城市发展历史的生动记录,在高度现代化的今天,继承和发扬这些优秀传统文化,挖掘其深厚的历史内涵和时代价值,是我们建设文化强国、实现中华民族伟大复兴的必然担当。什刹海地区精心打造了地区文化展示中心,为地区开展形式多样的文化活动提供了空间和场所,丰富了群众的文化生活,使许多优秀的中华传统文化得到更好的继承和发扬。如,在广福观内举行元宵宫灯展,举行春联展、猜灯谜、摇元宵、品小吃等传统民俗文化活动,加强了这些传统文化与现代生活之间的联系,激发了传统文化的现代活力;以展览的形式将传播传统文化与发展文化创意产业相结合,鼓励地区的一些老字号企业参与文化活动,共同提升地区的文化品质。

三 关于什刹海街道以文化展示中心提升地区文化品质的思考

什刹海地区建设地区文化展示中心,是什刹海建立健全地区公共文化基础设施、整合盘活地区文化资源、探索符合地区发展特点的文化品质提升之

路的生动实践。作为历史文化旅游街区,什刹海街道的文化品质提升实践道路既有机遇也有挑战。什刹海建立文化展示中心的实践,一方面缓和了地区文化底蕴深厚与公共文化基础设施薄弱之间的矛盾,另一方面有效改善并提升了地区文化品质。因此,总结和思考什刹海建设地区文化展示中心的实践经验和创新做法,可以为什刹海地区进一步提升地区文化品质和其他地区开展文化品质提升工作提供有益参考。

(一)提升历史文化街区的文化品质要做到保护与开发并举

历史文化资源是城市发展的人文根基,什刹海地区是著名的历史文化旅游街区,也是国家重要的历史文化保护区,拥有丰厚的历史文化资源,这些宝贵资源既是发展旅游业和文化产业的基础,又是群众精神文化生活的重要寄托。做好什刹海地区的文化品质提升工作,需要深入基层,了解地区的文化基础情况,制定科学的规划和统筹安排,尤其是要处理好历史文化资源保护与开发的关系,在保护的前提下实现合理开发,做到保护与开发并举。

什刹海地区按照渐进式、小规模、有机更新的保护理念,在地区文化展示中心的建设规划上采取了小规模、微循环的改造模式,避免了传统大拆大建模式对历史风貌造成的破坏,使城市的历史文脉得以延续,使古城魅力得以重新焕发。建立健全了以街道办事处、住宅建设开发公司为主体的项目带动实施机制,持续推动保护与发展工作;探索了多元参与的文物保护与利用方式,鼓励社会参与,如请清华大学建筑学院、北京城市规划设计与古都风貌保护学术委员会参与制定保护规划。增强历史文化资源保护与利用工作的系统性,坚持"文"和"物"保护并重,不断完善文物资源档案,深入挖掘历史档案、文化遗产等历史价值,加强对非物质文化遗产的保护,发挥出传统文化对社会风尚的熏陶和引领作用,在传承过程中最大化其社会效益和时代价值。如不仅从文物建筑本身的角度出发,还从城市文化建设的角度出发去规划宫观的保护和开发工作。

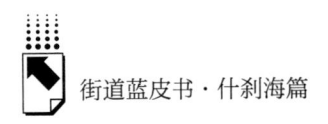

（二）城市文化品质的提升可以促进城市整体发展品质的提升

文化建设是城市建设和发展不可或缺的重要内容，城市文化的繁荣发展和城市文化品质的提升有利于促进城市其他领域的发展，有利于提升城市发展的整体水平。开展文化工作要围绕地区发展需求，要与民生工作紧密结合，让文化发展成果广泛惠及民生。什刹海作为首都重要的核心功能区，除了结合街区功能定位，做好相应的历史文化资源的保护和传承工作，还要积极配合首都做好人口调控、功能疏解、综合环境整治、民生改善等工作。什刹海街道通过推动和落实历史街区保护与修缮、文物古迹修复、景观环境整治等工作带动了地区基础设施的改善、引导了地区特色业态的发展、规范了地区旅游管理与服务，极大地提升了地区文化发展品质，促进地区整体发展品质的提升。

一方面，什刹海地区文化展示中心的建设带动了周边环境的改善，政府按照修旧如旧的原则，主导和推进市级、区级重点文物保护单位的腾退修缮与环境整治工作，还原了城市的历史风貌，提升了环湖地带的观赏性，使其呈现出传统与现代相结合的特点。如前海北沿东段三角地的景观规划打通了广福观通向前海水岸的步行通道，加强了广福观与湖的联系，丰富了环湖景观的内涵，也使广福观成为环湖景观中的一个宗教、历史文化节点，使什刹海兼具历史文化风韵与现代时尚气息。

另一方面，什刹海文化展示中心的建设带动了地区业态的逐步提升。为了营造地区自然和谐的文化氛围，街道在保持地区传统历史风貌的基础上，相应地调整了什刹海核心区业态，进一步编制了什刹海历史文化保护区业态调整专项规划，推动商业街业态和博物馆业态的融合发展。积极开展创新产业准入标准研究，推进创新产业准入工程，发展文化创意产业，如街道通过发展旅游体验项目、四合院住宿、影视娱乐、文物展示等新型服务业态，力图将广福观所在的烟袋斜街打造成为博物馆式的特色商业文化街。这不仅可以丰富商业街的文化内涵，而且可以营造浓厚的文化创新氛围。

（三）聚优势，补短板，推进地区文化事业的可持续发展

什刹海建设文化展示中心是聚合地区优势资源、补齐文化发展短板的重要实践，有利于地区文化品质的提升，使地区文化事业走上可持续发展的轨道。在聚优势方面，什刹海街道是西城区六大功能街区中的文化旅游功能街区，历史文化底蕴深厚，文物古迹和公园景点等旅游资源丰富，而什刹海文化展示中心具有优化整合资源的功能和提供活动交流平台的功能，可以通过发挥中心的聚合和辐射作用，把散布在周边的历史文化资源串联起来，构成有地区特色的文化走廊。推动历史文化街区的文化品质提升和实现可持续发展，还必须处理好历史文化资源保护与利用的关系，在发挥政府统筹引领作用的前提下，鼓励和引导社会力量参与历史文物的保护工作，整合并调动参与地区文化建设和发展的有效资源。

在补短板方面，文化展示中心发挥出合理配置地区文化资源、进一步优化地区文化的功能，在一定程度上缓和了地区历史文化底蕴深厚与地区公共文化基础设施薄弱之间的矛盾，改善了地区文化资源优势与地区文化影响力之间不匹配的状况。将广福观打造成地区文化展示中心，有效地拓展了居民的文化活动空间和文化交流平台，既提升了地区的文化凝聚力，又满足了居民的文化需求。如依托展示中心的空间资源，举办一些民俗活动、文化展览、知识讲座等，让传统文化融入人们的日常生活，焕发时代活力。

（四）不断创新和完善地区公共文化服务体系，提高群众的文化生活品质

什刹海街道以建设地区文化展示中心提升地区文化品质的实践，归根结底是要提高人民群众的文化生活水平，在地区营造以文养人、以文促人、以文化人、以文立人的文化发展环境。只有通过创新完善地区公共文化服务体系，创建网络化的公共文化服务体系，扩大公共文化服务体系在基层的覆盖面，解决地区文化资源配置不均衡、文化活动内容和形式不够

丰富等问题,才能为群众提供高品质的文化生活。进一步完善公共文化基础设施是不断完善地区公共文化服务体系的基础内容,什刹海街道应该为人民群众提供充分的文化生活和交流场所,发展现代化的文化服务设施,利用先进的技术丰富和创新文化活动载体,为群众提供更加丰富的文化活动形式;以重点建设项目为抓手,推进地区文化发展的相关制度建设,为地区文化事业发展提供必要的制度保障,如深入探索符合地区文化发展实际的管理制度、评审制度、财务制度等,夯实建立健全地区公共文化服务体系的制度基础;以创新引领地区文化品牌建设,结合地区资源优势和特点,创新地区文化发展模式,突出地区文化特色,提升地区文化影响力,如什刹海街道以广福观文化展示中心为平台开展的地区特色的民俗文化活动,围绕中心打造了地区特色文化走廊,并将广福观所在的烟袋斜街打造成博物馆式的特色商业文化街,以特色文化建设推动地区公共文化服务体系的创新和完善,提高群众文化生活品质。

参考文献

《追寻北京的记忆——李滨声绘画作品展在京举行》,《新闻与写作》2015年第6期。
边兰春、井忠杰:《历史街区保护规划的探索和思考——以什刹海烟袋斜街地区保护规划为例》,《城市规划》2005年第9期。
蔡志荣:《民俗文化的当代价值》,《西北民族研究》2012年第1期。
陈岸瑛:《传统就是现代》,《设计》2016年第20期。
陈连波、郭倩:《北京寺观园林之什刹海寺观的保护及利用》,《山东林业科技》2008年第3期。
董莉:《什刹海地区寺庙周边环境保护与发展研究》,硕士学位论文,清华大学,2006。
郭倩、陈连波、李雄:《北京寺观园林之什刹海的历史变迁》,《农业科技与信息(现代园林)》2008年第6期。

Abstract

It is essential for the development of the capital to establish an effective megacity governance system. As the core functional zone of the capital, Xicheng District has taken the lead to do a good job with "four concepts" and persisted in the strategic vision of carrying forward scientific governance in depth and improving the development quality in all aspects. Sub-districts play an irreplaceable role as the pioneer and main force of microscopic governance. 15 sub-districts of Xicheng District have coordinated various resources of respective areas based on their own development situations. Their practices include exploring the ways to establish the regional mode for Party construction, strengthening lean urban management, improving public services, refining the integrated enforcement system, and exploring innovative practices for grassroots governance. They have continuously injected new connotations into grassroots governance and provided duplicable and easy-to-operate live experience for grassrootsorganizations, and their experience and practices are of great importance for Chinese metropolises to improve concepts and find new ways out to strengthen grassroots governance.

"The Beijing Sub-district Development Report No. 2 – Shichahai" profoundly captures the characteristics of Shichahai Sub-district in functional overlap, focuses on three themes such as governance, service and culture, and performs a theoretical research on the reform of the sub-district mechanism, update of traditional court, social care for the old, open scenic spot management and other topics. The report mainly surveys the employment service for the disabled, "Internet + social governance", smart scenic spot construction, reform of school district system and participation of social organizations in governance. Meanwhile, the report systematically summarizes the development of comprehensive disaster relief capacity at the community level, the "four-step" mode for implementing relocation and governance to promote improvement, innovation of the Party construction in the context of comprehensive strict governance of the Party, organic update of Guangfuguan Temple, improvement of cultural quality and other important practices.

On this basis, this book proposes that Shichahai, as the historical & cultural scenic spot and historical & cultural conservation area of Beijing, should innovate management concepts, improve the quality and governance level of the sub-district, explore the open sub-district governance mode and further implement and refine the conservation of the ancient capital and the cultural heritage from the four aspects such as innovating historical sub-district protection mode, stimulating Party construction vitality, strengthening the governance of back streets and optimizing regional public services.

Contents

Ⅰ General Report

B. 1 Shichahai: Exploring New Block Governance Mechanisms / 001

Abstract: In February 2016, the Central Committee of the Communist Party of China and the State Council issued "Several Opinions on Further Strengthening the Work of Urban Planning, Construction and Administration", which explicitly proposes to "promote the block system for new residential communities and no longer construct enclosed communities in principle". Moreover, the document specifies that the completed residential communities and organizational courtyards shall gradually open the door, open internal roads to the public, resolve the traffic network layout and promote intensive utilization of the land". In this context, communities and blocks will face new adjustment, integration and innovation. Xicheng District is the core district of the capital functions, and Shichahai is the emblem for Beijing as a famous historical and cultural city. Now, Shichahai is imperative to innovate the governance mode and enhance the governance capacity at the grassroots level while Beijing is implementing the urban strategic positioning, building the capital of a great socialist motherland, building the capital of a power nation marching towards the great revival of the Chinese nation and building a world-class capital of harmony and livability. In this report, we will start with the rise of the urban block system, and take Shichahai of Xicheng District for example to analyze the foundation for implementation of the block system. Then, we will review major practices and experience of the block system in foreign countries. Finally, we will share our opinions on the block governance of Shichahai as a positive exploration to implement the block system across Beijing and the entire country.

Keywords: Block System; Block Governance; Shichahai

Ⅱ Data Reports

B.2 Regional Public Service Questionnaire Survey Report for Shichahai Sub-district on the Basis of Permanent Residents / 022

Abstract: The level of public services inthe communities directly relates to the life quality of the community residents, and permanent residents' awareness and satisfaction of the community-level public services are theimportant standard measuring public services of the area. In this paper, we have adopted the questionnaire method and performed a questionnaire survey onpublic services and thelife quality ofthe permanent residentsin 25 communities of Shichahai Sub-district in Xicheng District. On this basis, we have assessed the sub-district as to its organization and offering of public services as well as residents' satisfaction, reached an overall conclusion and proposed concrete suggestions relating to existing problems.

Keywords: Shichahai Sub-district; Community Resident; Public Service; Life Quality

B. 3 Regional Public Service Questionnaire Survey Report for Shichahai Sub-district on the Basis of Working Population / 040

Abstract: The working population contributes a lot to the economic prosperity of one region. A sub-district plays a positive role in optimizing regional public services, satisfying the demand of the working population for local public services, improving residents' satisfaction and enhancing the capacity to serve the local working population. This will help maintain a sustainable and steady development of the region. To this end, the project team performed the first public service survey among the working population under jurisdiction of Shichahai Sub-district in January 2015, and once again initiated a questionnaire survey on the supply, involvement and acquisition of public services in Shichahai Sub-district among the corporate working population in May 2017. This report analyzes awareness of service institution, involvement in community service, regional life facilitation, satisfaction with community-level basic public service and demand for community-level public service. Then, we have performed a longitudinal comparison of the survey results, reached overall conclusions and provided concrete suggestions relating to existing problems.

Keywords: Shichahai Sub-district; Public Service; Working Population; Countermeasures and Suggestions

Ⅲ Theory Reports

B. 4 Explorationonthe Update of Traditional Courts in the Context of World-class Capital of Harmony and Livability
—The Case Study on "Meeting Shichahai" / 063

Abstract: During a survey on Beijing in February 2014, Secretary-General Xi Jinping stressed that when implementing the strategic positioning, Beijing should "pay attention to building a harmonious and livable city in the entire process, borrow beneficial experience from foreign countries in urban construction, refine relevant policies, improve the quality of life-related services and strive to build Beijing into a world-class capital of harmony and livability". As the core area bearing the capital function, Xicheng District has set the strategic objective to build the "most harmonious district in the world-class capital of harmony and livability". In September 2016, Shichahai Sub-district launched the "Meeting Shichahai" event with the International Design Week, and renovated traditional courtyards based on local industrial development to promote the optimization of block functions. We will theoretically research and probe into the "Meeting Shichahai" mode as an innovative move to update and renovate traditional courtyards, and the mode will be of great significance to better propel the update, renovation and functional optimization of Shichahai Area and improve its development quality.

Keywords: World-class Capital of Harmony and Livability; Update of Traditional Courtyard; "Meeting Shichahai"

B.5　The Research on Management Mode for Open Scenic Spot
　　—*Take Shichahai Scenic Spot for Example*　　　　　　／082

Abstract: Over the past years, China's tourism industry has quickly grown, and tourism and recreation activities have become more and more popular among common residents. In this context, tourism destinations in more and more cities have started changing their role, abandoned the traditional "ticket mode" and shifted to the open management mode. In this report, we will research theoretical findings and cases relating to open scenic spot management modes at home and abroad, and draw lessons frommature theories and standards of foreign countries to analyze the open management mode of Shichahai Scenic Spot, summarize its successful experience and find out problems during its development. On this basis, we will provide some suggestions for the scenic spot to further improve the open management mode and enhance the development quality.

Keywords: Open Scenic Spot; Boom Index of Open Scenic Spot; West Lake Mode; Slow Transit System

B. 6 The Research on Participation in Social Pension Service Based on PPP Mode

—*Take Pension Service of Shichahai Sub-district for Example* / 103

Abstract: In recent years, the supply and demandconflictof pension service has emerged as a serious problem as the ageing of the population is getting increasingly severer in China. The government has issued a series of policy documents relating to the social pension service, and Beijing, Shanghai and other megacities have set the objectives to establish the "9064" and "9073" social pension service system and put these systems in practice in depth. In June 2017, the State Council issued the "Opinions on Formulating and Implementing the Aged Care Service Project". The document further acknowledges and highlights the fundamental position of the family-based care service for the old in China's pension service. It accords with the concrete requirement of "establishing a social pension service system with the family as the base, the community as the reliance and the institution as the support" specified inthe "Law of the People's Republic of China on Protection of Rights and Interests of the Elderly People", and interprets the national pension service policy in the new time. To respond to the upcoming arrival of a society with deep ageing and accelerate the construction of the social pension service system, this report will analyze the status quo of population ageing and the reason for the construction of the social pension service system, and streamline the internal contact between the PPP mode and the social pension service. At the same time, this report takesthe social pension service system of Shichahai Sub-district of Xicheng District for example to identify problems in the system and propose corresponding suggestions.

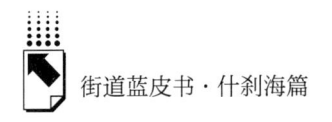

Keywords: Deep Ageing; PPP Mode; Quasi Profit-making Project; Diversified Participation

Ⅳ Survey Reports

B. 7　The Research on Employment Service of Shichahai Sub-district for Disabled Persons　　　　　　　　　　　／ 119

Abstract: The employment service for disabled persons is an important part of the work related to people's life, and an important factor evaluating the service capacity of the Chinese government. At the same time, the employment status of the disabled person group will directly relate to their income level and happiness in life. Now, China's reform and development have entered the transformative stage, and good employment service for disabled persons can promote the coordinated, orderly and harmonious development of the social economy. At present, China's market-oriented employment mode is becoming increasingly more mature, and the employment structurehas been changed greatly. Since 2008, the employment situation in the entire society has got increasingly severe, and the group of the disabled persons taking a vulnerable position in the society hasfaced more challenges in employment. Shichahai Sub-district has a high proportion of disabled persons, more than 10% of all disabled persons in Xicheng District disabled persons face many difficulties in employment and complex situations, which makes it hard to do the work well. To this end, the sub-district has offered differential employment services based on differential problems faced by local disabled persons to effectively solve their employment. In this report, we will review the concepts of the sub-district for offering the employment service to disabled persons, and generalize its practical experience and personalized measures. Finally, we will provide some suggestions to further improve the service.

Keywords: Warm Home; Four Stops in One Park; Employment Training Project; Special Aid

B.8 Survey Report on Shichahai's Improvement of Social Governance Capacity through "Internet +"   / 134

Abstract: In the Internet era, people's production style, lifestyle and thinking style are closely associated with information technologies, and the new-generation information technologies represented by big data and cloud computing have emerged as an important force propelling social development and progress. Now, ithasalready become an important task and challenge for the governments at various levels to innovate social governance modes and improve the social governance capacity through "Internet +". While paying highattentionto the role of the Internet in social governance, Shichahai Sub-district has carried out information technologies development concept of "coordination & intensiveness, professional line and uniform block, and highlight feature" at the community levelby focusing onthe socialfull-response grid service management work. At the same time, it has vigorously supported and propelled the fusion between "Internet +" and local social governance, effectively integrated information resources, and expanded service channels. It has accumulated variable experience in improving the social governance capacity through "Internet +", and made positive effects. In this report, we will survey Shichahai Sub-district's move to improve the social governance capacity through "Internet +", learn and borrow its successful experience and measures, and summarize its problems. On this basis, we will provide some improvement suggestions for the sub-district to further improve its social governance level.

Keywords: Internet +; IT Building; Social Governance Capacity; the Governance at the Grassroots Level; Full-response Command and Scheduling System

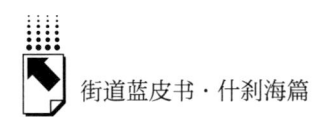

B. 9　The Research on Current Progress of Smart Scenic Spot

　　　　Construction in Shichahai　　　　　　　　　　　　　／ 151

Abstract: The Shichahai Historical & Cultural Tourism Destination is the largest among 25 historical and cultural reserves in Beijing. As an open historical and cultural tourism destination, Shichahai combines the residents' residential area, the historical and cultural reserve, the commercial block and the tourism destination, which brings many problems and challenges to the development, utilization, conservation and management of the scenic spot. As Beijing is optimizing the capital functions, Shichahai has taken the initiative to build a smart scenic spot to improve the management and service level, enhance development quality and better serve the cultural function building of the capital. It has done this work in response to the call of Xicheng District, which has decided to vigorously build a demonstrative area of harmony and livability and take a special action against major areas. In this report, we will analyze the current progress of the sub-district in smart scenic spot building, and review its leading experience and results. At the same time, we will also provide some suggestions and opinions to further enrich the building of smart scenic spots in China, and advise other regions in this regard.

Keywords: Smart Scenic Spot; Internet + New Technology; Free Wi-Fi; Shichahai Mobile Phone Guide System

B. 10　The Research on Social Organization's Participation in

　　　　Community Governance in Shichahai Sub-district　　／ 166

Abstract: The communities at the grassroots levelhave shown a broad range of demands, and the diversified participation mode for the community governance is gradually taking shape in the context of deep progress of social reform as well as comprehensive transformative development of the society. More and more social organizations have become the participant in the community governance. They have injected fresh vitality into the community governance, and played a positive role in promoting the innovation and transformation of the community governance. Now, Xicheng District is making every effort to promote development and management transformation. In this context, Shichahai Sub-district has paid much attention to cultivating social organizations at the community level, strengthened exploration and innovation, and found out a way of social organization development at the community level with its own characteristics. In this report, we will review the background, practice, innovation and problems regardingthe sub-district's actions to promote social organizations' participation in the community governance, and provide a useful reference and example for other cities in this respect.

Keywords: The Social Governance at the Grassroots Level; Social Organizations at the Community Level; Participative Consultation; Collaboration Among three Organizations

B. 11　Survey Report on Reform of School District System in Shichahai Sub-district　／178

Abstract: The "school district system" is one of the practical modes realizing the innovation of the balanced development system and mechanism for compulsory education, and a system concerning the district-based management of primary and middle schools. "The Decision of the Central Committee of the CPC on Several Issues Regarding Comprehensive Deepening of Reform" adopted at the Third Plenary Session of the Eighteenth National Congress of the Partyspecifies that "we will implement the near school admission without examination for compulsory education and implement the school district system and the nine-year counterparty recruitment on a trial basis. We will carry out the academic level examination and comprehensive quality assessment at the middle school stage." In 2014, the Ministry of Education also pointed out in the "Implementation Opinions on

Further Promoting NeighboringSchool Admission without Examination from Primary School to Junior School" that "we will try the district-based school mode, combine junior schools and primary schools for coordinated management upon the principle of relatively short geographical distance and rough balance of schooling level. We will advocate the collaboration, resource allocation and nine-year uniform connection among different schools". In this context, Beijing has strengthened the work to explore the reform of the school district system to solve the phenomenon of "school selection" and serious disparity in resource distribution. Xicheng District has taken the initiative and released the Implementation Opinions on Propelling Comprehensive Reform in Major Areas of Compulsory Education. To better promote the educational reform, we will survey the reform of the school district system in Shichahai Sub-district of Xicheng District, review its practices, and identify its problems. On this basis, we will provide some preliminary suggestions for future development.

Keywords: Reform of School District System; Equalization of Educational Opportunity; Equilibrium of High-quality Resources; School District Council

V Case Reports

B.12 Practices and Experience of Shichahai Sub-district in Building Comprehensive Disaster Relief Capacity at the Community Level / 191

Abstract: As an important area and unit for daily production and life of the public, sub-districts and communities now take on a more and more important task to build the basic governance system. The disaster prevention and relief capacity of one sub-district will directly relate to the life and property security of the public under jurisdiction. Strengthening the comprehensive disaster relief capacity is a job to strengthen the connotation of urban construction and an important content of improving the urban development quality. Shichahai is a representativesub-district in building the comprehensive disaster relief capacity in the capital. It has actively explored the development of the comprehensive disaster relief capacity at the community level, practiced related concepts in depth, and found out a series of disaster prevention and relief practices commensurate with its own characteristics, in a move to improve the regional development quality and realize a sustainable development. In this report, we will further review Shichahai Sub-district's basic steps to build the comprehensive disaster relief capacity at the community level, then generalize its successful experience and innovative practices, and finally provide some suggestions on how to improve the comprehensive disaster relief capacity at the sub-district level. We will provide a beneficial reference for further improving the comprehensive disaster relief capacity and enhancing the development quality of the block. At the same time, we will provide an excellent case for other cities, particularly megacities, to develop the comprehensive disaster relief capacity at the sub-district level.

Keywords: Comprehensive Disaster Relieve; Organizational Building; Demonstrative Standard; Diversified Participation; Disaster Prevention with Science and Technology

B.13　Shichahai Sub-district Has Innovated the "Four-step" Mode to Propel "Relocation and Governance to Promote Improvement"　　/ 206

Abstract: In January 2017, in order to carry out the spirits of the important speechesdelivered by Secretary-General Xi Jinping during his survey in Beijing, particularly the requirement for building a world-class capital of harmony and livability, the People's Government of Beijing Municipality issued the "Implementation Opinions of the People's Government of Beijing Municipality on Organizing and Implementing the Special Campaign of Relocation and Governance to Promote Improvement (2017 -2020)". As the core area bearing the capital functions, Xicheng District has bigger responsibility and obligation to implement the special campaign. To this end, the district has made a comprehensive working plan after regulating the unauthorized change of residential properties to commercial properties in 2016. Shichahai Sub-district lies in the intersection between Xicheng District and other four districts, which makes it imperative to carry out the "Relocation and Governance to Promote Improvement" special action. It has innovated the "four-step" mode, and implemented the campaign by establishing the working mechanism, focusing on difficulties in work, transforming the working style and controlling the working pace. In this report, we will review the background behind its move to implement the special campaign, summarize its practice in order for the sub-district to implement the "Relocation and Governance to Promote Improvement" special campaign in order, and contribute its force to the functional diversion and transformative development of the capital.

Keywords: Diversion and Treatment to Promote Enhancement; Overlap Between four Districts; "Four-step" Mode

B.14 Shichahai Sub-district's Innovative Practiceson Party Construction in the Context of Strict Governance of the Party / 219

Abstract: Strict governance is a good tradition of the Party, and the new leadership has upgraded strict governance to a new level: "comprehensive strict governance of the Party". It is an important strategic move to strengthen Party construction in the new time, and plays a dominant role in the overall arrangement for "Four Comprehensive". In this context, the Working Committee of Shichahai Sub-district of Xicheng District has established the Discipline Inspection Committee at the community level, implemented the three-level grid management mode, and accelerated the pace of extending comprehensive strict governance of the

Party to the basic level. At the same time, it has refined the organizational structure and improved the organizational service. The Working Committee of Shichahai Sub-district has persisted in exploration and innovation and taken the lead by Party construction in Xicheng District, just echoing the requirement the Party has set in the report of the Eighteenth National Congress – "propel the construction of the Party with the spirit of reform and innovation in all areas".

Keywords: Comprehensive Strict Governance of the Party; Innovation of Party Construction Atthe Grassrootslevel; Inspection Discipline Committee At community Level

B.15 The Case Studyon Shichahai's Improving Regional Cultural Quality with Guangfuguan Temple Cultural Exhibition Center　　　　　　　　　　　　　　　　/ 232

Abstract: Cultural construction is an indispensable element of urban development, and only much attention paid to the historical inheritance and cultural texture of one city can continuously improve the development quality and promote the sustainable development of the city. As the largest historical, cultural reserve and open scenic spot in Beijing, Shichahai has taken the initiative to divert non-capital functions and improve the urban development quality, and set an example in this regard. Shichahai pays much attention to improving the local cultural quality. To further highlight and optimize the function of historical and cultural tourism, the sub-district has fully surveyed the development and utilization of local historical and cultural resources. On this basis, it has initiated the cultural display center project, and made periodical achievements in the work to improve local cultural quality. Moreover, we will research and summarize its experience of promoting the local cultural brand with the exhibition center, and discuss its innovation path. Moreover, the case embodies important realistic values for Shichahai to further improve its cultural quality and also provide a realistic example for brother cities in this respect.

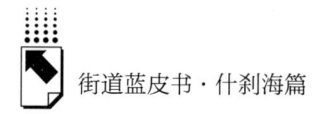

Keywords: Guangfuguan Temple; Cultural Exhibition Center; Public Cultural Infrastructure; Cultural Tourism System; Cultural Corridor

社会科学文献出版社　　　**皮书系列**

❖ 皮书起源 ❖

"皮书"起源于十七、十八世纪的英国，主要指官方或社会组织正式发表的重要文件或报告，多以"白皮书"命名。在中国，"皮书"这一概念被社会广泛接受，并被成功运作、发展成为一种全新的出版形态，则源于中国社会科学院社会科学文献出版社。

❖ 皮书定义 ❖

皮书是对中国与世界发展状况和热点问题进行年度监测，以专业的角度、专家的视野和实证研究方法，针对某一领域或区域现状与发展态势展开分析和预测，具备原创性、实证性、专业性、连续性、前沿性、时效性等特点的公开出版物，由一系列权威研究报告组成。

❖ 皮书作者 ❖

皮书系列的作者以中国社会科学院、著名高校、地方社会科学院的研究人员为主，多为国内一流研究机构的权威专家学者，他们的看法和观点代表了学界对中国与世界的现实和未来最高水平的解读与分析。

❖ 皮书荣誉 ❖

皮书系列已成为社会科学文献出版社的著名图书品牌和中国社会科学院的知名学术品牌。2016年，皮书系列正式列入"十三五"国家重点出版规划项目；2013~2018年，重点皮书列入中国社会科学院承担的国家哲学社会科学创新工程项目；2018年，59种院外皮书使用"中国社会科学院创新工程学术出版项目"标识。

中国皮书网

（网址：www.pishu.cn）

发布皮书研创资讯，传播皮书精彩内容
引领皮书出版潮流，打造皮书服务平台

栏目设置

关于皮书：何谓皮书、皮书分类、皮书大事记、皮书荣誉、皮书出版第一人、皮书编辑部

最新资讯：通知公告、新闻动态、媒体聚焦、网站专题、视频直播、下载专区

皮书研创：皮书规范、皮书选题、皮书出版、皮书研究、研创团队

皮书评奖评价：指标体系、皮书评价、皮书评奖

互动专区：皮书说、社科数托邦、皮书微博、留言板

所获荣誉

2008年、2011年，中国皮书网均在全国新闻出版业网站荣誉评选中获得"最具商业价值网站"称号；

2012年，获得"出版业网站百强"称号。

网库合一

2014年，中国皮书网与皮书数据库端口合一，实现资源共享。

权威报告·一手数据·特色资源

皮书数据库
ANNUAL REPORT(YEARBOOK) DATABASE

当代中国经济与社会发展高端智库平台

所获荣誉

- 2016年，入选"'十三五'国家重点电子出版物出版规划骨干工程"
- 2015年，荣获"搜索中国正能量 点赞2015""创新中国科技创新奖"
- 2013年，荣获"中国出版政府奖·网络出版物奖"提名奖
- 连续多年荣获中国数字出版博览会"数字出版·优秀品牌"奖

成为会员

通过网址www.pishu.com.cn访问皮书数据库网站或下载皮书数据库APP，进行手机号码验证或邮箱验证即可成为皮书数据库会员。

会员福利

- 使用手机号码首次注册的会员，账号自动充值100元体验金，可直接购买和查看数据库内容（仅限PC端）。
- 已注册用户购书后可免费获赠100元皮书数据库充值卡。刮开充值卡涂层获取充值密码，登录并进入"会员中心"—"在线充值"—"充值卡充值"，充值成功后即可购买和查看数据库内容（仅限PC端）。
- 会员福利最终解释权归社会科学文献出版社所有。

数据库服务热线：400-008-6695
数据库服务QQ：2475522410
数据库服务邮箱：database@ssap.cn
图书销售热线：010-59367070/7028
图书服务QQ：1265056568
图书服务邮箱：duzhe@ssap.cn

卡号：496233283494
密码：

S 基本子库
SUB DATABASE

中国社会发展数据库（下设 12 个子库）

全面整合国内外中国社会发展研究成果，汇聚独家统计数据、深度分析报告，涉及社会、人口、政治、教育、法律等 12 个领域，为了解中国社会发展动态、跟踪社会核心热点、分析社会发展趋势提供一站式资源搜索和数据分析与挖掘服务。

中国经济发展数据库（下设 12 个子库）

基于"皮书系列"中涉及中国经济发展的研究资料构建，内容涵盖宏观经济、农业经济、工业经济、产业经济等 12 个重点经济领域，为实时掌控经济运行态势、把握经济发展规律、洞察经济形势、进行经济决策提供参考和依据。

中国行业发展数据库（下设 17 个子库）

以中国国民经济行业分类为依据，覆盖金融业、旅游、医疗卫生、交通运输、能源矿产等 100 多个行业，跟踪分析国民经济相关行业市场运行状况和政策导向，汇集行业发展前沿资讯，为投资、从业及各种经济决策提供理论基础和实践指导。

中国区域发展数据库（下设 6 个子库）

对中国特定区域内的经济、社会、文化等领域现状与发展情况进行深度分析和预测，研究层级至县及县以下行政区，涉及地区、区域经济体、城市、农村等不同维度。为地方经济社会宏观态势研究、发展经验研究、案例分析提供数据服务。

中国文化传媒数据库（下设 18 个子库）

汇聚文化传媒领域专家观点、热点资讯，梳理国内外中国文化发展相关学术研究成果、一手统计数据，涵盖文化产业、新闻传播、电影娱乐、文学艺术、群众文化等 18 个重点研究领域。为文化传媒研究提供相关数据、研究报告和综合分析服务。

世界经济与国际关系数据库（下设 6 个子库）

立足"皮书系列"世界经济、国际关系相关学术资源，整合世界经济、国际政治、世界文化与科技、全球性问题、国际组织与国际法、区域研究 6 大领域研究成果，为世界经济与国际关系研究提供全方位数据分析，为决策和形势研判提供参考。

皮书系列

2018年

智库成果出版与传播平台

社会科学文献出版社
SOCIAL SCIENCES ACADEMIC PRESS (CHINA)

社长致辞

蓦然回首，皮书的专业化历程已经走过了二十年。20年来从一个出版社的学术产品名称到媒体热词再到智库成果研创及传播平台，皮书以专业化为主线，进行了系列化、市场化、品牌化、数字化、国际化、平台化的运作，实现了跨越式的发展。特别是在党的十八大以后，以习近平总书记为核心的党中央高度重视新型智库建设，皮书也迎来了长足的发展，总品种达到600余种，经过专业评审机制、淘汰机制遴选，目前，每年稳定出版近400个品种。"皮书"已经成为中国新型智库建设的抓手，成为国际国内社会各界快速、便捷地了解真实中国的最佳窗口。

20年孜孜以求，"皮书"始终将自己的研究视野与经济社会发展中的前沿热点问题紧密相连。600个研究领域，3万多位分布于800余个研究机构的专家学者参与了研创写作。皮书数据库中共收录了15万篇专业报告，50余万张数据图表，合计30亿字，每年报告下载量近80万次。皮书为中国学术与社会发展实践的结合提供了一个激荡智力、传播思想的入口，皮书作者们用学术的话语、客观翔实的数据谱写出了中国故事壮丽的篇章。

20年跬步千里，"皮书"始终将自己的发展与时代赋予的使命与责任紧紧相连。每年百余场新闻发布会，10万余次中外媒体报道，中、英、俄、日、韩等12个语种共同出版。皮书所具有的凝聚力正在形成一种无形的力量，吸引着社会各界关注中国的发展，参与中国的发展，它是我们向世界传递中国声音、总结中国经验、争取中国国际话语权最主要的平台。

皮书这一系列成就的取得，得益于中国改革开放的伟大时代，离不开来自中国社会科学院、新闻出版广电总局、全国哲学社会科学规划办公室等主管部门的大力支持和帮助，也离不开皮书研创者和出版者的共同努力。他们与皮书的故事创造了皮书的历史，他们对皮书的拳拳之心将继续谱写皮书的未来！

现在，"皮书"品牌已经进入了快速成长的青壮年时期。全方位进行规范化管理，树立中国的学术出版标准；不断提升皮书的内容质量和影响力，搭建起中国智库产品和智库建设的交流服务平台和国际传播平台；发布各类皮书指数，并使之成为中国指数，让中国智库的声音响彻世界舞台，为人类的发展做出中国的贡献——这是皮书未来发展的图景。作为"皮书"这个概念的提出者，"皮书"从一般图书到系列图书和品牌图书，最终成为智库研究和社会科学应用对策研究的知识服务和成果推广平台这一整个过程的操盘者，我相信，这也是每一位皮书人执着追求的目标。

"当代中国正经历着我国历史上最为广泛而深刻的社会变革，也正在进行着人类历史上最为宏大而独特的实践创新。这种前无古人的伟大实践，必将给理论创造、学术繁荣提供强大动力和广阔空间。"

在这个需要思想而且一定能够产生思想的时代，皮书的研创出版一定能创造出新的更大的辉煌！

社会科学文献出版社社长
中国社会学学会秘书长
2017年11月

社会科学文献出版社简介

社会科学文献出版社(以下简称"社科文献出版社")成立于1985年,是直属于中国社会科学院的人文社会科学学术出版机构。成立至今,社科文献出版社始终依托中国社会科学院和国内外人文社会科学界丰厚的学术出版和专家学者资源,坚持"创社科经典,出传世文献"的出版理念、"权威、前沿、原创"的产品定位以及学术成果和智库成果出版的专业化、数字化、国际化、市场化的经营道路。

社科文献出版社是中国新闻出版业转型与文化体制改革的先行者。积极探索文化体制改革的先进方向和现代企业经营决策机制,社科文献出版社先后荣获"全国文化体制改革工作先进单位"、中国出版政府奖·先进出版单位奖、中国社会科学院先进集体、全国科普工作先进集体等荣誉称号。多人次荣获"第十届韬奋出版奖""全国新闻出版行业领军人才""数字出版先进人物""北京市新闻出版广电行业领军人才"等称号。

社科文献出版社是中国人文社会科学学术出版的大社名社,也是以皮书为代表的智库成果出版的专业强社。年出版图书2000余种,其中皮书400余种,出版新书字数5.5亿字,承印及发行中国社科院院属期刊72种,先后创立了皮书系列、列国志、中国史话、社科文献学术译库、社科文献学术文库、甲骨文书系等一大批既有学术影响又有市场价值的品牌,确立了在社会学、近代史、苏东问题研究等专业学科及领域出版的领先地位。图书多次荣获中国出版政府奖、"三个一百"原创图书出版工程、"五个'一'工程奖"、"大众喜爱的50种图书"等奖项,在中央国家机关"强素质·做表率"读书活动中,入选图书品种数位居各大出版社之首。

社科文献出版社是中国学术出版规范与标准的倡议者与制定者,代表全国50多家出版社发起实施学术著作出版规范的倡议,承担学术著作规范国家标准的起草工作,率先编撰完成《皮书手册》对皮书品牌进行规范化管理,并在此基础上推出中国版芝加哥手册——《社科文献出版社学术出版手册》。

社科文献出版社是中国数字出版的引领者,拥有皮书数据库、列国志数据库、"一带一路"数据库、减贫数据库、集刊数据库等4大产品线11个数据库产品,机构用户达1300余家,海外用户百余家,荣获"数字出版转型示范单位""新闻出版标准化先进单位""专业数字内容资源知识服务模式试点企业标准化示范单位"等称号。

社科文献出版社是中国学术出版走出去的践行者。社科文献出版社海外图书出版与学术合作业务遍及全球40余个国家和地区,并于2016年成立俄罗斯分社,累计输出图书500余种,涉及近20个语种,累计获得国家社科基金中华学术外译项目资助76种、"丝路书香工程"项目资助60种、中国图书对外推广计划项目资助71种以及经典中国国际出版工程资助28种,被五部委联合认定为"2015-2016年度国家文化出口重点企业"。

如今,社科文献出版社完全靠自身积累拥有固定资产3.6亿元,年收入3亿元,设置了七大出版分社、六大专业部门,成立了皮书研究院和博士后科研工作站,培养了一支近400人的高素质与高效率的编辑、出版、营销和国际推广队伍,为未来成为学术出版的大社、名社、强社,成为文化体制改革与文化企业转型发展的排头兵奠定了坚实的基础。

宏观经济类

经济蓝皮书

2018年中国经济形势分析与预测

李平 / 主编　2017年12月出版　定价：89.00元

◆ 本书为总理基金项目，由著名经济学家李扬领衔，联合中国社会科学院等数十家科研机构、国家部委和高等院校的专家共同撰写，系统分析了2017年的中国经济形势并预测2018年中国经济运行情况。

城市蓝皮书

中国城市发展报告 No.11

潘家华　单菁菁 / 主编　2018年9月出版　估价：99.00元

◆ 本书是由中国社会科学院城市发展与环境研究中心编著的，多角度、全方位地立体展示了中国城市的发展状况，并对中国城市的未来发展提出了许多建议。该书有强烈的时代感，对中国城市发展实践有重要的参考价值。

人口与劳动绿皮书

中国人口与劳动问题报告 No.19

张车伟 / 主编　2018年10月出版　估价：99.00元

◆ 本书为中国社会科学院人口与劳动经济研究所主编的年度报告，对当前中国人口与劳动形势做了比较全面和系统的深入讨论，为研究中国人口与劳动问题提供了一个专业性的视角。

皮书系列重点推荐

宏观经济类 · 区域经济类

中国省域竞争力蓝皮书
中国省域经济综合竞争力发展报告（2017~2018）

李建平 / 李闽榕 高燕京 / 主编　2018年5月出版　估价：198.00元

◆ 本书融多学科的理论为一体，深入追踪研究了省域经济发展与中国国家竞争力的内在关系，为提升中国省域经济综合竞争力提供有价值的决策依据。

金融蓝皮书
中国金融发展报告（2018）

王国刚 / 主编　2018年6月出版　估价：99.00元

◆ 本书由中国社会科学院金融研究所组织编写，概括和分析了2017年中国金融发展和运行中的各方面情况，研讨和评论了2017年发生的主要金融事件，有利于读者了解掌握2017年中国的金融状况，把握2018年中国金融的走势。

区域经济类

京津冀蓝皮书
京津冀发展报告（2018）

祝合良　叶堂林　张贵祥 / 等著　2018年6月出版　估价：99.00元

◆ 本书遵循问题导向与目标导向相结合、统计数据分析与大数据分析相结合、纵向分析和长期监测与结构分析和综合监测相结合等原则，对京津冀协同发展新形势与新进展进行测度与评价。

社会政法类 | 皮书系列 重点推荐

社会政法类

社会蓝皮书
2018年中国社会形势分析与预测

李培林　陈光金　张翼/主编　2017年12月出版　定价：89.00元

◆ 本书由中国社会科学院社会学研究所组织研究机构专家、高校学者和政府研究人员撰写，聚焦当下社会热点，对2017年中国社会发展的各个方面内容进行了权威解读，同时对2018年社会形势发展趋势进行了预测。

法治蓝皮书
中国法治发展报告No.16（2018）

李林　田禾/主编　2018年3月出版　定价：128.00元

◆ 本年度法治蓝皮书回顾总结了2017年度中国法治发展取得的成就和存在的不足，对中国政府、司法、检务透明度进行了跟踪调研，并对2018年中国法治发展形势进行了预测和展望。

教育蓝皮书
中国教育发展报告（2018）

杨东平/主编　2018年3月出版　定价：89.00元

◆ 本书重点关注了2017年教育领域的热点，资料翔实，分析有据，既有专题研究，又有实践案例，从多角度对2017年教育改革和实践进行了分析和研究。

皮书系列重点推荐　社会政法类

社会体制蓝皮书
中国社会体制改革报告 No.6（2018）

龚维斌 / 主编　2018 年 3 月出版　定价：98.00 元

◆ 本书由国家行政学院社会治理研究中心和北京师范大学中国社会管理研究院共同组织编写，主要对 2017 年社会体制改革情况进行回顾和总结，对 2018 年的改革走向进行分析，提出相关政策建议。

社会心态蓝皮书
中国社会心态研究报告（2018）

王俊秀　杨宜音 / 主编　2018 年 12 月出版　估价：99.00 元

◆ 本书是中国社会科学院社会学研究所社会心理研究中心"社会心态蓝皮书课题组"的年度研究成果，运用社会心理学、社会学、经济学、传播学等多种学科的方法进行了调查和研究，对于目前中国社会心态状况有较广泛和深入的揭示。

华侨华人蓝皮书
华侨华人研究报告（2018）

贾益民 / 主编　2017 年 12 月出版　估价：139.00 元

◆ 本书关注华侨华人生产与生活的方方面面。华侨华人是中国建设 21 世纪海上丝绸之路的重要中介者、推动者和参与者。本书旨在全面调研华侨华人，提供最新涉侨动态、理论研究成果和政策建议。

民族发展蓝皮书
中国民族发展报告（2018）

王延中 / 主编　2018 年 10 月出版　估价：188.00 元

◆ 本书从民族学人类学视角，研究近年来少数民族和民族地区的发展情况，展示民族地区经济、政治、文化、社会和生态文明"五位一体"建设取得的辉煌成就和面临的困难挑战，为深刻理解中央民族工作会议精神、加快民族地区全面建成小康社会进程提供了实证材料。

产业经济类·行业及其他类　皮书系列重点推荐

产业经济类

房地产蓝皮书
中国房地产发展报告 No.15（2018）

李春华 王业强 / 主编　2018年5月出版　估价：99.00元

◆ 2018年《房地产蓝皮书》持续追踪中国房地产市场最新动态，深度剖析市场热点，展望2018年发展趋势，积极谋划应对策略。对2017年房地产市场的发展态势进行全面、综合的分析。

新能源汽车蓝皮书
中国新能源汽车产业发展报告（2018）

中国汽车技术研究中心　日产（中国）投资有限公司
东风汽车有限公司 / 编著　2018年8月出版　估价：99.00元

◆ 本书对中国2017年新能源汽车产业发展进行了全面系统的分析，并介绍了国外的发展经验。有助于相关机构、行业和社会公众等了解中国新能源汽车产业发展的最新动态，为政府部门出台新能源汽车产业相关政策法规、企业制定相关战略规划，提供必要的借鉴和参考。

行业及其他类

旅游绿皮书
2017~2018年中国旅游发展分析与预测

中国社会科学院旅游研究中心 / 编　2018年1月出版　定价：99.00元

◆ 本书从政策、产业、市场、社会等多个角度勾画出2017年中国旅游发展全貌，剖析了其中的热点和核心问题，并就未来发展作出预测。

7

皮书系列 重点推荐　　行业及其他类

民营医院蓝皮书
中国民营医院发展报告（2018）

薛晓林/主编　　2018年11月出版　　估价：99.00元

◆ 本书在梳理国家对社会办医的各种利好政策的前提下，对我国民营医疗发展现状、我国民营医院竞争力进行了分析，并结合我国医疗体制改革对民营医院的发展趋势、发展策略、战略规划等方面进行了预估。

会展蓝皮书
中外会展业动态评估研究报告（2018）

张敏/主编　　2018年12月出版　　估价：99.00元

◆ 本书回顾了2017年的会展业发展动态，结合"供给侧改革"、"互联网+"、"绿色经济"的新形势分析了我国展会的行业现状，并介绍了国外的发展经验，有助于行业和社会了解最新的展会业动态。

中国上市公司蓝皮书
中国上市公司发展报告（2018）

张平　王宏淼/主编　　2018年9月出版　　估价：99.00元

◆ 本书由中国社会科学院上市公司研究中心组织编写的，着力于全面、真实、客观反映当前中国上市公司财务状况和价值评估的综合性年度报告。本书详尽分析了2017年中国上市公司情况，特别是现实中暴露出的制度性、基础性问题，并对资本市场改革进行了探讨。

工业和信息化蓝皮书
人工智能发展报告（2017~2018）

尹丽波/主编　　2018年6月出版　　估价：99.00元

◆ 本书国家工业信息安全发展研究中心在对2017年全球人工智能技术和产业进行全面跟踪研究基础上形成的研究报告。该报告内容翔实、视角独特，具有较强的产业发展前瞻性和预测性，可为相关主管部门、行业协会、企业等全面了解人工智能发展形势以及进行科学决策提供参考。

国际问题与全球治理类

世界经济黄皮书

2018年世界经济形势分析与预测

张宇燕 / 主编　2018年1月出版　定价：99.00元

◆ 本书由中国社会科学院世界经济与政治研究所的研究团队撰写，分总论、国别与地区、专题、热点、世界经济统计与预测等五个部分，对2018年世界经济形势进行了分析。

国际城市蓝皮书

国际城市发展报告（2018）

屠启宇 / 主编　2018年2月出版　定价：89.00元

◆ 本书作者以上海社会科学院从事国际城市研究的学者团队为核心，汇集同济大学、华东师范大学、复旦大学、上海交通大学、南京大学、浙江大学相关城市研究专业学者。立足动态跟踪介绍国际城市发展时间中，最新出现的重大战略、重大理念、重大项目、重大报告和最佳案例。

非洲黄皮书

非洲发展报告No.20（2017～2018）

张宏明 / 主编　2018年7月出版　估价：99.00元

◆ 本书是由中国社会科学院西亚非洲研究所组织编撰的非洲形势年度报告，比较全面、系统地分析了2017年非洲政治形势和热点问题，探讨了非洲经济形势和市场走向，剖析了大国对非洲关系的新动向；此外，还介绍了国内非洲研究的新成果。

皮书系列重点推荐　国别类

国别类

美国蓝皮书
美国研究报告（2018）

郑秉文　黄平 / 主编　2018年5月出版　估价：99.00元

◆ 本书是由中国社会科学院美国研究所主持完成的研究成果，它回顾了美国2017年的经济、政治形势与外交战略，对美国内政外交发生的重大事件及重要政策进行了较为全面的回顾和梳理。

德国蓝皮书
德国发展报告（2018）

郑春荣 / 主编　2018年6月出版　估价：99.00元

◆ 本报告由同济大学德国研究所组织编撰，由该领域的专家学者对德国的政治、经济、社会文化、外交等方面的形势发展情况，进行全面的阐述与分析。

俄罗斯黄皮书
俄罗斯发展报告（2018）

李永全 / 编著　2018年6月出版　估价：99.00元

◆ 本书系统介绍了2017年俄罗斯经济政治情况，并对2016年该地区发生的焦点、热点问题进行了分析与回顾；在此基础上，对该地区2018年的发展前景进行了预测。

文 化 传 媒 类

新媒体蓝皮书
中国新媒体发展报告 No.9（2018）

唐绪军 / 主编　　2018 年 6 月出版　　估价：99.00 元

◆ 本书是由中国社会科学院新闻与传播研究所组织编写的关于新媒体发展的最新年度报告，旨在全面分析中国新媒体的发展现状，解读新媒体的发展趋势，探析新媒体的深刻影响。

移动互联网蓝皮书
中国移动互联网发展报告（2018）

余清楚 / 主编　　2018 年 6 月出版　　估价：99.00 元

◆ 本书着眼于对 2017 年度中国移动互联网的发展情况做深入解析，对未来发展趋势进行预测，力求从不同视角、不同层面全面剖析中国移动互联网发展的现状、年度突破及热点趋势等。

文化蓝皮书
中国文化消费需求景气评价报告（2018）

王亚南 / 主编　　2018 年 3 月出版　　定价：99.00 元

◆ 本书首创全国文化发展量化检测评价体系，也是至今全国唯一的文化民生量化检测评价体系，对于检验全国及各地"以人民为中心"的文化发展具有首创意义。

地方发展类

北京蓝皮书
北京经济发展报告（2017～2018）

杨松/主编　2018年6月出版　估价：99.00元

◆ 本书对2017年北京市经济发展的整体形势进行了系统性的分析与回顾，并对2018年经济形势走势进行了预测与研判，聚焦北京市经济社会发展中的全局性、战略性和关键领域的重点问题，运用定量和定性分析相结合的方法，对北京市经济社会发展的现状、问题、成因进行了深入分析，提出了可操作性的对策建议。

温州蓝皮书
2018年温州经济社会形势分析与预测

蒋儒标　王春光　金浩/主编　2018年6月出版　估价：99.00元

◆ 本书是中共温州市委党校和中国社会科学院社会学研究所合作推出的第十一本温州蓝皮书，由来自党校、政府部门、科研机构、高校的专家、学者共同撰写的2017年温州区域发展形势的最新研究成果。

黑龙江蓝皮书
黑龙江社会发展报告（2018）

王爱丽/主编　2018年1月出版　定价：89.00元

◆ 本书以千份随机抽样问卷调查和专题研究为依据，运用社会学理论框架和分析方法，从专家和学者的独特视角，对2017年黑龙江省关系民生的问题进行广泛的调研与分析，并对2017年黑龙江省诸多社会热点和焦点问题进行了有益的探索。这些研究不仅可以为政府部门更加全面深入了解省情、科学制定决策提供智力支持，同时也可以为广大读者认识、了解、关注黑龙江社会发展提供理性思考。

皮书系列
2018全品种

宏观经济类

宏观经济类

城市蓝皮书
中国城市发展报告（No.11）
著(编)者：潘家华 单菁菁
2018年9月出版 / 估价：99.00元
PSN B-2007-091-1/1

城乡一体化蓝皮书
中国城乡一体化发展报告（2018）
著(编)者：付崇兰
2018年9月出版 / 估价：99.00元
PSN B-2011-226-1/2

城镇化蓝皮书
中国新型城镇化健康发展报告（2018）
著(编)者：张占斌
2018年8月出版 / 估价：99.00元
PSN B-2014-396-1/1

创新蓝皮书
创新型国家建设报告（2018~2019）
著(编)者：詹正茂
2018年12月出版 / 估价：99.00元
PSN B-2009-140-1/1

低碳发展蓝皮书
中国低碳发展报告（2018）
著(编)者：张希良 齐晔
2018年6月出版 / 估价：99.00元
PSN B-2011-223-1/1

低碳经济蓝皮书
中国低碳经济发展报告（2018）
著(编)者：薛进军 赵忠秀
2018年11月出版 / 估价：99.00元
PSN B-2011-194-1/1

发展和改革蓝皮书
中国经济发展和体制改革报告No.9
著(编)者：邹东涛 王再文
2018年1月出版 / 估价：99.00元
PSN B-2008-122-1/1

国家创新蓝皮书
中国创新发展报告（2017）
著(编)者：陈劲 2018年5月出版 / 估价：99.00元
PSN B-2014-370-1/1

金融蓝皮书
中国金融发展报告（2018）
著(编)者：王国刚
2018年6月出版 / 估价：99.00元
PSN B-2004-031-1/7

经济蓝皮书
2018年中国经济形势分析与预测
著(编)者：李平 2017年12月出版 / 定价：89.00元
PSN B-1996-001-1/1

经济蓝皮书春季号
2018年中国经济前景分析
著(编)者：李扬 2018年5月出版 / 定价：99.00元
PSN B-1999-008-1/1

经济蓝皮书夏季号
中国经济增长报告（2017~2018）
著(编)者：李扬 2018年9月出版 / 定价：99.00元
PSN B-2010-176-1/1

农村绿皮书
中国农村经济形势分析与预测（2017~2018）
著(编)者：魏后凯 黄秉信
2018年4月出版 / 定价：99.00元
PSN G-1998-003-1/1

人口与劳动绿皮书
中国人口与劳动问题报告No.19
著(编)者：张车伟 2018年11月出版 / 估价：99.00元
PSN G-2000-012-1/1

新型城镇化蓝皮书
新型城镇化发展报告（2017）
著(编)者：李伟 宋敏
2018年3月出版 / 定价：98.00元
PSN B-2005-038-1/1

中国省域竞争力蓝皮书
中国省域经济综合竞争力发展报告（2016~2017）
著(编)者：李建平 李闽榕
2018年2月出版 / 定价：198.00元
PSN B-2007-088-1/1

中小城市绿皮书
中国中小城市发展报告（2018）
著(编)者：中国城市经济学会中小城市经济发展委员会
中国城镇化促进会中小城市发展委员会
《中国中小城市发展报告》编纂委员会
中小城市发展战略研究院
2018年11月出版 / 定价：128.00元
PSN G-2010-161-1/1

13

皮书系列 2018全品种 区域经济类 · 社会政法类

区域经济类

东北蓝皮书
中国东北地区发展报告（2018）
著（编）者：姜晓秋　2018年11月出版／估价：99.00元
PSN B-2006-067-1/1

金融蓝皮书
中国金融中心发展报告（2017～2018）
著（编）者：王力 黄育华　2018年11月出版／估价：99.00元
PSN B-2011-186-6/7

京津冀蓝皮书
京津冀发展报告（2018）
著（编）者：祝合良 叶堂林 张贵祥
2018年6月出版／估价：99.00元
PSN B-2012-262-1/1

西北蓝皮书
中国西北发展报告（2018）
著（编）者：王福生 马廷旭 董秋生
2018年1月出版／定价：99.00元
PSN B-2012-261-1/1

西部蓝皮书
中国西部发展报告（2018）
著（编）者：璋勇 任保平　2018年8月出版／估价：99.00元
PSN B-2005-039-1/1

长江经济带产业蓝皮书
长江经济带产业发展报告（2018）
著（编）者：吴传清　2018年11月出版／估价：128.00元
PSN B-2017-666-1/1

长江经济带蓝皮书
长江经济带发展报告（2017～2018）
著（编）者：王振　2018年11月出版／估价：99.00元
PSN B-2016-575-1/1

长江中游城市群蓝皮书
长江中游城市群新型城镇化与产业协同发展报告（2018）
著（编）者：杨刚强　2018年11月出版／估价：99.00元
PSN B-2016-578-1/1

长三角蓝皮书
2017年创新融合发展的长三角
著（编）者：刘飞跃　2018年5月出版／估价：99.00元
PSN B-2005-038-1/1

长株潭城市群蓝皮书
长株潭城市群发展报告（2017）
著（编）者：张萍 朱有志　2018年6月出版／估价：99.00元
PSN B-2008-109-1/1

特色小镇蓝皮书
特色小镇智慧运营报告（2018）：顶层设计与智慧架构标准
著（编）者：陈劲　2018年1月出版／定价：79.00元
PSN B-2018-692-1/1

中部竞争力蓝皮书
中国中部经济社会竞争力报告（2018）
著（编）者：教育部人文社会科学重点研究基地南昌大学中国中部经济社会发展研究中心
2018年12月出版／估价：99.00元
PSN B-2012-276-1/1

中部蓝皮书
中国中部地区发展报告（2018）
著（编）者：宋亚平　2018年12月出版／估价：99.00元
PSN B-2007-089-1/1

区域蓝皮书
中国区域经济发展报告（2017～2018）
著（编）者：赵弘　2018年5月出版／估价：99.00元
PSN B-2004-034-1/1

中三角蓝皮书
长江中游城市群发展报告（2018）
著（编）者：秦尊文　2018年9月出版／估价：99.00元
PSN B-2014-417-1/1

中原蓝皮书
中原经济区发展报告（2018）
著（编）者：李英杰　2018年6月出版／估价：99.00元
PSN B-2011-192-1/1

珠三角流通蓝皮书
珠三角商圈发展研究报告（2018）
著（编）者：王先庆 林至颖　2018年7月出版／估价：99.00元
PSN B-2012-292-1/1

社会政法类

北京蓝皮书
中国社区发展报告（2017～2018）
著（编）者：于燕燕　2018年9月出版／估价：99.00元
PSN B-2007-083-5/8

殡葬绿皮书
中国殡葬事业发展报告（2017～2018）
著（编）者：李伯森　2018年6月出版／估价：158.00元
PSN G-2010-180-1/1

城市管理蓝皮书
中国城市管理报告（2017-2018）
著（编）者：刘林 刘承水　2018年5月出版／估价：158.00元
PSN B-2013-336-1/1

城市生活质量蓝皮书
中国城市生活质量报告（2017）
著（编）者：张连城 张平 杨春学 郎丽华
2017年12月出版／定价：89.00元
PSN B-2013-326-1/1

14　权威·前沿·原创

社会政法类 | 皮书系列 2018全品种

城市政府能力蓝皮书
中国城市政府公共服务能力评估报告（2018）
著(编)者：何艳玲　2018年5月出版 / 估价：99.00元
PSN B-2013-338-1/1

创业蓝皮书
中国创业发展研究报告（2017~2018）
著(编)者：黄群慧 赵卫星 钟宏武
2018年11月出版 / 估价：99.00元
PSN B-2016-577-1/1

慈善蓝皮书
中国慈善发展报告（2018）
著(编)者：杨团　2018年6月出版 / 估价：99.00元
PSN B-2009-142-1/1

党建蓝皮书
党的建设研究报告No.2（2018）
著(编)者：崔建民 陈东平　2018年6月出版 / 估价：99.00元
PSN B-2016-523-1/1

地方法治蓝皮书
中国地方法治发展报告No.3（2018）
著(编)者：李林 田禾　2018年6月出版 / 估价：118.00元
PSN B-2015-442-1/1

电子政务蓝皮书
中国电子政务发展报告（2018）
著(编)者：李季　2018年8月出版 / 估价：99.00元
PSN B-2003-022-1/1

儿童蓝皮书
中国儿童参与状况报告（2017）
著(编)者：苑立新　2017年12月出版 / 定价：89.00元
PSN B-2017-682-1/1

法治蓝皮书
中国法治发展报告No.16（2018）
著(编)者：李林 田禾　2018年3月出版 / 定价：128.00元
PSN B-2004-027-1/3

法治蓝皮书
中国法院信息化发展报告No.2（2018）
著(编)者：李林 田禾　2018年2月出版 / 定价：118.00元
PSN B-2017-604-3/3

法治政府蓝皮书
中国法治政府发展报告（2017）
著(编)者：中国政法大学法治政府研究院
2018年3月出版 / 定价：158.00元
PSN B-2015-502-1/2

法治政府蓝皮书
中国法治政府评估报告（2018）
著(编)者：中国政法大学法治政府研究院
2018年9月出版 / 定价：168.00元
PSN B-2016-576-2/2

反腐倡廉蓝皮书
中国反腐倡廉建设报告No.8
著(编)者：张英伟　2018年12月出版 / 估价：99.00元
PSN B-2012-259-1/1

扶贫蓝皮书
中国扶贫开发报告（2018）
著(编)者：李培林 魏后凯　2018年12月出版 / 估价：128.00元
PSN B-2016-599-1/1

妇女发展蓝皮书
中国妇女发展报告No.6
著(编)者：王金玲　2018年9月出版 / 估价：158.00元
PSN B-2006-069-1/1

妇女教育蓝皮书
中国妇女教育发展报告No.3
著(编)者：张李玺　2018年10月出版 / 估价：99.00元
PSN B-2008-121-1/1

妇女绿皮书
2018年：中国性别平等与妇女发展报告
著(编)者：谭琳　2018年12月出版 / 估价：99.00元
PSN G-2006-073-1/1

公共安全蓝皮书
中国城市公共安全发展报告（2017~2018）
著(编)者：黄育华 杨文明 赵建辉
2018年6月出版 / 估价：99.00元
PSN B-2017-628-1/1

公共服务蓝皮书
中国城市基本公共服务力评价（2018）
著(编)者：钟君 刘志昌 吴正杲
2018年12月出版 / 估价：99.00元
PSN B-2011-214-1/1

公民科学素质蓝皮书
中国公民科学素质报告（2017~2018）
著(编)者：李群 陈雄 马宗文
2017年12月出版 / 定价：89.00元
PSN B-2014-379-1/1

公益蓝皮书
中国公益慈善发展报告（2016）
著(编)者：朱健刚 胡小军　2018年6月出版 / 估价：99.00元
PSN B-2012-283-1/1

国际人才蓝皮书
中国国际移民报告（2018）
著(编)者：王辉耀　2018年6月出版 / 估价：99.00元
PSN B-2012-304-3/4

国际人才蓝皮书
中国留学发展报告（2018）No.7
著(编)者：王辉耀 苗绿　2018年12月出版 / 估价：99.00元
PSN B-2012-244-2/4

海洋社会蓝皮书
中国海洋社会发展报告（2017）
著(编)者：崔凤 宋宁而　2018年3月出版 / 定价：99.00元
PSN B-2015-478-1/1

行政改革蓝皮书
中国行政体制改革报告No.7（2018）
著(编)者：魏礼群　2018年6月出版 / 估价：99.00元
PSN B-2011-231-1/1

15

皮书系列 2018全品种 — 社会政法类

华侨华人蓝皮书
华侨华人研究报告（2017）
著(编)者：张禹东 庄国土　2017年12月出版／定价：148.00元
PSN B-2011-204-1/1

互联网与国家治理蓝皮书
互联网与国家治理发展报告（2017）
著(编)者：张志安　2018年1月出版／定价：98.00元
PSN B-2017-671-1/1

环境管理蓝皮书
中国环境管理发展报告（2017）
著(编)者：李金惠　2017年12月出版／定价：98.00元
PSN B-2017-678-1/1

环境竞争力绿皮书
中国省域环境竞争力发展报告（2018）
著(编)者：李建平 李闽榕 王金南
2018年11月出版／估价：198.00元
PSN B-2010-165-1/1

环境绿皮书
中国环境发展报告（2017~2018）
著(编)者：李波　2018年6月出版／估价：99.00元
PSN G-2006-048-1/1

家庭蓝皮书
中国"创建幸福家庭活动"评估报告（2018）
著(编)者：国务院发展研究中心"创建幸福家庭活动评估"课题组
2018年12月出版／估价：99.00元
PSN B-2015-508-1/1

健康城市蓝皮书
中国健康城市建设研究报告（2018）
著(编)者：王鸿春 盛继洪　2018年12月出版／估价：99.00元
PSN B-2016-564-2/2

健康中国蓝皮书
社区首诊与健康中国分析报告（2018）
著(编)者：高和荣 杨叔禹 姜杰
2018年6月出版／估价：99.00元
PSN B-2017-611-1/1

教师蓝皮书
中国中小学教师发展报告（2017）
著(编)者：曾晓东 鱼霞
2018年6月出版／估价：99.00元
PSN B-2012-289-1/1

教育扶贫蓝皮书
中国教育扶贫报告（2018）
著(编)者：司树杰 王文静 李兴洲
2018年12月出版／估价：99.00元
PSN B-2016-590-1/1

教育蓝皮书
中国教育发展报告（2018）
著(编)者：杨东平　2018年3月出版／定价：89.00元
PSN B-2006-047-1/1

金融法治建设蓝皮书
中国金融法治建设年度报告（2015~2016）
著(编)者：朱小黄　2018年6月出版／估价：99.00元
PSN B-2017-633-1/1

京津冀教育蓝皮书
京津冀教育发展研究报告（2017~2018）
著(编)者：方中雄　2018年6月出版／估价：99.00元
PSN B-2017-608-1/1

就业蓝皮书
2018年中国本科生就业报告
著(编)者：麦可思研究院　2018年6月出版／估价：99.00元
PSN B-2009-146-1/2

就业蓝皮书
2018年中国高职高专生就业报告
著(编)者：麦可思研究院　2018年6月出版／估价：99.00元
PSN B-2015-472-2/2

科学教育蓝皮书
中国科学教育发展报告（2018）
著(编)者：王康友　2018年10月出版／估价：99.00元
PSN B-2015-487-1/1

劳动保障蓝皮书
中国劳动保障发展报告（2018）
著(编)者：刘燕斌　2018年9月出版／估价：158.00元
PSN B-2014-415-1/1

老龄蓝皮书
中国老年宜居环境发展报告（2017）
著(编)者：党俊武 周燕珉　2018年6月出版／估价：99.00元
PSN B-2013-320-1/1

连片特困区蓝皮书
中国连片特困区发展报告（2017~2018）
著(编)者：游俊 冷志明 丁建军
2018年6月出版／估价：99.00元
PSN B-2013-321-1/1

流动儿童蓝皮书
中国流动儿童教育发展报告（2017）
著(编)者：杨东平　2018年6月出版／估价：99.00元
PSN B-2017-600-1/1

民调蓝皮书
中国民生调查报告（2018）
著(编)者：谢耘耕　2018年12月出版／估价：99.00元
PSN B-2014-398-1/1

民族发展蓝皮书
中国民族发展报告（2018）
著(编)者：王延中　2018年10月出版／估价：188.00元
PSN B-2006-070-1/1

女性生活蓝皮书
中国女性生活状况报告No.12（2018）
著(编)者：高博燕　2018年7月出版／估价：99.00元
PSN B-2006-071-1/1

社会政法类

皮书系列 2018全品种

汽车社会蓝皮书
中国汽车社会发展报告（2017~2018）
著(编)者：王俊秀　　2018年6月出版 / 估价：99.00元
PSN B-2011-224-1/1

青年蓝皮书
中国青年发展报告（2018）No.3
著(编)者：廉思　　2018年6月出版 / 估价：99.00元
PSN B-2013-333-1/1

青少年蓝皮书
中国未成年人互联网运用报告（2017~2018）
著(编)者：季为民　李文革　沈杰
2018年11月出版 / 估价：99.00元
PSN B-2010-156-1/1

人权蓝皮书
中国人权事业发展报告No.8（2018）
著(编)者：李君如　　2018年9月出版 / 估价：99.00元
PSN B-2011-215-1/1

社会保障绿皮书
中国社会保障发展报告No.9（2018）
著(编)者：王延中　　2018年6月出版 / 估价：99.00元
PSN G-2001-014-1/1

社会风险评估蓝皮书
风险评估与危机预警报告（2017~2018）
著(编)者：唐钧　　2018年8月出版 / 估价：99.00元
PSN B-2012-293-1/1

社会工作蓝皮书
中国社会工作发展报告（2016~2017）
著(编)者：民政部社会工作研究中心
2018年8月出版 / 估价：99.00元
PSN B-2009-141-1/1

社会管理蓝皮书
中国社会管理创新报告No.6
著(编)者：连玉明　　2018年11月出版 / 估价：99.00元
PSN B-2012-300-1/1

社会蓝皮书
2018年中国社会形势分析与预测
著(编)者：李培林　陈光金　张翼
2017年12月出版 / 定价：89.00元
PSN B-1998-002-1/1

社会体制蓝皮书
中国社会体制改革报告No.6（2018）
著(编)者：龚维斌　　2018年3月出版 / 定价：98.00元
PSN B-2013-330-1/1

社会心态蓝皮书
中国社会心态研究报告（2018）
著(编)者：王俊秀　　2018年12月出版 / 估价：99.00元
PSN B-2011-199-1/1

社会组织蓝皮书
中国社会组织报告（2017-2018）
著(编)者：黄晓勇　　2018年6月出版 / 估价：99.00元
PSN B-2008-118-1/2

社会组织蓝皮书
中国社会组织评估发展报告（2018）
著(编)者：徐家良　　2018年12月出版 / 估价：99.00元
PSN B-2013-366-2/2

生态城市绿皮书
中国生态城市建设发展报告（2018）
著(编)者：刘举科　孙伟平　胡文臻
2018年9月出版 / 估价：158.00元
PSN G-2012-269-1/1

生态文明绿皮书
中国省域生态文明建设评价报告（ECI 2018）
著(编)者：严耕　　2018年12月出版 / 估价：99.00元
PSN G-2010-170-1/1

退休生活蓝皮书
中国城市居民退休生活质量指数报告（2017）
著(编)者：杨一帆　　2018年6月出版 / 估价：99.00元
PSN B-2017-618-1/1

危机管理蓝皮书
中国危机管理报告（2018）
著(编)者：文学国　范正青
2018年8月出版 / 估价：99.00元
PSN B-2010-171-1/1

学会蓝皮书
2018年中国学会发展报告
著(编)者：麦可思研究院　　2018年12月出版 / 估价：99.00元
PSN B-2016-597-1/1

医改蓝皮书
中国医药卫生体制改革报告（2017~2018）
著(编)者：文学国　房志武
2018年11月出版 / 估价：99.00元
PSN B-2014-432-1/1

应急管理蓝皮书
中国应急管理报告（2018）
著(编)者：宋英华　　2018年9月出版 / 估价：99.00元
PSN B-2016-562-1/1

政府绩效评估蓝皮书
中国地方政府绩效评估报告 No.2
著(编)者：贠杰　　2018年12月出版 / 估价：99.00元
PSN B-2017-672-1/1

政治参与蓝皮书
中国政治参与报告（2018）
著(编)者：房宁　　2018年8月出版 / 估价：128.00元
PSN B-2011-200-1/1

政治文化蓝皮书
中国政治文化报告（2018）
著(编)者：邢元敏　魏大鹏　龚克
2018年8月出版 / 估价：128.00元
PSN B-2017-615-1/1

中国传统村落蓝皮书
中国传统村落保护现状报告（2018）
著(编)者：胡彬彬　李向军　王晓波
2018年12月出版 / 估价：99.00元
PSN B-2017-663-1/1

皮书系列 2018全品种　社会政法类·产业经济类

中国农村妇女发展蓝皮书
农村流动女性城市生活发展报告（2018）
著（编）者：谢丽华　　2018年12月出版 / 估价：99.00元
PSN B-2014-434-1/1

宗教蓝皮书
中国宗教报告（2017）
著（编）者：邱永辉　　2018年8月出版 / 估价：99.00元
PSN B-2008-117-1/1

产业经济类

保健蓝皮书
中国保健服务产业发展报告 No.2
著（编）者：中国保健协会　　中共中央党校
2018年7月出版 / 估价：198.00元
PSN B-2012-272-3/3

保健蓝皮书
中国保健食品产业发展报告 No.2
著（编）者：中国保健协会
　　　　　　中国社会科学院食品药品产业发展与监管研究中心
2018年8月出版 / 估价：198.00元
PSN B-2012-271-2/3

保健蓝皮书
中国保健用品产业发展报告 No.2
著（编）者：中国保健协会
　　　　　　国务院国有资产监督管理委员会研究中心
2018年6月出版 / 估价：198.00元
PSN B-2012-270-1/3

保险蓝皮书
中国保险业竞争力报告（2018）
著（编）者：保监会　　2018年12月出版 / 估价：99.00元
PSN B-2013-311-1/1

冰雪蓝皮书
中国冰上运动产业发展报告（2018）
著（编）者：孙承华　杨占武　刘戈　张鸿俊
2018年9月出版 / 估价：99.00元
PSN B-2017-648-3/3

冰雪蓝皮书
中国滑雪产业发展报告（2018）
著（编）者：孙承华　伍斌　魏庆华　张鸿俊
2018年9月出版 / 估价：99.00元
PSN B-2016-559-1/3

餐饮产业蓝皮书
中国餐饮产业发展报告（2018）
著（编）者：邢颖
2018年6月出版 / 估价：99.00元
PSN B-2009-151-1/1

茶业蓝皮书
中国茶产业发展报告（2018）
著（编）者：杨江帆　李闽榕
2018年10月出版 / 估价：99.00元
PSN B-2010-164-1/1

产业安全蓝皮书
中国文化产业安全报告（2018）
著（编）者：北京印刷学院文化产业安全研究院
2018年12月出版 / 估价：99.00元
PSN B-2014-378-12/14

产业安全蓝皮书
中国新媒体产业安全报告（2016~2017）
著（编）者：肖丽　　2018年6月出版 / 估价：99.00元
PSN B-2015-500-14/14

产业安全蓝皮书
中国出版传媒产业安全报告（2017~2018）
著（编）者：北京印刷学院文化产业安全研究院
2018年6月出版 / 估价：99.00元
PSN B-2014-384-13/14

产业蓝皮书
中国产业竞争力报告（2018）No.8
著（编）者：张其仔　　2018年12月出版 / 估价：168.00元
PSN B-2010-175-1/1

动力电池蓝皮书
中国新能源汽车动力电池产业发展报告（2018）
著（编）者：中国汽车技术研究中心
2018年8月出版 / 估价：99.00元
PSN B-2017-639-1/1

杜仲产业绿皮书
中国杜仲橡胶资源与产业发展报告（2017~2018）
著（编）者：杜红岩　胡文臻　俞锐
2018年6月出版 / 估价：99.00元
PSN G-2013-350-1/1

房地产蓝皮书
中国房地产发展报告No.15（2018）
著（编）者：李春华　王业强
2018年5月出版 / 估价：99.00元
PSN B-2004-028-1/1

服务外包蓝皮书
中国服务外包产业发展报告（2017~2018）
著（编）者：王晓红　刘德军
2018年6月出版 / 估价：99.00元
PSN B-2013-331-2/2

服务外包蓝皮书
中国服务外包竞争力报告（2017~2018）
著（编）者：刘春生　王力　黄育华
2018年12月出版 / 估价：99.00元
PSN B-2011-216-1/2

产业经济类 | 皮书系列 2018全品种

工业和信息化蓝皮书
世界信息技术产业发展报告（2017~2018）
著(编)者：尹丽波　2018年6月出版／估价：99.00元
PSN B-2015-449-2/6

工业和信息化蓝皮书
战略性新兴产业发展报告（2017~2018）
著(编)者：尹丽波　2018年6月出版／估价：99.00元
PSN B-2015-450-3/6

海洋经济蓝皮书
中国海洋经济发展报告（2015~2018）
著(编)者：殷克东　高金田　方胜民
2018年3月出版／定价：128.00元
PSN B-2018-697-1/1

康养蓝皮书
中国康养产业发展报告（2017）
著(编)者：何莽　2017年12月出版／定价：88.00元
PSN B-2017-685-1/1

客车蓝皮书
中国客车产业发展报告（2017~2018）
著(编)者：姚蔚　2018年10月出版／估价：99.00元
PSN B-2013-361-1/1

流通蓝皮书
中国商业发展报告（2018~2019）
著(编)者：王雪峰　林诗慧
2018年7月出版／估价：99.00元
PSN B-2009-152-1/2

能源蓝皮书
中国能源发展报告（2018）
著(编)者：崔民选　王军生　陈义和
2018年12月出版／估价：99.00元
PSN B-2006-049-1/1

农产品流通蓝皮书
中国农产品流通产业发展报告（2017）
著(编)者：贾敬敦　张东科　张玉玺　张鹏毅　周伟
2018年6月出版／估价：99.00元
PSN B-2012-288-1/1

汽车工业蓝皮书
中国汽车工业发展年度报告（2018）
著(编)者：中国汽车工业协会
　　　　中国汽车技术研究中心
　　　　丰田汽车公司
2018年5月出版／估价：168.00元
PSN B-2015-463-1/2

汽车工业蓝皮书
中国汽车零部件产业发展报告（2017~2018）
著(编)者：中国汽车工业协会
　　　　中国汽车工程研究院深圳市沃特玛电池有限公司
2018年9月出版／估价：99.00元
PSN B-2016-515-2/2

汽车蓝皮书
中国汽车产业发展报告（2018）
著(编)者：中国汽车工程学会
　　　　大众汽车集团（中国）
2018年11月出版／估价：99.00元
PSN B-2008-124-1/1

世界茶业蓝皮书
世界茶业发展报告（2018）
著(编)者：李闽榕　冯廷佺
2018年5月出版／估价：168.00元
PSN B-2017-619-1/1

世界能源蓝皮书
世界能源发展报告（2018）
著(编)者：黄晓勇　2018年6月出版／估价：168.00元
PSN B-2013-349-1/1

石油蓝皮书
中国石油产业发展报告（2018）
著(编)者：中国石油化工集团公司经济技术研究院
　　　　中国国际石油化工联合有限责任公司
　　　　中国社会科学院数量经济与技术经济研究所
2018年2月出版／定价：98.00元
PSN B-2018-690-1/1

体育蓝皮书
国家体育产业基地发展报告（2016~2017）
著(编)者：李颖川　2018年6月出版／估价：168.00元
PSN B-2017-609-5/5

体育蓝皮书
中国体育产业发展报告（2018）
著(编)者：阮伟　钟秉枢
2018年12月出版／估价：99.00元
PSN B-2010-179-1/5

文化金融蓝皮书
中国文化金融发展报告（2018）
著(编)者：杨涛　金巍
2018年6月出版／估价：99.00元
PSN B-2017-610-1/1

新能源汽车蓝皮书
中国新能源汽车产业发展报告（2018）
著(编)者：中国汽车技术研究中心
　　　　日产（中国）投资有限公司
　　　　东风汽车有限公司
2018年8月出版／估价：99.00元
PSN B-2013-347-1/1

薏仁米产业蓝皮书
中国薏仁米产业发展报告No.2（2018）
著(编)者：李发耀　石明　秦礼康
2018年8月出版／估价：99.00元
PSN B-2017-645-1/1

邮轮绿皮书
中国邮轮产业发展报告（2018）
著(编)者：汪泓　2018年10月出版／估价：99.00元
PSN G-2014-419-1/1

智能养老蓝皮书
中国智能养老产业发展报告（2018）
著(编)者：朱勇　2018年10月出版／估价：99.00元
PSN B-2015-488-1/1

中国节能汽车蓝皮书
中国节能汽车发展报告（2017~2018）
著(编)者：中国汽车工程研究院股份有限公司
2018年9月出版／估价：99.00元
PSN B-2016-565-1/1

皮书系列 2018全品种　产业经济类·行业及其他类

中国陶瓷产业蓝皮书
中国陶瓷产业发展报告（2018）
著（编）者：左和平 黄速建
2018年10月出版 / 估价：99.00元
PSN B-2016-573-1/1

装备制造业蓝皮书
中国装备制造业发展报告（2018）
著（编）者：徐东华
2018年12月出版 / 估价：118.00元
PSN B-2015-505-1/1

行业及其他类

"三农"互联网金融蓝皮书
中国"三农"互联网金融发展报告（2018）
著（编）者：李勇坚 王弢
2018年8月出版 / 估价：99.00元
PSN B-2016-560-1/1

SUV蓝皮书
中国SUV市场发展报告（2017~2018）
著（编）者：靳军　2018年9月出版 / 估价：99.00元
PSN B-2016-571-1/1

冰雪蓝皮书
中国冬季奥运会发展报告（2018）
著（编）者：孙承华 伍斌 魏庆华 张鸿俊
2018年9月出版 / 估价：99.00元
PSN B-2017-647-2/3

彩票蓝皮书
中国彩票发展报告（2018）
著（编）者：益彩基金　2018年6月出版 / 估价：99.00元
PSN B-2015-462-1/1

测绘地理信息蓝皮书
测绘地理信息供给侧结构性改革研究报告（2018）
著（编）者：库热西·买合苏提
2018年12月出版 / 估价：168.00元
PSN B-2009-145-1/1

产权市场蓝皮书
中国产权市场发展报告（2017）
著（编）者：曹和平
2018年5月出版 / 估价：99.00元
PSN B-2009-147-1/1

城投蓝皮书
中国城投行业发展报告（2018）
著（编）者：华景斌
2018年11月出版 / 估价：300.00元
PSN B-2016-514-1/1

城市轨道交通蓝皮书
中国城市轨道交通运营发展报告（2017~2018）
著（编）者：崔学忠 贾文峥
2018年3月出版 / 定价：89.00元
PSN B-2018-694-1/1

大数据蓝皮书
中国大数据发展报告（No.2）
著（编）者：连玉明　2018年5月出版 / 估价：99.00元
PSN B-2017-620-1/1

大数据应用蓝皮书
中国大数据应用发展报告No.2（2018）
著（编）者：陈军君　2018年8月出版 / 估价：99.00元
PSN B-2017-644-1/1

对外投资与风险蓝皮书
中国对外直接投资与国家风险报告（2018）
著（编）者：中债资信评估有限责任公司
中国社会科学院世界经济与政治研究所
2018年6月出版 / 估价：189.00元
PSN B-2017-606-1/1

工业和信息化蓝皮书
人工智能发展报告（2017~2018）
著（编）者：尹丽波　2018年6月出版 / 估价：99.00元
PSN B-2015-448-1/6

工业和信息化蓝皮书
世界智慧城市发展报告（2017~2018）
著（编）者：尹丽波　2018年6月出版 / 估价：99.00元
PSN B-2017-624-6/6

工业和信息化蓝皮书
世界网络安全发展报告（2017~2018）
著（编）者：尹丽波　2018年6月出版 / 估价：99.00元
PSN B-2015-452-5/6

工业和信息化蓝皮书
世界信息化发展报告（2017~2018）
著（编）者：尹丽波　2018年6月出版 / 估价：99.00元
PSN B-2015-451-4/6

工业设计蓝皮书
中国工业设计发展报告（2018）
著（编）者：王晓红 于炜 张立群　2018年9月出版 / 估价：168.00元
PSN B-2014-420-1/1

公共关系蓝皮书
中国公共关系发展报告（2017）
著（编）者：柳斌杰　2018年1月出版 / 定价：89.00元
PSN B-2016-579-1/1

20　权威·前沿·原创

行业及其他类

皮书系列 2018全品种

公共关系蓝皮书
中国公共关系发展报告（2018）
著(编)者：柳斌杰　　2018年11月出版 / 估价：99.00元
PSN B-2016-579-1/1

管理蓝皮书
中国管理发展报告（2018）
著(编)者：张晓东　　2018年10月出版 / 估价：99.00元
PSN B-2014-416-1/1

轨道交通蓝皮书
中国轨道交通行业发展报告（2017）
著(编)者：仲建华　李闽榕
2017年12月出版 / 定价：98.00元
PSN B-2017-674-1/1

海关发展蓝皮书
中国海关发展前沿报告（2018）
著(编)者：干春晖　　2018年6月出版 / 估价：99.00元
PSN B-2017-616-1/1

互联网医疗蓝皮书
中国互联网健康医疗发展报告（2018）
著(编)者：芮晓武　　2018年6月出版 / 估价：99.00元
PSN B-2016-567-1/1

黄金市场蓝皮书
中国商业银行黄金业务发展报告（2017~2018）
著(编)者：平安银行　　2018年6月出版 / 估价：99.00元
PSN B-2016-524-1/1

会展蓝皮书
中外会展业动态评估研究报告（2018）
著(编)者：张敏　任中峰　聂鑫焱　牛盼强
2018年12月出版 / 估价：99.00元
PSN B-2013-327-1/1

基金会蓝皮书
中国基金会发展报告（2017~2018）
著(编)者：中国基金会发展报告课题组
2018年6月出版 / 估价：99.00元
PSN B-2013-368-1/1

基金会绿皮书
中国基金会发展独立研究报告（2018）
著(编)者：基金会中心网　中央民族大学基金会研究中心
2018年6月出版 / 估价：99.00元
PSN G-2011-213-1/1

基金会透明度蓝皮书
中国基金会透明度发展研究报告（2018）
著(编)者：基金会中心网
　　　　　清华大学廉政与治理研究中心
2018年9月出版 / 估价：99.00元
PSN B-2013-339-1/1

建筑装饰蓝皮书
中国建筑装饰行业发展报告（2018）
著(编)者：葛道顺　刘晓一
2018年10月出版 / 估价：198.00元
PSN B-2016-553-1/1

金融监管蓝皮书
中国金融监管报告（2018）
著(编)者：胡滨　　2018年3月出版 / 定价：98.00元
PSN B-2012-281-1/1

金融蓝皮书
中国互联网金融行业分析与评估（2018~2019）
著(编)者：黄国平　伍旭川　2018年12月出版 / 估价：99.00元
PSN B-2016-585-7/7

金融科技蓝皮书
中国金融科技发展报告（2018）
著(编)者：李扬　孙国峰　　2018年10月出版 / 估价：99.00元
PSN B-2014-374-1/1

金融信息服务蓝皮书
中国金融信息服务发展报告（2018）
著(编)者：李平　　2018年5月出版 / 估价：99.00元
PSN B-2017-621-1/1

金蜜蜂企业社会责任蓝皮书
金蜜蜂中国企业社会责任报告研究（2017）
著(编)者：殷格非　于志宏　管竹笋
2018年1月出版 / 定价：99.00元
PSN B-2018-693-1/1

京津冀金融蓝皮书
京津冀金融发展报告（2018）
著(编)者：王爱俭　王璟怡　2018年10月出版 / 估价：99.00元
PSN B-2016-527-1/1

科普蓝皮书
国家科普能力发展报告（2018）
著(编)者：王康友　　2018年5月出版 / 估价：138.00元
PSN B-2017-632-4/4

科普蓝皮书
中国基层科普发展报告（2017~2018）
著(编)者：赵立新　陈玲　　2018年9月出版 / 估价：99.00元
PSN B-2016-568-3/4

科普蓝皮书
中国科普基础设施发展报告（2017~2018）
著(编)者：任福君　　2018年6月出版 / 估价：99.00元
PSN B-2010-174-1/3

科普蓝皮书
中国科普人才发展报告（2017~2018）
著(编)者：郑念　任嵘嵘　　2018年7月出版 / 估价：99.00元
PSN B-2016-512-2/2

科普能力蓝皮书
中国科普能力评价报告（2018~2019）
著(编)者：李富强　李群　　2018年8月出版 / 估价：99.00元
PSN B-2016-555-1/1

临空经济蓝皮书
中国临空经济发展报告（2018）
著(编)者：连玉明　　2018年9月出版 / 估价：99.00元
PSN B-2014-421-1/1

21

皮书系列 2018全品种
行业及其他类

旅游安全蓝皮书
中国旅游安全报告（2018）
著(编)者：郑向敏 谢朝武　2018年5月出版／估价：158.00元
PSN B-2012-280-1/1

旅游绿皮书
2017～2018年中国旅游发展分析与预测
著(编)者：宋瑞　2018年1月出版／定价：99.00元
PSN G-2002-018-1/1

煤炭蓝皮书
中国煤炭工业发展报告（2018）
著(编)者：岳福斌　2018年12月出版／估价：99.00元
PSN B-2008-123-1/1

民营企业社会责任蓝皮书
中国民营企业社会责任报告（2018）
著(编)者：中华全国工商业联合会
2018年12月出版／估价：99.00元
PSN B-2015-510-1/1

民营医院蓝皮书
中国民营医院发展报告（2017）
著(编)者：薛晓林　2017年12月出版／定价：89.00元
PSN B-2012-299-1/1

闽商蓝皮书
闽商发展报告（2018）
著(编)者：李闽榕 王日根 林琛
2018年12月出版／估价：99.00元
PSN B-2012-298-1/1

农业应对气候变化蓝皮书
中国农业气象灾害及其灾损评估报告（No.3）
著(编)者：矫梅燕　2018年6月出版／估价：118.00元
PSN B-2014-413-1/1

品牌蓝皮书
中国品牌战略发展报告（2018）
著(编)者：汪同三　2018年10月出版／估价：99.00元
PSN B-2016-580-1/1

企业扶贫蓝皮书
中国企业扶贫研究报告（2018）
著(编)者：钟宏武　2018年12月出版／估价：99.00元
PSN B-2016-593-1/1

企业公益蓝皮书
中国企业公益研究报告（2018）
著(编)者：钟宏武 汪杰 黄晓娟
2018年12月出版／估价：99.00元
PSN B-2015-501-1/1

企业国际化蓝皮书
中国企业全球化报告（2018）
著(编)者：王辉耀 苗绿　2018年11月出版／估价：99.00元
PSN B-2014-427-1/1

企业蓝皮书
中国企业绿色发展报告No.2（2018）
著(编)者：李红玉 朱光辉
2018年8月出版／估价：99.00元
PSN B-2015-481-2/2

企业社会责任蓝皮书
中资企业海外社会责任研究报告（2017～2018）
著(编)者：钟宏武 叶柳红 张蒽
2018年6月出版／估价：99.00元
PSN B-2017-603-2/2

企业社会责任蓝皮书
中国企业社会责任研究报告（2018）
著(编)者：黄群慧 钟宏武 张蒽 汪杰
2018年11月出版／估价：99.00元
PSN B-2009-149-1/2

汽车安全蓝皮书
中国汽车安全发展报告（2018）
著(编)者：中国汽车技术研究中心
2018年8月出版／估价：99.00元
PSN B-2014-385-1/1

汽车电子商务蓝皮书
中国汽车电子商务发展报告（2018）
著(编)者：中华全国工商业联合会汽车经销商商会
北方工业大学
北京易观智库网络科技有限公司
2018年10月出版／估价：158.00元
PSN B-2015-485-1/1

汽车知识产权蓝皮书
中国汽车产业知识产权发展报告（2018）
著(编)者：中国汽车工程研究院股份有限公司
中国汽车工程学会
重庆长安汽车股份有限公司
2018年12月出版／估价：99.00元
PSN B-2016-594-1/1

青少年体育蓝皮书
中国青少年体育发展报告（2017）
著(编)者：刘扶民 杨桦　2018年6月出版／估价：99.00元
PSN B-2015-482-1/1

区块链蓝皮书
中国区块链发展报告（2018）
著(编)者：李伟　2018年9月出版／估价：99.00元
PSN B-2017-649-1/1

群众体育蓝皮书
中国群众体育发展报告（2017）
著(编)者：刘国永 戴健　2018年5月出版／估价：99.00元
PSN B-2014-411-1/3

群众体育蓝皮书
中国社会体育指导员发展报告（2018）
著(编)者：刘国永 王欢　2018年6月出版／估价：99.00元
PSN B-2016-520-3/3

人力资源蓝皮书
中国人力资源发展报告（2018）
著(编)者：余兴安　2018年11月出版／估价：99.00元
PSN B-2012-287-1/1

融资租赁蓝皮书
中国融资租赁业发展报告（2017～2018）
著(编)者：李光荣 王力　2018年8月出版／估价：99.00元
PSN B-2015-443-1/1

行业及其他类 皮书系列 2018全品种

商会蓝皮书
中国商会发展报告No.5（2017）
著(编)者：王钦敏　2018年7月出版／估价：99.00元
PSN B-2008-125-1/1

商务中心区蓝皮书
中国商务中心区发展报告No.4（2017~2018）
著(编)者：李国红　单菁菁　2018年9月出版／估价：99.00元
PSN B-2015-444-1/1

设计产业蓝皮书
中国创新设计发展报告（2018）
著(编)者：王晓红　张立群　于炜
2018年11月出版／估价：99.00元
PSN B-2016-581-2/2

社会责任管理蓝皮书
中国上市公司社会责任能力成熟度报告No.4（2018）
著(编)者：肖红军　王晓光　李伟阳
2018年12月出版／估价：99.00元
PSN B-2015-507-2/2

社会责任管理蓝皮书
中国企业公众透明度报告No.4（2017~2018）
著(编)者：黄速建　熊梦　王晓光　肖红军
2018年6月出版／估价：99.00元
PSN B-2015-440-1/2

食品药品蓝皮书
食品药品安全与监管政策研究报告（2016~2017）
著(编)者：唐民皓　2018年6月出版／估价：99.00元
PSN B-2009-129-1/1

输血服务蓝皮书
中国输血行业发展报告（2018）
著(编)者：孙俊　2018年12月出版／估价：99.00元
PSN B-2016-582-1/1

水利风景区蓝皮书
中国水利风景区发展报告（2018）
著(编)者：董建文　兰思仁
2018年10月出版／估价：99.00元
PSN B-2015-480-1/1

数字经济蓝皮书
全球数字经济竞争力发展报告（2017）
著(编)者：王振　2017年12月出版／定价：79.00元
PSN B-2017-673-1/1

私募市场蓝皮书
中国私募股权市场发展报告（2017~2018）
著(编)者：曹和平　2018年12月出版／估价：99.00元
PSN B-2010-162-1/1

碳排放权交易蓝皮书
中国碳排放权交易报告（2018）
著(编)者：孙永平　2018年11月出版／估价：99.00元
PSN B-2017-652-1/1

碳市场蓝皮书
中国碳市场报告（2018）
著(编)者：定金彪　2018年11月出版／估价：99.00元
PSN B-2014-430-1/1

体育蓝皮书
中国公共体育服务发展报告（2018）
著(编)者：戴健　2018年12月出版／估价：99.00元
PSN B-2013-367-2/5

土地市场蓝皮书
中国农村土地市场发展报告（2017~2018）
著(编)者：李光荣　2018年6月出版／估价：99.00元
PSN B-2016-526-1/1

土地整治蓝皮书
中国土地整治发展研究报告（No.5）
著(编)者：国土资源部土地整治中心
2018年7月出版／估价：99.00元
PSN B-2014-401-1/1

土地政策蓝皮书
中国土地政策研究报告（2018）
著(编)者：高延利　张建平　吴次芳
2018年1月出版／定价：98.00元
PSN B-2015-506-1/1

网络空间安全蓝皮书
中国网络空间安全发展报告（2018）
著(编)者：惠志斌　覃庆玲
2018年11月出版／估价：99.00元
PSN B-2015-466-1/1

文化志愿服务蓝皮书
中国文化志愿服务发展报告（2018）
著(编)者：张永新　良警宇　2018年11月出版／估价：128.00元
PSN B-2016-596-1/1

西部金融蓝皮书
中国西部金融发展报告（2017~2018）
著(编)者：李忠民　2018年8月出版／估价：99.00元
PSN B-2010-160-1/1

协会商会蓝皮书
中国行业协会商会发展报告（2017）
著(编)者：景朝阳　李勇　2018年6月出版／估价：99.00元
PSN B-2015-461-1/1

新三板蓝皮书
中国新三板市场发展报告（2018）
著(编)者：王力　2018年8月出版／估价：99.00元
PSN B-2016-533-1/1

信托市场蓝皮书
中国信托业市场报告（2017~2018）
著(编)者：用益金融信托研究院
2018年6月出版／估价：198.00元
PSN B-2014-371-1/1

信息化蓝皮书
中国信息化形势分析与预测（2017~2018）
著(编)者：周宏仁　2018年8月出版／估价：99.00元
PSN B-2010-168-1/1

信用蓝皮书
中国信用发展报告（2017~2018）
著(编)者：章政　田侃　2018年6月出版／估价：99.00元
PSN B-2013-328-1/1

皮书系列 2018全品种 — 行业及其他类

休闲绿皮书
2017~2018年中国休闲发展报告
著(编)者：宋瑞　2018年7月出版 / 估价：99.00元
PSN G-2010-158-1/1

休闲体育蓝皮书
中国休闲体育发展报告（2017~2018）
著(编)者：李相如　钟秉枢
2018年10月出版 / 估价：99.00元
PSN B-2016-516-1/1

养老金融蓝皮书
中国养老金融发展报告（2018）
著(编)者：董克用　姚余栋
2018年9月出版 / 估价：99.00元
PSN B-2016-583-1/1

遥感监测绿皮书
中国可持续发展遥感监测报告（2017）
著(编)者：顾行发　汪克强　潘教峰　李闽榕　徐东华　王琦安
2018年6月出版 / 估价：298.00元
PSN B-2017-629-1/1

药品流通蓝皮书
中国药品流通行业发展报告（2018）
著(编)者：佘鲁林　温再兴
2018年7月出版 / 估价：198.00元
PSN B-2014-429-1/1

医疗器械蓝皮书
中国医疗器械行业发展报告（2018）
著(编)者：王宝亭　耿鸿武
2018年10月出版 / 估价：99.00元
PSN B-2017-661-1/1

医院蓝皮书
中国医院竞争力报告（2017~2018）
著(编)者：庄一强　2018年3月出版 / 定价：108.00元
PSN B-2016-528-1/1

瑜伽蓝皮书
中国瑜伽业发展报告（2017~2018）
著(编)者：张永建　徐华锋　朱泰余
2018年6月出版 / 估价：198.00元
PSN B-2017-625-1/1

债券市场蓝皮书
中国债券市场发展报告（2017~2018）
著(编)者：杨农　2018年10月出版 / 估价：99.00元
PSN B-2016-572-1/1

志愿服务蓝皮书
中国志愿服务发展报告（2018）
著(编)者：中国志愿服务联合会
2018年11月出版 / 估价：99.00元
PSN B-2017-664-1/1

中国上市公司蓝皮书
中国上市公司发展报告（2018）
著(编)者：张鹏　张平　黄胤英
2018年9月出版 / 估价：99.00元
PSN B-2014-414-1/1

中国新三板蓝皮书
中国新三板创新与发展报告（2018）
著(编)者：刘平安　闻召林
2018年8月出版 / 估价：158.00元
PSN B-2017-638-1/1

中国汽车品牌蓝皮书
中国乘用车品牌发展报告（2017）
著(编)者：《中国汽车报》社有限公司
　　　　　博世（中国）投资有限公司
　　　　　中国汽车技术研究中心数据资源中心
2018年1月出版 / 定价：89.00元
PSN B-2017-679-1/1

中医文化蓝皮书
北京中医药文化传播发展报告（2018）
著(编)者：毛嘉陵　2018年6月出版 / 估价：99.00元
PSN B-2015-468-1/2

中医文化蓝皮书
中国中医药文化传播发展报告（2018）
著(编)者：毛嘉陵　2018年7月出版 / 估价：99.00元
PSN B-2016-584-2/2

中医药蓝皮书
北京中医药知识产权发展报告No.2
著(编)者：汪洪　屠志涛　2018年6月出版 / 估价：168.00元
PSN B-2017-602-1/1

资本市场蓝皮书
中国场外交易市场发展报告（2016~2017）
著(编)者：高峦　2018年6月出版 / 估价：99.00元
PSN B-2009-153-1/1

资产管理蓝皮书
中国资产管理行业发展报告（2018）
著(编)者：郑智　2018年7月出版 / 估价：99.00元
PSN B-2014-407-2/2

资产证券化蓝皮书
中国资产证券化发展报告（2018）
著(编)者：沈炳熙　曹彤　李哲平
2018年4月出版 / 定价：98.00元
PSN B-2017-660-1/1

自贸区蓝皮书
中国自贸区发展报告（2018）
著(编)者：王力　黄育华
2018年6月出版 / 估价：99.00元
PSN B-2016-558-1/1

国际问题与全球治理类

"一带一路"跨境通道蓝皮书
"一带一路"跨境通道建设研究报(2017~2018)
著(编)者：余鑫 张秋生　2018年1月出版 / 定价：89.00元
PSN B-2016-557-1/1

"一带一路"蓝皮书
"一带一路"建设发展报告（2018）
著(编)者：李永全　2018年3月出版 / 定价：98.00元
PSN B-2016-552-1/1

"一带一路"投资安全蓝皮书
中国"一带一路"投资与安全研究报告（2018）
著(编)者：邹统钎 梁昊光　2018年4月出版 / 定价：98.00元
PSN B-2017-612-1/1

"一带一路"文化交流蓝皮书
中阿文化交流发展报告（2017）
著(编)者：王辉　2017年12月出版 / 定价：89.00元
PSN B-2017-655-1/1

G20国家创新竞争力黄皮书
二十国集团（G20）国家创新竞争力发展报告（2017~2018）
著(编)者：李建平 李闽榕 赵新力 周天勇
2018年7月出版 / 估价：168.00元
PSN Y-2011-229-1/1

阿拉伯黄皮书
阿拉伯发展报告（2016~2017）
著(编)者：罗林　2018年6月出版 / 估价：99.00元
PSN Y-2014-381-1/1

北部湾蓝皮书
泛北部湾合作发展报告（2017~2018）
著(编)者：吕余生　2018年12月出版 / 估价：99.00元
PSN B-2008-114-1/1

北极蓝皮书
北极地区发展报告（2017）
著(编)者：刘惠荣　2018年7月出版 / 估价：99.00元
PSN B-2017-634-1/1

大洋洲蓝皮书
大洋洲发展报告（2017~2018）
著(编)者：喻常森　2018年10月出版 / 估价：99.00元
PSN B-2013-341-1/1

东北亚区域合作蓝皮书
2017年"一带一路"倡议与东北亚区域合作
著(编)者：刘亚政 金美花
2018年5月出版 / 估价：99.00元
PSN B-2017-631-1/1

东盟黄皮书
东盟发展报告（2017）
著(编)者：杨静林 庄国土　2018年6月出版 / 估价：99.00元
PSN Y-2012-303-1/1

东南亚蓝皮书
东南亚地区发展报告（2017~2018）
著(编)者：王勤　2018年12月出版 / 估价：99.00元
PSN B-2012-240-1/1

非洲黄皮书
非洲发展报告No.20（2017~2018）
著(编)者：张宏明　2018年7月出版 / 估价：99.00元
PSN Y-2012-239-1/1

非传统安全蓝皮书
中国非传统安全研究报告（2017~2018）
著(编)者：潇枫 罗中枢　2018年8月出版 / 估价：99.00元
PSN B-2012-273-1/1

国际安全蓝皮书
中国国际安全研究报告（2018）
著(编)者：刘慧　2018年7月出版 / 估价：99.00元
PSN B-2016-521-1/1

国际城市蓝皮书
国际城市发展报告（2018）
著(编)者：屠启宇　2018年2月出版 / 估价：89.00元
PSN B-2012-260-1/1

国际形势黄皮书
全球政治与安全报告（2018）
著(编)者：张宇燕　2018年1月出版 / 定价：99.00元
PSN Y-2001-016-1/1

公共外交蓝皮书
中国公共外交发展报告（2018）
著(编)者：赵启正 雷蔚真　2018年6月出版 / 估价：99.00元
PSN B-2015-457-1/1

海丝蓝皮书
21世纪海上丝绸之路研究报告（2017）
著(编)者：华侨大学海上丝绸之路研究院
2017年12月出版 / 定价：89.00元
PSN B-2017-684-1/1

金砖国家黄皮书
金砖国家综合创新竞争力发展报告（2018）
著(编)者：赵新力 李闽榕 黄茂兴
2018年8月出版 / 估价：128.00元
PSN Y-2017-643-1/1

拉美黄皮书
拉丁美洲和加勒比发展报告（2017~2018）
著(编)者：袁东振　2018年6月出版 / 估价：99.00元
PSN Y-1999-007-1/1

澜湄合作蓝皮书
澜沧江-湄公河合作发展报告（2018）
著(编)者：刘稚　2018年9月出版 / 估价：99.00元
PSN B-2011-196-1/1

皮书系列 2018全品种 — 国际问题与全球治理类

欧洲蓝皮书
欧洲发展报告（2017~2018）
著(编)者：黄平 周弘 程卫东
2018年6月出版 / 估价：99.00元
PSN B-1999-009-1/1

葡语国家蓝皮书
葡语国家发展报告（2016~2017）
著(编)者：王成安 张敏 刘金兰
2018年6月出版 / 估价：99.00元
PSN B-2015-503-1/2

葡语国家蓝皮书
中国与葡语国家关系发展报告·巴西（2016）
著(编)者：张曙光
2018年8月出版 / 估价：99.00元
PSN B-2016-563-2/2

气候变化绿皮书
应对气候变化报告（2018）
著(编)者：王伟光 郑国光
2018年11月出版 / 估价：99.00元
PSN G-2009-144-1/1

全球环境竞争力绿皮书
全球环境竞争力报告（2018）
著(编)者：李建平 李闽榕 王金南
2018年12月出版 / 估价：198.00元
PSN G-2013-363-1/1

全球信息社会蓝皮书
全球信息社会发展报告（2018）
著(编)者：丁波涛 唐涛　2018年10月出版 / 估价：99.00元
PSN B-2017-665-1/1

日本经济蓝皮书
日本经济与中日经贸关系研究报告（2018）
著(编)者：张季风　2018年6月出版 / 估价：99.00元
PSN B-2008-102-1/1

上海合作组织黄皮书
上海合作组织发展报告（2018）
著(编)者：李进峰　2018年6月出版 / 估价：99.00元
PSN Y-2009-130-1/1

世界创新竞争力黄皮书
世界创新竞争力发展报告（2017）
著(编)者：李建平 李闽榕 赵新力
2018年6月出版 / 估价：168.00元
PSN Y-2013-318-1/1

世界经济黄皮书
2018年世界经济形势分析与预测
著(编)者：张宇燕　2018年1月出版 / 定价：99.00元
PSN Y-1999-006-1/1

世界能源互联互通蓝皮书
世界能源清洁发展与互联互通评估报告（2017）：欧洲
著(编)者：国网能源研究院
2018年1月出版 / 定价：128.00元
PSN B-2018-695-1/1

丝绸之路蓝皮书
丝绸之路经济带发展报告（2018）
著(编)者：任宗哲 白宽犁 谷孟宾
2018年1月出版 / 定价：89.00元
PSN B-2014-410-1/1

新兴经济体蓝皮书
金砖国家发展报告（2018）
著(编)者：林跃勤 周文
2018年8月出版 / 估价：99.00元
PSN B-2011-195-1/1

亚太蓝皮书
亚太地区发展报告（2018）
著(编)者：李向阳　2018年5月出版 / 估价：99.00元
PSN B-2001-015-1/1

印度洋地区蓝皮书
印度洋地区发展报告（2018）
著(编)者：汪戎　2018年6月出版 / 估价：99.00元
PSN B-2013-334-1/1

印度尼西亚经济蓝皮书
印度尼西亚经济发展报告（2017）：增长与机会
著(编)者：左志刚　2017年11月出版 / 定价：89.00元
PSN B-2017-675-1/1

渝新欧蓝皮书
渝新欧沿线国家发展报告（2018）
著(编)者：杨柏 黄森
2018年6月出版 / 估价：99.00元
PSN B-2017-626-1/1

中阿蓝皮书
中国-阿拉伯国家经贸发展报告（2018）
著(编)者：张廉 段庆林 王林聪 杨巧红
2018年12月出版 / 估价：99.00元
PSN B-2016-598-1/1

中东黄皮书
中东发展报告No.20（2017~2018）
著(编)者：杨光　2018年10月出版 / 估价：99.00元
PSN Y-1998-004-1/1

中亚黄皮书
中亚国家发展报告（2018）
著(编)者：孙力
2018年3月出版 / 定价：98.00元
PSN Y-2012-238-1/1

国别类

澳大利亚蓝皮书
澳大利亚发展报告（2017-2018）
著(编)者：孙有中 韩锋　2018年12月出版 / 估价：99.00元
PSN B-2016-587-1/1

巴西黄皮书
巴西发展报告（2017）
著(编)者：刘国枝　2018年5月出版 / 估价：99.00元
PSN Y-2017-614-1/1

德国蓝皮书
德国发展报告（2018）
著(编)者：郑春荣　2018年6月出版 / 估价：99.00元
PSN B-2012-278-1/1

俄罗斯黄皮书
俄罗斯发展报告（2018）
著(编)者：李永全　2018年6月出版 / 估价：99.00元
PSN Y-2006-061-1/1

韩国蓝皮书
韩国发展报告（2017）
著(编)者：牛林杰 刘宝全　2018年6月出版 / 估价：99.00元
PSN B-2010-155-1/1

加拿大蓝皮书
加拿大发展报告（2018）
著(编)者：唐小松　2018年9月出版 / 估价：99.00元
PSN B-2014-389-1/1

美国蓝皮书
美国研究报告（2018）
著(编)者：郑秉文 黄平　2018年5月出版 / 估价：99.00元
PSN B-2011-210-1/1

缅甸蓝皮书
缅甸国情报告（2017）
著(编)者：祝湘辉
2017年11月出版 / 定价：98.00元
PSN B-2013-343-1/1

日本蓝皮书
日本研究报告（2018）
著(编)者：杨伯江　2018年4月出版 / 定价：99.00元
PSN B-2002-020-1/1

土耳其蓝皮书
土耳其发展报告（2018）
著(编)者：郭长刚 刘义　2018年9月出版 / 估价：99.00元
PSN B-2014-412-1/1

伊朗蓝皮书
伊朗发展报告（2017~2018）
著(编)者：冀开运　2018年10月 / 估价：99.00元
PSN B-2016-574-1/1

以色列蓝皮书
以色列发展报告（2018）
著(编)者：张倩红　2018年8月出版 / 估价：99.00元
PSN B-2015-483-1/1

印度蓝皮书
印度国情报告（2017）
著(编)者：吕昭义　2018年6月出版 / 估价：99.00元
PSN B-2012-241-1/1

英国蓝皮书
英国发展报告（2017~2018）
著(编)者：王展鹏　2018年12月出版 / 估价：99.00元
PSN B-2015-486-1/1

越南蓝皮书
越南国情报告（2018）
著(编)者：谢林城　2018年11月出版 / 估价：99.00元
PSN B-2006-056-1/1

泰国蓝皮书
泰国研究报告（2018）
著(编)者：庄国土 张禹东 刘文正
2018年10月出版 / 估价：99.00元
PSN B-2016-556-1/1

文化传媒类

"三农"舆情蓝皮书
中国"三农"网络舆情报告（2017~2018）
著(编)者：农业部信息中心
2018年6月出版 / 估价：99.00元
PSN B-2017-640-1/1

传媒竞争力蓝皮书
中国传媒国际竞争力研究报告（2018）
著(编)者：李本乾 刘强 王大可
2018年8月出版 / 估价：99.00元
PSN B-2013-356-1/1

传媒蓝皮书
中国传媒产业发展报告（2018）
著(编)者：崔保国
2018年5月出版 / 估价：99.00元
PSN B-2005-035-1/1

传媒投资蓝皮书
中国传媒投资发展报告（2018）
著(编)者：张向东 谭云明
2018年6月出版 / 估价：148.00元
PSN B-2015-474-1/1

皮书系列 2018全品种 — 文化传媒类

非物质文化遗产蓝皮书
中国非物质文化遗产发展报告（2018）
著(编)者：陈平　2018年6月出版 / 估价：128.00元
PSN B-2015-469-1/2

非物质文化遗产蓝皮书
中国非物质文化遗产保护发展报告（2018）
著(编)者：宋俊华　2018年10月出版 / 估价：128.00元
PSN B-2016-586-2/2

广电蓝皮书
中国广播电影电视发展报告（2018）
著(编)者：国家新闻出版广电总局发展研究中心
2018年7月出版 / 估价：99.00元
PSN B-2006-072-1/1

广告主蓝皮书
中国广告主营销传播趋势报告No.9
著(编)者：黄升民　杜国清　邵华冬　等
2018年10月出版 / 估价：158.00元
PSN B-2005-041-1/1

国际传播蓝皮书
中国国际传播发展报告（2018）
著(编)者：胡正荣　李继东　姬德强
2018年12月出版 / 估价：99.00元
PSN B-2014-408-1/1

国家形象蓝皮书
中国国家形象传播报告（2017）
著(编)者：张昆　2018年6月出版 / 估价：128.00元
PSN B-2017-605-1/1

互联网治理蓝皮书
中国网络社会治理研究报告（2018）
著(编)者：罗昕　支庭荣
2018年9月出版 / 估价：118.00元
PSN B-2017-653-1/1

纪录片蓝皮书
中国纪录片发展报告（2018）
著(编)者：何苏六　2018年10月出版 / 估价：99.00元
PSN B-2011-222-1/1

科学传播蓝皮书
中国科学传播报告（2016~2017）
著(编)者：詹正茂　2018年6月出版 / 估价：99.00元
PSN B-2008-120-1/1

两岸创意经济蓝皮书
两岸创意经济研究报告（2018）
著(编)者：罗昌智　董泽平
2018年10月出版 / 估价：99.00元
PSN B-2014-437-1/1

媒介与女性蓝皮书
中国媒介与女性发展报告（2017~2018）
著(编)者：刘利群　2018年5月出版 / 估价：99.00元
PSN B-2013-345-1/1

媒体融合蓝皮书
中国媒体融合发展报告（2017~2018）
著(编)者：梅宁华　支庭荣
2017年12月出版 / 定价：98.00元
PSN B-2015-479-1/1

全球传媒蓝皮书
全球传媒发展报告（2017~2018）
著(编)者：胡正荣　李继东　2018年6月出版 / 估价：99.00元
PSN B-2012-237-1/1

少数民族非遗蓝皮书
中国少数民族非物质文化遗产发展报告（2018）
著(编)者：肖远平（彝）　柴立（满）
2018年10月出版 / 估价：118.00元
PSN B-2015-467-1/1

视听新媒体蓝皮书
中国视听新媒体发展报告（2018）
著(编)者：国家新闻出版广电总局发展研究中心
2018年7月出版 / 估价：118.00元
PSN B-2011-184-1/1

数字娱乐产业蓝皮书
中国动画产业发展报告（2018）
著(编)者：孙立军　孙平　牛兴侦
2018年10月出版 / 估价：99.00元
PSN B-2011-198-1/2

数字娱乐产业蓝皮书
中国游戏产业发展报告（2018）
著(编)者：孙立军　刘跃军　2018年10月出版 / 估价：99.00元
PSN B-2017-662-2/2

网络视听蓝皮书
中国互联网视听行业发展报告（2018）
著(编)者：陈鹏　2018年2月出版 / 定价：148.00元
PSN B-2018-688-1/1

文化创新蓝皮书
中国文化创新报告（2017·No.8）
著(编)者：傅才武　2018年6月出版 / 估价：99.00元
PSN B-2009-143-1/1

文化建设蓝皮书
中国文化发展报告（2018）
著(编)者：江畅　孙伟平　戴茂堂
2018年5月出版 / 估价：99.00元
PSN B-2014-392-1/1

文化科技蓝皮书
文化科技创新发展报告（2018）
著(编)者：于平　李凤亮　2018年10月出版 / 估价：99.00元
PSN B-2013-342-1/1

文化蓝皮书
中国公共文化服务发展报告（2017~2018）
著(编)者：刘新成　张永新　张旭
2018年12月出版 / 估价：99.00元
PSN B-2007-093-2/10

文化蓝皮书
中国少数民族文化发展报告（2017~2018）
著(编)者：武翠英　张晓明　任乌晶
2018年9月出版 / 估价：99.00元
PSN B-2013-369-9/10

文化蓝皮书
中国文化产业供需协调检测报告（2018）
著(编)者：王亚南　2018年3月出版 / 定价：99.00元
PSN B-2013-323-8/10

皮书系列 2018全品种

文化传媒类 · 地方发展类–经济

文化蓝皮书
中国文化消费需求景气评价报告（2018）
著（编）者：王亚南　2018年3月出版　定价：99.00元
PSN B-2011-236-4/10

文化蓝皮书
中国公共文化投入增长测评报告（2018）
著（编）者：王亚南　2018年3月出版　定价：99.00元
PSN B-2014-435-10/10

文化品牌蓝皮书
中国文化品牌发展报告（2018）
著（编）者：欧阳友权　2018年5月出版　估价：99.00元
PSN B-2012-277-1/1

文化遗产蓝皮书
中国文化遗产事业发展报告（2017～2018）
著（编）者：苏杨　张颖岚　卓杰　白海峰　陈晨　陈叙图
2018年8月出版　估价：99.00元
PSN B-2008-119-1/1

文学蓝皮书
中国文情报告（2017～2018）
著（编）者：白烨　2018年5月出版　估价：99.00元
PSN B-2011-221-1/1

新媒体蓝皮书
中国新媒体发展报告No.9（2018）
著（编）者：唐绪军　2018年7月出版　估价：99.00元
PSN B-2010-169-1/1

新媒体社会责任蓝皮书
中国新媒体社会责任研究报告（2018）
著（编）者：钟瑛　2018年12月出版　估价：99.00元
PSN B-2014-423-1/1

移动互联网蓝皮书
中国移动互联网发展报告（2018）
著（编）者：余清楚　2018年6月出版　估价：99.00元
PSN B-2012-282-1/1

影视蓝皮书
中国影视产业发展报告（2018）
著（编）者：司若　陈鹏　陈锐
2018年6月出版　估价：99.00元
PSN B-2016-529-1/1

舆情蓝皮书
中国社会舆情与危机管理报告（2018）
著（编）者：谢耘耕
2018年9月出版　估价：138.00元
PSN B-2011-235-1/1

中国大运河蓝皮书
中国大运河发展报告（2018）
著（编）者：吴欣　2018年2月出版　估价：128.00元
PSN B-2018-691-1/1

地方发展类–经济

澳门蓝皮书
澳门经济社会发展报告（2017～2018）
著（编）者：吴志良　郝雨凡
2018年7月出版　估价：99.00元
PSN B-2009-138-1/1

澳门绿皮书
澳门旅游休闲发展报告（2017～2018）
著（编）者：郝雨凡　林广志
2018年5月出版　估价：99.00元
PSN G-2017-617-1/1

北京蓝皮书
北京经济发展报告（2017～2018）
著（编）者：杨松　2018年6月出版　估价：99.00元
PSN B-2006-054-2/8

北京旅游绿皮书
北京旅游发展报告（2018）
著（编）者：北京旅游学会
2018年7月出版　估价：99.00元
PSN G-2012-301-1/1

北京体育蓝皮书
北京体育产业发展报告（2017～2018）
著（编）者：钟秉枢　陈杰　杨铁黎
2018年9月出版　估价：99.00元
PSN B-2015-475-1/1

滨海金融蓝皮书
滨海新区金融发展报告（2017）
著（编）者：王爱俭　李向前　2018年4月出版　估价：99.00元
PSN B-2014-424-1/1

城乡一体化蓝皮书
北京城乡一体化发展报告（2017～2018）
著（编）者：吴宝新　张宝秀　黄序
2018年5月出版　估价：99.00元
PSN B-2012-258-2/2

非公有制企业社会责任蓝皮书
北京非公有制企业社会责任报告（2018）
著（编）者：宋贵伦　冯培
2018年6月出版　估价：99.00元
PSN B-2017-613-1/1

29

皮书系列 2018全品种 — 地方发展类-经济

福建旅游蓝皮书
福建省旅游产业发展现状研究（2017~2018）
著（编）者：陈敏华 黄远水　2018年12月出版　估价：128.00元
PSN B-2016-591-1/1

福建自贸区蓝皮书
中国（福建）自由贸易试验区发展报告（2017~2018）
著（编）者：黄茂兴　2018年6月出版　估价：118.00元
PSN B-2016-531-1/1

甘肃蓝皮书
甘肃经济发展分析与预测（2018）
著（编）者：安文华 罗哲　2018年1月出版　定价：99.00元
PSN B-2013-312-1/6

甘肃蓝皮书
甘肃商贸流通发展报告（2018）
著（编）者：张应华 王福生 王晓芳
2018年1月出版　定价：99.00元
PSN B-2016-522-6/6

甘肃蓝皮书
甘肃县域和农村发展报告（2018）
著（编）者：包东红 朱智文 王建兵
2018年1月出版　定价：99.00元
PSN B-2013-316-5/6

甘肃农业科技绿皮书
甘肃农业科技发展研究报告（2018）
著（编）者：魏胜文 乔德华 张东伟
2018年12月出版　估价：198.00元
PSN B-2016-592-1/1

甘肃气象保障蓝皮书
甘肃农业对气候变化的适应与风险评估报告（No.1）
著（编）者：鲍文中 周广胜
2017年12月出版　估价：108.00元
PSN B-2017-677-1/1

巩义蓝皮书
巩义经济社会发展报告（2018）
著（编）者：丁同民 朱军　2018年6月出版　估价：99.00元
PSN B-2016-532-1/1

广东外经贸蓝皮书
广东对外经济贸易发展研究报告（2017~2018）
著（编）者：陈万灵　2018年6月出版　估价：99.00元
PSN B-2012-286-1/1

广西北部湾经济区蓝皮书
广西北部湾经济区开放开发报告（2017~2018）
著（编）者：广西壮族自治区北部湾经济区和东盟开放合作办公室
　　　　　广西社会科学院
　　　　　广西北部湾发展研究院
2018年5月出版　估价：99.00元
PSN B-2010-181-1/1

广州蓝皮书
广州城市国际化发展报告（2018）
著（编）者：张跃国　2018年8月出版　估价：99.00元
PSN B-2012-246-11/14

广州蓝皮书
中国广州城市建设与管理发展报告（2018）
著（编）者：张其军 陈小钢 王宏伟　2018年8月出版　估价：99.00元
PSN B-2007-087-4/14

广州蓝皮书
广州创新型城市发展报告（2018）
著（编）者：尹涛　2018年6月出版　估价：99.00元
PSN B-2012-247-12/14

广州蓝皮书
广州经济发展报告（2018）
著（编）者：张跃国 尹涛　2018年7月出版　估价：99.00元
PSN B-2005-040-1/14

广州蓝皮书
2018年中国广州经济形势分析与预测
著（编）者：魏明海 谢博能 李华
2018年6月出版　估价：99.00元
PSN B-2011-185-9/14

广州蓝皮书
中国广州科技创新发展报告（2018）
著（编）者：于欣伟 陈爽 邓佑满　2018年8月出版　估价：99.00元
PSN B-2006-065-2/14

广州蓝皮书
广州农村发展报告（2018）
著（编）者：朱名宏　2018年7月出版　估价：99.00元
PSN B-2010-167-8/14

广州蓝皮书
广州汽车产业发展报告（2018）
著（编）者：杨再高 冯兴亚　2018年7月出版　估价：99.00元
PSN B-2006-066-3/14

广州蓝皮书
广州商贸业发展报告（2018）
著（编）者：张跃国 陈杰 荀振英
2018年7月出版　估价：99.00元
PSN B-2012-245-10/14

贵阳蓝皮书
贵阳城市创新发展报告No.3（白云篇）
著（编）者：连玉明　2018年5月出版　估价：99.00元
PSN B-2015-491-3/10

贵阳蓝皮书
贵阳城市创新发展报告No.3（观山湖篇）
著（编）者：连玉明　2018年5月出版　估价：99.00元
PSN B-2015-497-9/10

贵阳蓝皮书
贵阳城市创新发展报告No.3（花溪篇）
著（编）者：连玉明　2018年5月出版　估价：99.00元
PSN B-2015-490-2/10

贵阳蓝皮书
贵阳城市创新发展报告No.3（开阳篇）
著（编）者：连玉明　2018年5月出版　估价：99.00元
PSN B-2015-492-4/10

贵阳蓝皮书
贵阳城市创新发展报告No.3（南明篇）
著（编）者：连玉明　2018年5月出版　估价：99.00元
PSN B-2015-496-8/10

贵阳蓝皮书
贵阳城市创新发展报告No.3（清镇篇）
著（编）者：连玉明　2018年5月出版　估价：99.00元
PSN B-2015-489-1/10

地方发展类-经济

皮书系列 2018全品种

贵阳蓝皮书
贵阳城市创新发展报告No.3（乌当篇）
著(编)者：连玉明　2018年5月出版／估价：99.00元
PSN B-2015-495-7/10

贵阳蓝皮书
贵阳城市创新发展报告No.3（息烽篇）
著(编)者：连玉明　2018年5月出版／估价：99.00元
PSN B-2015-493-5/10

贵阳蓝皮书
贵阳城市创新发展报告No.3（修文篇）
著(编)者：连玉明　2018年5月出版／估价：99.00元
PSN B-2015-494-6/10

贵阳蓝皮书
贵阳城市创新发展报告No.3（云岩篇）
著(编)者：连玉明　2018年5月出版／估价：99.00元
PSN B-2015-498-10/10

贵州房地产蓝皮书
贵州房地产发展报告No.5（2018）
著(编)者：武廷方　2018年7月出版／估价：99.00元
PSN B-2014-426-1/1

贵州蓝皮书
贵州册亨经济社会发展报告（2018）
著(编)者：黄德林　2018年6月出版／估价：99.00元
PSN B-2016-525-8/9

贵州蓝皮书
贵州地理标志产业发展报告（2018）
著(编)者：李发耀　黄其松　2018年8月出版／估价：99.00元
PSN B-2014-646-10/10

贵州蓝皮书
贵安新区发展报告（2017~2018）
著(编)者：马长青　吴大华　2018年6月出版／估价：99.00元
PSN B-2015-459-4/10

贵州蓝皮书
贵州国家级开放创新平台发展报告（2017~2018）
著(编)者：申晓庆　吴大华　季泓
2018年11月出版／估价：99.00元
PSN B-2016-518-7/10

贵州蓝皮书
贵州国有企业社会责任发展报告（2017~2018）
著(编)者：郭丽　2018年12月出版／估价：99.00元
PSN B-2015-511-6/10

贵州蓝皮书
贵州民航业发展报告（2017）
著(编)者：申振东　吴大华　2018年6月出版／估价：99.00元
PSN B-2015-471-5/10

贵州蓝皮书
贵州民营经济发展报告（2017）
著(编)者：杨静　吴大华　2018年6月出版／估价：99.00元
PSN B-2016-530-9/9

杭州都市圈蓝皮书
杭州都市圈发展报告（2018）
著(编)者：洪庆华　沈翔　2018年4月出版／定价：98.00元
PSN B-2012-302-1/1

河北经济蓝皮书
河北省经济发展报告（2018）
著(编)者：马树强　金浩　张贵　2018年6月出版／估价：99.00元
PSN B-2014-380-1/1

河北蓝皮书
河北经济社会发展报告（2018）
著(编)者：康振海　2018年1月出版／定价：99.00元
PSN B-2014-372-1/3

河北蓝皮书
京津冀协同发展报告（2018）
著(编)者：陈璐　2017年12月出版／定价：79.00元
PSN B-2017-601-2/3

河南经济蓝皮书
2018年河南经济形势分析与预测
著(编)者：王世炎　2018年3月出版／定价：89.00元
PSN B-2007-086-1/1

河南蓝皮书
河南城市发展报告（2018）
著(编)者：张占仓　王建国　2018年5月出版／估价：99.00元
PSN B-2009-131-3/9

河南蓝皮书
河南工业发展报告（2018）
著(编)者：张占仓　2018年5月出版／估价：99.00元
PSN B-2013-317-5/9

河南蓝皮书
河南金融发展报告（2018）
著(编)者：喻新安　谷建全
2018年6月出版／估价：99.00元
PSN B-2014-390-7/9

河南蓝皮书
河南经济发展报告（2018）
著(编)者：张占仓　完世伟
2018年6月出版／估价：99.00元
PSN B-2010-157-4/9

河南蓝皮书
河南能源发展报告（2018）
著(编)者：国网河南省电力公司经济技术研究院
　　　　　河南省社会科学院
2018年6月出版／估价：99.00元
PSN B-2017-607-9/9

河南商务蓝皮书
河南商务发展报告（2018）
著(编)者：焦锦淼　穆荣国　2018年5月出版／估价：99.00元
PSN B-2014-399-1/1

河南双创蓝皮书
河南创新创业发展报告（2018）
著(编)者：喻新安　杨雪梅
2018年8月出版／估价：99.00元
PSN B-2017-641-1/1

黑龙江蓝皮书
黑龙江经济发展报告（2018）
著(编)者：朱宇　2018年1月出版／定价：89.00元
PSN B-2011-190-2/2

31

皮书系列 2018全品种　地方发展类-经济

湖南城市蓝皮书
区域城市群整合
著(编)者：童中贤　韩未名　　2018年12月出版 / 估价：99.00元
PSN B-2006-064-1/1

湖南蓝皮书
湖南城乡一体化发展报告（2018）
著(编)者：陈文胜　王文强　陆福兴
2018年8月出版 / 估价：99.00元
PSN B-2015-477-8/8

湖南蓝皮书
2018年湖南电子政务发展报告
著(编)者：梁志峰　　2018年5月出版 / 估价：128.00元
PSN B-2014-394-6/8

湖南蓝皮书
2018年湖南经济发展报告
著(编)者：卞鹰　　2018年5月出版 / 估价：128.00元
PSN B-2011-207-2/8

湖南蓝皮书
2016年湖南经济展望
著(编)者：梁志峰　　2018年5月出版 / 估价：128.00元
PSN B-2011-206-1/8

湖南蓝皮书
2018年湖南县域经济社会发展报告
著(编)者：梁志峰　　2018年5月出版 / 估价：128.00元
PSN B-2014-395-7/8

湖南县域绿皮书
湖南县域发展报告（No.5）
著(编)者：袁准　周小毛　黎仁寅
2018年6月出版 / 估价：99.00元
PSN G-2012-274-1/1

沪港蓝皮书
沪港发展报告（2018）
著(编)者：尤安山　　2018年9月出版 / 估价：99.00元
PSN B-2013-362-1/1

吉林蓝皮书
2018年吉林经济社会形势分析与预测
著(编)者：邵汉明　　2017年12月出版 / 定价：89.00元
PSN B-2013-319-1/1

吉林省城市竞争力蓝皮书
吉林省城市竞争力报告（2017~2018）
著(编)者：崔岳春　张磊
2018年3月出版 / 定价：89.00元
PSN B-2016-513-1/1

济源蓝皮书
济源经济社会发展报告（2018）
著(编)者：喻新安　　2018年6月出版 / 估价：99.00元
PSN B-2014-387-1/1

江苏蓝皮书
2018年江苏经济发展分析与展望
著(编)者：王庆五　吴先满
2018年7月出版 / 估价：128.00元
PSN B-2017-635-1/3

江西蓝皮书
江西经济社会发展报告（2018）
著(编)者：陈石俊　龚建文　　2018年10月出版 / 估价：128.00元
PSN B-2015-484-1/2

江西蓝皮书
江西设区市发展报告（2018）
著(编)者：姜玮　梁勇
2018年10月出版 / 估价：99.00元
PSN B-2016-517-2/2

经济特区蓝皮书
中国经济特区发展报告（2017）
著(编)者：陶一桃　　2018年1月出版 / 估价：99.00元
PSN B-2009-139-1/1

辽宁蓝皮书
2018年辽宁经济社会形势分析与预测
著(编)者：梁启东　魏红江　　2018年6月出版 / 估价：99.00元
PSN B-2006-053-1/1

民族经济蓝皮书
中国民族地区经济发展报告（2018）
著(编)者：李曦辉　　2018年7月出版 / 估价：99.00元
PSN B-2017-630-1/1

南宁蓝皮书
南宁经济发展报告（2018）
著(编)者：胡建华　　2018年9月出版 / 估价：99.00元
PSN B-2016-569-2/3

内蒙古蓝皮书
内蒙古精准扶贫研究报告（2018）
著(编)者：张志华　　2018年1月出版 / 估价：89.00元
PSN B-2017-681-2/2

浦东新区蓝皮书
上海浦东经济发展报告（2018）
著(编)者：周小平　徐美芳
2018年1月出版 / 定价：89.00元
PSN B-2011-225-1/1

青海蓝皮书
2018年青海经济社会形势分析与预测
著(编)者：陈玮　　2018年1月出版 / 定价：98.00元
PSN B-2012-275-1/2

青海科技绿皮书
青海科技发展报告（2017）
著(编)者：青海省科学技术信息研究所
2018年3月出版 / 定价：98.00元
PSN G-2018-701-1/1

山东蓝皮书
山东经济形势分析与预测（2018）
著(编)者：李广杰　　2018年7月出版 / 估价：99.00元
PSN B-2014-404-1/5

山东蓝皮书
山东省普惠金融发展报告（2018）
著(编)者：齐鲁财富网
2018年9月出版 / 估价：99.00元
PSN B2017-676-5/5

地方发展类-经济

皮书系列 2018全品种

山西蓝皮书
山西资源型经济转型发展报告（2018）
著（编）者：李志强　2018年7月出版／估价：99.00元
PSN B-2011-197-1/1

陕西蓝皮书
陕西经济发展报告（2018）
著（编）者：任宗哲　白宽犁　裴成荣
2018年1月出版／定价：89.00元
PSN B-2009-135-1/6

陕西蓝皮书
陕西精准脱贫研究报告（2018）
著（编）者：任宗哲　白宽犁　王建康
2018年4月出版／定价：89.00元
PSN B-2017-623-6/6

上海蓝皮书
上海经济发展报告（2018）
著（编）者：沈开艳　2018年2月出版／定价：89.00元
PSN B-2006-057-1/7

上海蓝皮书
上海资源环境发展报告（2018）
著（编）者：周冯琦　胡静　2018年2月出版／定价：89.00元
PSN B-2006-060-4/7

上海蓝皮书
上海奉贤经济发展分析与研判（2017～2018）
著（编）者：张兆安　朱平芳　2018年3月出版／定价：99.00元
PSN B-2018-698-8/8

上饶蓝皮书
上饶发展报告（2016～2017）
著（编）者：廖其志　2018年6月出版／定价：128.00元
PSN B-2014-377-1/1

深圳蓝皮书
深圳经济发展报告（2018）
著（编）者：张骁儒　2018年6月出版／定价：99.00元
PSN B-2008-112-3/7

四川蓝皮书
四川城镇化发展报告（2018）
著（编）者：侯水平　陈炜　2018年6月出版／定价：99.00元
PSN B-2015-456-7/7

四川蓝皮书
2018年四川经济形势分析与预测
著（编）者：杨钢　2018年1月出版／定价：158.00元
PSN B-2007-098-2/7

四川蓝皮书
四川企业社会责任研究报告（2017～2018）
著（编）者：侯水平　盛毅　2018年5月出版／定价：99.00元
PSN B-2014-386-4/7

四川蓝皮书
四川生态建设报告（2018）
著（编）者：李晟之　2018年5月出版／定价：99.00元
PSN B-2015-455-6/7

四川蓝皮书
四川特色小镇发展报告（2017）
著（编）者：吴志强　2017年11月出版／定价：89.00元
PSN B-2017-670-8/8

体育蓝皮书
上海体育产业发展报告（2017~2018）
著（编）者：张林　黄海燕
2018年10月出版／估价：99.00元
PSN B-2015-454-4/5

体育蓝皮书
长三角地区体育产业发展报（2017～2018）
著（编）者：张林　2018年6月出版／定价：99.00元
PSN B-2015-453-3/5

天津金融蓝皮书
天津金融发展报告（2018）
著（编）者：王爱俭　孔德昌
2018年5月出版／估价：99.00元
PSN B-2014-418-1/1

图们江区域合作蓝皮书
图们江区域合作发展报告（2018）
著（编）者：李铁　2018年6月出版／估价：99.00元
PSN B-2015-464-1/1

温州蓝皮书
2018年温州经济社会形势分析与预测
著（编）者：蒋儒标　王春光　金浩
2018年6月出版／估价：99.00元
PSN B-2008-105-1/1

西咸新区蓝皮书
西咸新区发展报告（2018）
著（编）者：李扬　王军
2018年6月出版／估价：99.00元
PSN B-2016-534-1/1

修武蓝皮书
修武经济社会发展报告（2018）
著（编）者：张占仓　袁凯声
2018年10月出版／估价：99.00元
PSN B-2017-651-1/1

偃师蓝皮书
偃师经济社会发展报告（2018）
著（编）者：张占仓　袁凯声　何武周
2018年7月出版／估价：99.00元
PSN B-2017-627-1/1

扬州蓝皮书
扬州经济社会发展报告（2018）
著（编）者：陈扬
2018年12月出版／估价：108.00元
PSN B-2011-191-1/1

长垣蓝皮书
长垣经济社会发展报告（2018）
著（编）者：张占仓　袁凯声　秦保建
2018年10月出版／估价：99.00元
PSN B-2017-654-1/1

遵义蓝皮书
遵义发展报告（2018）
著（编）者：邓彦　曾征　龚永育
2018年9月出版／估价：99.00元
PSN B-2014-433-1/1

33

地方发展类-社会

安徽蓝皮书
安徽社会发展报告（2018）
著(编)者：程桦　2018年6月出版 / 估价：99.00元
PSN B-2013-325-1/1

安徽社会建设蓝皮书
安徽社会建设分析报告（2017~2018）
著(编)者：黄家海　蔡宪
2018年11月出版 / 估价：99.00元
PSN B-2013-322-1/1

北京蓝皮书
北京公共服务发展报告（2017~2018）
著(编)者：施昌奎　2018年6月出版 / 估价：99.00元
PSN B-2008-103-7/8

北京蓝皮书
北京社会发展报告（2017~2018）
著(编)者：李伟东
2018年7月出版 / 估价：99.00元
PSN B-2006-055-3/8

北京蓝皮书
北京社会治理发展报告（2017~2018）
著(编)者：殷星辰　2018年7月出版 / 估价：99.00元
PSN B-2014-391-8/8

北京律师蓝皮书
北京律师发展报告No.4（2018）
著(编)者：王隽　2018年12月出版 / 估价：99.00元
PSN B-2011-217-1/1

北京人才蓝皮书
北京人才发展报告（2018）
著(编)者：敏华　2018年12月出版 / 估价：128.00元
PSN B-2011-201-1/1

北京社会心态蓝皮书
北京社会心态分析报告（2017~2018）
北京市社会心理服务促进中心
2018年10月出版 / 估价：99.00元
PSN B-2014-422-1/1

北京社会组织管理蓝皮书
北京社会组织发展与管理（2018）
著(编)者：黄江松
2018年6月出版 / 估价：99.00元
PSN B-2015-446-1/1

北京养老产业蓝皮书
北京居家养老发展报告（2018）
著(编)者：陆杰华　周明明
2018年8月出版 / 估价：99.00元
PSN B-2015-465-1/1

法治蓝皮书
四川依法治省年度报告No.4（2018）
著(编)者：李林　杨天宗　田禾
2018年3月出版 / 定价：118.00元
PSN B-2015-447-2/5

福建妇女发展蓝皮书
福建省妇女发展报告（2018）
著(编)者：刘群英　2018年11月出版 / 估价：99.00元
PSN B-2011-220-1/1

甘肃蓝皮书
甘肃社会发展分析与预测（2018）
著(编)者：安文华　谢增虎　包晓霞
2018年1月出版 / 估价：99.00元
PSN B-2013-313-2/6

广东蓝皮书
广东全面深化改革研究报告（2018）
著(编)者：周林生　涂成林
2018年12月出版 / 估价：99.00元
PSN B-2015-504-3/3

广东蓝皮书
广东社会工作发展报告（2018）
著(编)者：罗观翠　2018年6月出版 / 估价：99.00元
PSN B-2014-402-2/3

广州蓝皮书
广州青年发展报告（2018）
著(编)者：徐柳　张强
2018年8月出版 / 估价：99.00元
PSN B-2013-352-13/14

广州蓝皮书
广州社会保障发展报告（2018）
著(编)者：张跃国　2018年8月出版 / 估价：99.00元
PSN B-2014-425-14/14

广州蓝皮书
2018年中国广州社会形势分析与预测
著(编)者：张强　郭志勇　何镜清
2018年6月出版 / 估价：99.00元
PSN B-2008-110-5/14

贵州蓝皮书
贵州法治发展报告（2018）
著(编)者：吴大华　2018年5月出版 / 估价：99.00元
PSN B-2012-254-2/10

贵州蓝皮书
贵州人才发展报告（2017）
著(编)者：于杰　吴大华
2018年9月出版 / 估价：99.00元
PSN B-2014-382-3/10

贵州蓝皮书
贵州社会发展报告（2018）
著(编)者：王兴骥　2018年6月出版 / 估价：99.00元
PSN B-2010-166-1/10

杭州蓝皮书
杭州妇女发展报告（2018）
著(编)者：魏颖
2018年10月出版 / 估价：99.00元
PSN B-2014-403-1/1

地方发展类-社会

皮书系列
2018全品种

河北蓝皮书
河北法治发展报告（2018）
著(编)者：康振海　2018年6月出版 / 估价：99.00元
PSN B-2017-622-3/3

河北食品药品安全蓝皮书
河北食品药品安全研究报告（2018）
著(编)者：丁锦霞
2018年10月出版 / 估价：99.00元
PSN B-2015-473-1/1

河南蓝皮书
河南法治发展报告（2018）
著(编)者：张林海　2018年7月出版 / 估价：99.00元
PSN B-2014-376-6/9

河南蓝皮书
2018年河南社会形势分析与预测
著(编)者：牛苏林　2018年5月出版 / 估价：99.00元
PSN B-2005-043-1/9

河南民办教育蓝皮书
河南民办教育发展报告（2018）
著(编)者：胡大白　2018年9月出版 / 估价：99.00元
PSN B-2017-642-1/1

黑龙江蓝皮书
黑龙江社会发展报告（2018）
著(编)者：王爱丽　2018年1月出版 / 定价：89.00元
PSN B-2011-189-1/2

湖南蓝皮书
2018年湖南两型社会与生态文明建设报告
著(编)者：卞鹰　2018年5月出版 / 估价：128.00元
PSN B-2011-208-3/8

湖南蓝皮书
2018年湖南社会发展报告
著(编)者：卞鹰　2018年5月出版 / 估价：128.00元
PSN B-2014-393-5/8

健康城市蓝皮书
北京健康城市建设研究报告（2018）
著(编)者：王鸿春　盛继洪
2018年9月出版 / 估价：99.00元
PSN B-2015-460-1/2

江苏法治蓝皮书
江苏法治发展报告No.6（2017）
著(编)者：蔡道通　龚廷泰
2018年8月出版 / 估价：99.00元
PSN B-2012-290-1/1

江苏蓝皮书
2018年江苏社会发展分析与展望
著(编)者：王庆五　刘旺洪
2018年8月出版 / 估价：128.00元
PSN B-2017-636-2/3

民族教育蓝皮书
中国民族教育发展报告（2017·内蒙古卷）
著(编)者：陈中永
2017年12月出版 / 定价：198.00元
PSN B-2017-669-1/1

南宁蓝皮书
南宁法治发展报告（2018）
著(编)者：杨维超　2018年12月出版 / 估价：99.00元
PSN B-2015-509-1/3

南宁蓝皮书
南宁社会发展报告（2018）
著(编)者：胡建华　2018年10月出版 / 估价：99.00元
PSN B-2016-570-3/3

内蒙古蓝皮书
内蒙古反腐倡廉建设报告No.2
著(编)者：张志华　2018年6月出版 / 估价：99.00元
PSN B-2013-365-1/1

青海蓝皮书
2018年青海人才发展报告
著(编)者：王宇燕　2018年9月出版 / 估价：99.00元
PSN B-2017-650-2/2

青海生态文明建设蓝皮书
青海生态文明建设报告（2018）
著(编)者：张西明　高华　2018年12月出版 / 估价：99.00元
PSN B-2016-595-1/1

人口与健康蓝皮书
深圳人口与健康发展报告（2018）
著(编)者：陆杰华　傅崇辉
2018年11月出版 / 估价：99.00元
PSN B-2011-228-1/1

山东蓝皮书
山东社会形势分析与预测（2018）
著(编)者：李善峰　2018年6月出版 / 估价：99.00元
PSN B-2014-405-2/5

陕西蓝皮书
陕西社会发展报告（2018）
著(编)者：任宗哲　白宽犁　牛昉
2018年1月出版 / 定价：89.00元
PSN B-2009-136-2/6

上海蓝皮书
上海法治发展报告（2018）
著(编)者：叶必丰　2018年9月出版 / 估价：99.00元
PSN B-2012-296-6/7

上海蓝皮书
上海社会发展报告（2018）
著(编)者：杨雄　周海旺
2018年2月出版 / 定价：89.00元
PSN B-2006-058-2/7

皮书系列 2018全品种　　地方发展类-社会 · 地方发展类-文化

社会建设蓝皮书
2018年北京社会建设分析报告
著(编)者：宋贵伦 冯虹　　2018年9月出版 / 估价：99.00元
PSN B-2010-173-1/1

深圳蓝皮书
深圳法治发展报告（2018）
著(编)者：张骁儒　　2018年6月出版 / 估价：99.00元
PSN B-2015-470-6/7

深圳蓝皮书
深圳劳动关系发展报告（2018）
著(编)者：汤庭芬　　2018年8月出版 / 估价：99.00元
PSN B-2007-097-2/7

深圳蓝皮书
深圳社会治理与发展报告（2018）
著(编)者：张骁儒　　2018年6月出版 / 估价：99.00元
PSN B-2008-113-4/7

生态安全绿皮书
甘肃国家生态安全屏障建设发展报告（2018）
著(编)者：刘举科 喜文华
2018年10月出版 / 估价：99.00元
PSN G-2017-659-1/1

顺义社会建设蓝皮书
北京市顺义区社会建设发展报告（2018）
著(编)者：王学武　　2018年9月出版 / 估价：99.00元
PSN B-2017-658-1/1

四川蓝皮书
四川法治发展报告（2018）
著(编)者：郑泰安　　2018年6月出版 / 估价：99.00元
PSN B-2015-441-5/7

四川蓝皮书
四川社会发展报告（2018）
著(编)者：李羚　　2018年6月出版 / 估价：99.00元
PSN B-2008-127-3/7

四川社会工作与管理蓝皮书
四川省社会工作人力资源发展报告（2017）
著(编)者：边慧敏　　2017年12月出版 / 定价：89.00元
PSN B-2017-683-1/1

云南社会治理蓝皮书
云南社会治理年度报告（2017）
著(编)者：晏雄 韩全芳
2018年5月出版 / 估价：99.00元
PSN B-2017-667-1/1

地方发展类-文化

北京传媒蓝皮书
北京新闻出版广电发展报告（2017~2018）
著(编)者：王志　　2018年11月出版 / 估价：99.00元
PSN B-2016-588-1/1

北京蓝皮书
北京文化发展报告（2017~2018）
著(编)者：李建盛　　2018年5月出版 / 估价：99.00元
PSN B-2007-082-4/8

创意城市蓝皮书
北京文化创意产业发展报告（2018）
著(编)者：郭万超 张京成　　2018年12月出版 / 估价：99.00元
PSN B-2012-263-1/7

创意城市蓝皮书
天津文化创意产业发展报告（2017~2018）
著(编)者：谢思全　　2018年6月出版 / 估价：99.00元
PSN B-2016-536-7/7

创意城市蓝皮书
武汉文化创意产业发展报告（2018）
著(编)者：黄永林 陈汉桥　　2018年12月出版 / 估价：99.00元
PSN B-2013-354-4/7

创意上海蓝皮书
上海文化创意产业发展报告（2017~2018）
著(编)者：王慧敏 王兴全　　2018年8月出版 / 估价：99.00元
PSN B-2016-561-1/1

非物质文化遗产蓝皮书
广州市非物质文化遗产保护发展报告（2018）
著(编)者：宋俊华　　2018年12月出版 / 估价：99.00元
PSN B-2016-589-1/1

甘肃蓝皮书
甘肃文化发展分析与预测（2018）
著(编)者：马廷旭 戚晓萍　　2018年1月出版 / 定价：99.00
PSN B-2013-314-3/6

甘肃蓝皮书
甘肃舆情分析与预测（2018）
著(编)者：王俊莲 张谦元　　2018年1月出版 / 定价：99.00
PSN B-2013-315-4/6

广州蓝皮书
中国广州文化发展报告（2018）
著(编)者：屈哨兵 陆志强　　2018年6月出版 / 估价：99.00
PSN B-2009-134-7/14

广州蓝皮书
广州文化创意产业发展报告（2018）
著(编)者：徐咏虹　　2018年7月出版 / 估价：99.00元
PSN B-2008-111-6/14

海淀蓝皮书
海淀区文化和科技融合发展报告（2018）
著(编)者：陈名杰 孟景伟　　2018年5月出版 / 估价：99.0
PSN B-2013-329-1/1

皮书系列 2018全品种

地方发展类-文化

河南蓝皮书
河南文化发展报告（2018）
著(编)者：卫绍生　2018年7月出版／估价：99.00元
PSN B-2008-106-2/9

湖北文化产业蓝皮书
湖北省文化产业发展报告（2018）
著(编)者：黄晓华　2018年9月出版／估价：99.00元
PSN B-2017-656-1/1

湖北文化蓝皮书
湖北文化发展报告（2017~2018）
著(编)者：湖北大学高等人文研究院
　　　　　中华文化发展湖北省协同创新中心
2018年10月出版／估价：99.00元
PSN B-2016-566-1/1

江苏蓝皮书
2018年江苏文化发展分析与展望
著(编)者：王庆五　樊和平　2018年9月出版／估价：128.00元
PSN B-2017-637-3/3

江西文化蓝皮书
江西非物质文化遗产发展报告（2018）
著(编)者：张圣才　傅安平　2018年12月出版／估价：128.00元
PSN B-2015-499-1/1

洛阳蓝皮书
洛阳文化发展报告（2018）
著(编)者：刘福兴　陈启明　2018年7月出版／估价：99.00元
PSN B-2015-476-1/1

南京蓝皮书
南京文化发展报告（2018）
著(编)者：中共南京市委宣传部
2018年12月出版／估价：99.00元
PSN B-2014-439-1/1

宁波文化蓝皮书
宁波"一人一艺"全民艺术普及发展报告（2017）
著(编)者：张爱琴　2018年11月出版／估价：128.00元
PSN B-2017-668-1/1

山东蓝皮书
山东文化发展报告（2018）
著(编)者：涂可国　2018年5月出版／估价：99.00元
PSN B-2014-406-3/5

陕西蓝皮书
陕西文化发展报告（2018）
著(编)者：任宗哲　白宽犁　王长寿
2018年1月出版／定价：89.00元
PSN B-2009-137-3/6

上海蓝皮书
上海传媒发展报告（2018）
著(编)者：强荧　焦雨虹　2018年2月出版／定价：89.00元
PSN B-2012-295-5/7

上海蓝皮书
上海文学发展报告（2018）
著(编)者：陈圣来　2018年6月出版／估价：99.00元
PSN B-2012-297-7/7

上海蓝皮书
上海文化发展报告（2018）
著(编)者：荣跃明　2018年6月出版／估价：99.00元
PSN B-2006-059-3/7

深圳蓝皮书
深圳文化发展报告（2018）
著(编)者：张骁儒　2018年7月出版／估价：99.00元
PSN B-2016-554-7/7

四川蓝皮书
四川文化产业发展报告（2018）
著(编)者：向宝云　张立伟　2018年6月出版／估价：99.00元
PSN B-2006-074-1/1

郑州蓝皮书
2018年郑州文化发展报告
著(编)者：王哲　2018年9月出版／估价：99.00元
PSN B-2008-107-1/1

社会科学文献出版社　　**皮书系列**

✦ 皮书起源 ✦

"皮书"起源于十七、十八世纪的英国,主要指官方或社会组织正式发表的重要文件或报告,多以"白皮书"命名。在中国,"皮书"这一概念被社会广泛接受,并被成功运作、发展成为一种全新的出版形态,则源于中国社会科学院社会科学文献出版社。

✦ 皮书定义 ✦

皮书是对中国与世界发展状况和热点问题进行年度监测,以专业的角度、专家的视野和实证研究方法,针对某一领域或区域现状与发展态势展开分析和预测,具备原创性、实证性、专业性、连续性、前沿性、时效性等特点的公开出版物,由一系列权威研究报告组成。

✦ 皮书作者 ✦

皮书系列的作者以中国社会科学院、著名高校、地方社会科学院的研究人员为主,多为国内一流研究机构的权威专家学者,他们的看法和观点代表了学界对中国与世界的现实和未来最高水平的解读与分析。

✦ 皮书荣誉 ✦

皮书系列已成为社会科学文献出版社的著名图书品牌和中国社会科学院的知名学术品牌。2016年,皮书系列正式列入"十三五"国家重点出版规划项目;2013~2018年,重点皮书列入中国社会科学院承担的国家哲学社会科学创新工程项目;2018年,59种院外皮书使用"中国社会科学院创新工程学术出版项目"标识。

中国皮书网

（网址：www.pishu.cn）

发布皮书研创资讯，传播皮书精彩内容
引领皮书出版潮流，打造皮书服务平台

栏目设置

关于皮书：何谓皮书、皮书分类、皮书大事记、皮书荣誉、
皮书出版第一人、皮书编辑部

最新资讯：通知公告、新闻动态、媒体聚焦、网站专题、视频直播、下载专区

皮书研创：皮书规范、皮书选题、皮书出版、皮书研究、研创团队

皮书评奖评价：指标体系、皮书评价、皮书评奖

互动专区：皮书说、社科数托邦、皮书微博、留言板

所获荣誉

2008年、2011年，中国皮书网均在全国新闻出版业网站荣誉评选中获得"最具商业价值网站"称号；

2012年，获得"出版业网站百强"称号。

网库合一

2014年，中国皮书网与皮书数据库端口合一，实现资源共享。

权威报告·一手数据·特色资源

皮书数据库
ANNUAL REPORT(YEARBOOK)
DATABASE

当代中国经济与社会发展高端智库平台

所获荣誉

- 2016年，入选"'十三五'国家重点电子出版物出版规划骨干工程"
- 2015年，荣获"搜索中国正能量 点赞2015""创新中国科技创新奖"
- 2013年，荣获"中国出版政府奖·网络出版物奖"提名奖
- 连续多年荣获中国数字出版博览会"数字出版·优秀品牌"奖

成为会员

通过网址www.pishu.com.cn或使用手机扫描二维码进入皮书数据库网站，进行手机号码验证或邮箱验证即可成为皮书数据库会员（建议通过手机号码快速验证注册）。

会员福利

- 使用手机号码首次注册的会员，账号自动充值100元体验金，可直接购买和查看数据库内容（仅限使用手机号码快速注册）。
- 已注册用户购书后可免费获赠100元皮书数据库充值卡。刮开充值卡涂层获取充值密码，登录并进入"会员中心"—"在线充值"—"充值卡充值"，充值成功后即可购买和查看数据库内容。

数据库服务热线：400-008-6695　　　图书销售热线：010-59367070/7028
数据库服务QQ：2475522410　　　　　图书服务QQ：1265056568
数据库服务邮箱：database@ssap.cn　　图书服务邮箱：duzhe@ssap.cn

更多信息请登录

皮书数据库
http://www.pishu.com.cn

中国皮书网
http://www.pishu.cn

皮书微博
http://weibo.com/pishu

皮书微信"皮书说"

请到当当、亚马逊、京东或各地书店购买，也可办理邮购

咨询／邮购电话：010-59367028　59367070
邮　　　箱：duzhe@ssap.cn
邮购地址：北京市西城区北三环中路甲29号院3号楼
　　　　　华龙大厦13层读者服务中心
邮　　编：100029
银行户名：社会科学文献出版社
开户银行：中国工商银行北京北太平庄支行
账　　号：0200010019200365434

法律声明

"皮书系列"(含蓝皮书、绿皮书、黄皮书)之品牌由社会科学文献出版社最早使用并持续至今,现已被中国图书市场所熟知。"皮书系列"的相关商标已在中华人民共和国国家工商行政管理总局商标局注册,如LOGO( )、皮书、Pishu、经济蓝皮书、社会蓝皮书等。"皮书系列"图书的注册商标专用权及封面设计、版式设计的著作权均为社会科学文献出版社所有。未经社会科学文献出版社书面授权许可,任何使用与"皮书系列"图书注册商标、封面设计、版式设计相同或者近似的文字、图形或其组合的行为均系侵权行为。

经作者授权,本书的专有出版权及信息网络传播权等为社会科学文献出版社享有。未经社会科学文献出版社书面授权许可,任何就本书内容的复制、发行或以数字形式进行网络传播的行为均系侵权行为。

社会科学文献出版社将通过法律途径追究上述侵权行为的法律责任,维护自身合法权益。

欢迎社会各界人士对侵犯社会科学文献出版社上述权利的侵权行为进行举报。电话:010-59367121,电子邮箱:fawubu@ssap.cn。

社会科学文献出版社